Daniel Brössler

Ein deutscher Kanzler

Propyläen wurde 1919 durch die Verlegerfamilie Ullstein als Verlag für hochwertige Editionen gegründet. Der Verlagsname geht zurück auf den monumentalen Torbau zum heiligen Bezirk der Athener Akropolis aus dem 5. Jh. v. Chr. Heute steht der Propyläen Verlag für anspruchsvolle und fundierte Bücher aus Geschichte, Zeitgeschichte, Politik und Kultur.

Daniel Brössler

Ein deutscher Kanzler

*Olaf Scholz,
der Krieg und
die Angst*

Propyläen

Propyläen ist ein Verlag der Ullstein Buchverlage GmbH
www.propylaeen-verlag.de

ISBN 978-3-549-10076-9
© Ullstein Buchverlage GmbH, Berlin 2024
Alle Rechte vorbehalten
Wir behalten uns die Nutzung unserer Inhalte
für Text und Data Mining
im Sinne von § 44b UrhG ausdrücklich vor.

Lektorat: Ulrich Wank
Gesetzt aus der Aldus nova pro
Satz: LVD GmbH, Berlin
Druck und Bindearbeiten: GGP Media GmbH, Pößneck

Für Katja

Inhalt

Vorwort

Dies ist ein Buch mit offenem Ausgang. Während es geschrieben wurde, starben jeden Tag Menschen im russischen Krieg gegen die Ukraine. Mithilfe von Waffen auch aus Deutschland war das überfallene Land in der Lage, sich zur Wehr zu setzen. Es wurde aber auch zermürbt in einem Stellungskrieg. Während dieses Buch geschrieben wurde, wuchs die Ungewissheit darüber, wie lange sich die Ukraine auf den lebenswichtigen Beistand aus dem Westen noch verlassen kann. In Amerika machte sich Donald Trump daran, das Weiße Haus zurückzuerobern. Der mörderische Überfall der Hamas auf Israel führte zu einem weiteren Krieg und zu noch mehr Unsicherheit in der Welt. Eine deutsche Regierung, die als Koalition des Fortschritts angetreten war, schlug hart in der Wirklichkeit auf und musste um ihr politisches Überleben fürchten.

In diesem Buch wird eine deutsche Geschichte erzählt. Sie beginnt in der alten Bundesrepublik, zu einer Zeit, in der Hunderttausende gegen NATO und Nachrüstung demonstrierten. Einer von ihnen war der Jungsozialist Olaf Scholz. Sie handelt von deutschen Regierungen, die Wladimir Putins Absichten auch dann noch nicht wahrhaben wollten, als er aus ihnen gar kein Geheimnis mehr machte. Olaf Scholz, der Vizekanzler, war einer von denen, die sich etwas einfallen ließen, um die deutsch-russische Pipeline Nord Stream 2 gegen alle Widerstände ans Netz zu bringen. Sie erzählt von dem Mann, der in einem Moment der Wahrheit in der Geschichte Europas, wie es ihn sehr lange nicht gegeben hat, seit nicht einmal drei Monaten Kanzler war. Dies ist ein Buch über Olaf Scholz, den Krieg und die Angst.

Auch seine Vorgängerin und seine Vorgänger mussten Krisen und Umbrüche meistern, aber Olaf Scholz, der siebte Bundeskanzler, ist der erste, der vor dem Bundestag die Zertrümmerung der europäischen Nachkriegsordnung konstatieren muss. Olaf Scholz fällt es nach dem russischen Überfall auf die Ukraine zu, Abschied zu nehmen von über Jahrzehnte gepflegten Illusionen der deutschen Politik. Er muss das Land aus der fatalen Abhängigkeit von russischen Energielieferungen befreien, und er muss sich der gefährlichen Schwäche der Bundeswehr stellen. Dieser Kanzler kündigt an, die Verteidigungsausgaben deutlich zu erhöhen. Zugleich bricht er mit einem bundesrepublikanischen Tabu und liefert Waffen in ein Kriegsgebiet. Olaf Scholz wird der Kanzler der Zeitenwende.

Dieses Buch ist keine Biografie des Zeitenwende-Kanzlers. Es erhebt keinen Anspruch auf Vollständigkeit. Es beschreibt Stationen zweier Wege. Den Weg des politischen Menschen Olaf Scholz bis zum 24. Februar 2022, dem Tag des russischen Überfalls auf die Ukraine. Und den Weg des deutschen Kanzlers seit diesem europäischen Schicksalstag. Wie ist aus dem marxistischen Jungsozialisten der Mann geworden, der dem Imperialisten Wladimir Putin die Stirn bieten will? Scholz hat Deutschland zu einem der wichtigsten Unterstützer der Ukraine gemacht, aber er hat auch immer wieder gezögert. Was treibt ihn an, was bremst ihn? Innenpolitisch steht er als Kanzler einer Koalition, die nicht zusammenfinden will, unter permanentem Druck. Findet er dennoch zur notwendigen Stärke, wenn es auf Deutschland ankommt?

Berlin, 1. Februar 2024

Zu den Quellen

Die Schilderungen in diesem Buch speisen sich aus zahlreichen Gesprächen mit Menschen, die Olaf Scholz lange kennen, die zu seinen Beratern gehören und zu seinem engen Umfeld. Mit den meisten von ihnen konnte ich mehrere Male ausführlich sprechen. Das hat mir geholfen, die Entwicklung bis zum russischen Überfall auf die Ukraine und danach nachzuzeichnen. Besonders wichtig waren die Unterhaltungen mit Olaf Scholz selbst. Bei diesen Gesprächen handelte es sich nicht um zur Veröffentlichung bestimmte Interviews, aber sie waren wichtig, um die Motive des Kanzlers und seine Einschätzung der Gefahren durch den russischen Angriffskrieg zu verstehen. Das gilt auch für seinen Blick auf die eigene politische Vergangenheit. Als für das Kanzleramt zuständiger Korrespondent der *Süddeutschen Zeitung* beobachte ich den Bundeskanzler seit seinem Amtsantritt. Ich habe Olaf Scholz auf zahlreichen Auslandsreisen begleitet, auch auf Reisen nach Kiew, Moskau und Washington. Vieles konnte ich daher aus eigener Anschauung berichten.

Besonders in den Schilderungen der frühen Jahre von Olaf Scholz war ich auf die Erinnerungen von Wegbegleitern aus Juso-Tagen angewiesen und bin dankbar, dass sich mehrere von ihnen die Zeit für Gespräche mit mir genommen haben. Bei seinen Reisen in die DDR hatte die Staatsicherheit ein wachsames Auge auf den Jungsozialisten. Die Akten befinden sich mittlerweile unter dem Dach des Bundesarchivs und konnten von mir eingesehen werden. Hilfreich waren auch das Archiv der sozialen Demokratie in Bonn ebenso wie die online verfügbaren alten Bände der *Zeitschrift für Sozialistische Politik und Wirtschaft*. Die benutzte Literatur ist am Ende des Buches aufgeführt.

ANFÄNGE

Jede Geschichte braucht einen Anfang, und manchmal liefert die Suche nach dem richtigen Anfang eine Geschichte für sich. Es ist Sommer 2023, ein heißer Berliner Juli-Tag, Olaf Scholz hat das Sakko abgelegt und es sich bequem gemacht in einem der weißen Ledersessel in der Sitzecke zur Linken seines Schreibtischs. Von hier aus haben Gäste einen schönen Blick auf Berlin und sehen auch ein Stück vom Reichstagsgebäude. Vor allem redet es sich hier entspannter als am Besprechungstisch in der gegenüberliegenden Ecke des geräumigen Kanzlerbüros. Olaf Scholz ist einverstanden, über sich und über den Krieg zu sprechen. 17 Monate zuvor hat Russland die Ukraine überfallen. Seitdem prägt der Krieg Scholz' Kanzlerschaft, das liegt auf der Hand. Aber was hat den Kanzler selbst bis zu diesem Zeitpunkt geprägt? Scholz ist normalerweise kein Erzähler, schon gar nicht der eigenen Geschichte. Besprochen ist ein Annäherungsversuch.

Drüben im Bundestag läuft derweil die letzte Sitzung vor der parlamentarischen Sommerpause, doch von entspannter Ferienstimmung ist dort nichts zu spüren. Die Nerven liegen blank. Zu einer Debatte über das Heizungsgesetz versucht die Union, den abwesenden Wirtschaftsminister Robert Habeck herbeizuzitieren. Später erzwingt sie einen Hammelsprung, um die Beschlussfähigkeit des Parlaments festzustellen. Alle Abgeordneten müssen den Plenarsaal verlassen und werden bei der Rückkehr gezählt. Ein SPD-Abgeordneter gerät darüber so in Rage, dass Bundestagspräsidentin Bärbel Bas ihn mit einem Ordnungsgeld von 1000 Euro belegt.

Den Kanzler bringt das nicht aus der Ruhe. Er spricht weiter darüber, was ihn von früher Jugend an mit der Ostpolitik der SPD und mit Willy Brandt verbindet. Ein Tag fällt ihm ein, der ihm dafür von besonderer Bedeutung zu sein scheint. Da geht die Tür auf. Noch ein Hammelsprung. »Es ist knapp«, sagt die

Sekretärin. Scholz zieht das Sakko an, er muss rüber. Nach einer Viertelstunde kommt er erfolglos zurück. Auch mit der Stimme des Kanzlers war der Bundestag nicht mehr beschlussfähig, zu viele Abgeordnete sind schon auf dem Weg in die Ferien. Scholz hat nun nur noch wenig Zeit. »Wir setzen das fort«, sagt er. Die Suche nach dem Anfang ist immerhin schon mal beendet, der Tag des Anfangs benannt.

Der Schüler Scholz wird politisch

Der 27. April 1972 ist kein Tag für Algebra. Auch die Lehrer am »Gymnasium am Heegen« in Hamburg-Rahlstedt sehen das so. Wie das heute in Bonn ausgehen wird, will schließlich jeder wissen. In der 8. Klasse spürt der Schüler Olaf Scholz eine ungewohnte Anspannung. Noch keine 14 Jahre alt, erlebt er an diesem Tag, wie sich das Kleine mit dem Großen verbindet, Alltag mit Geschichte. Er ist kein Mensch, der sich gerne und ausführlich erinnert. Doch dieser Tag, der über die Ostpolitik Willy Brandts entscheiden wird, ist Olaf Scholz auch Jahrzehnte später noch gegenwärtig.

Er wächst mit seinen zwei jüngeren Brüdern Jens und Ingo am Rande des Hamburger Vororts Rahlstedt auf. Vater Gerhard arbeitet sich vom Handelsvertreter zum Verkaufsleiter und Vertriebsdirektor eines mittelständischen Allgäuer Strumpfherstellers hoch. Auch Mutter Christel arbeitet in der Branche. Beide haben sie den Krieg in Hamburg erlebt. Sie gehören zur Gründergeneration der Bundesrepublik, sind in Trümmern aufgewachsen. Ihre Erinnerung an den Krieg verblasst zunehmend, verschwinden wird sie nie. Gerhard Scholz ist ein »weißer Jahrgang«, der also für die Wehrmacht zu jung und für die Bundeswehr zu alt war. Eine Uniform musste er niemals tragen. Glühende Verehrer Willy Brandts sind Gerhard und Christel Scholz nicht. Doch beide finden die Ostpolitik richtig. Mit der Mehrheit im Land sind sie der Meinung, dass Willy Brandt den Frieden sichert. Als er im Sommer 1971 nach Moskau reist und später im Dezember vor dem »Denkmal der Helden des Ghettos« in Warschau niederkniet, sitzt Familie Scholz vor dem Fernseher. Sie will, dass die Ostpolitik weitergeht.

Auch im Klassenraum ist das die Mehrheitsmeinung. Über der Tür ist ein Lautsprecher angebracht. Doch heute wartet niemand auf das Zeichen zur großen Pause, heute erfüllt die Anlage einen anderen Zweck. Sie verbindet das Klassenzimmer mit dem Sitzungssaal des Bundestags in Bonn. Um zehn Uhr ertönt ein Rauschen, dann die Stimme von Parlamentspräsident Kai-Uwe von Hassel. Bedeutungsvoll eröffnet er mit Tagesordnungspunkt III die Sitzung des Deutschen Bundestags, »Beratung des Antrags der Fraktion der CDU/CSU nach Artikel 67 des Grundgesetzes«.

In ganz Deutschland drängen sich zu dieser Zeit in Büros und in Fabrikhallen Menschen vor den Radios. In Kaufhäusern bilden sich Menschentrauben vor den Fernsehgeräten. Sie alle hören, wie Kurt Georg Kiesinger, der Ex-Vorsitzende der CDU und frühere Bundeskanzler, trocken den Antrag seiner Fraktion verliest: »Der Bundestag spricht Bundeskanzler Willy Brandt das Misstrauen aus und wählt als seinen Nachfolger den Abgeordneten Dr. Rainer Barzel zum Bundeskanzler der Bundesrepublik Deutschland. Der Bundespräsident wird ersucht, Bundeskanzler Willy Brandt zu entlassen.« Zum ersten Mal in der Geschichte der Bundesrepublik soll ein Kanzler mit dem Mittel eines konstruktiven Misstrauensvotums gestürzt werden.

Seit die Unionsfraktion diesen Antrag Tage zuvor einge-
bracht hat, herrscht Aufruhr im Land. Vielerorts kommt es zu
spontanen Streiks. In Hamburg gründen Siegfried Lenz und
Marion Gräfin Dönhoff eine Bürgerinitiative. Für den Tag vor
der Abstimmung im Bundestag rufen sie zu einer Kundgebung
auf der Moorweide auf. 15.000 Menschen kommen, viele halten die neueste Ausgabe der *Hamburger Morgenpost* in die
Höhe, die damals noch der SPD gehört und auf der Titelseite
mit der Schlagzeile erscheint: »Willy muss Kanzler bleiben!«
Auch Olaf Scholz will das. In Erinnerung bleibt ihm allerdings,
dass das Geschehen die Älteren in der Klasse etwas mehr packt
als ihn, den Jüngeren. Es ist eine Nebensächlichkeit, aber nicht
untypisch für seine Art, sich zu erinnern. Scholz schmückt
nicht aus, er spielt runter. Als Bundestagspräsident von Hassel
feststellt, »dass der von der Fraktion der CDU/CSU vorge-
schlagene Abgeordnete Dr. Barzel die Stimmen der Mehrheit
der Mitglieder des Deutschen Bundestages nicht erreicht hat«,
weicht die Spannung der Erleichterung. Willy bleibt Kanzler.
Die ganze Bedeutung dieses Tages, der gescheiterte Sturz des
ersten sozialdemokratischen Kanzlers der Bundesrepublik, die
Fortsetzung der Regierung Brandts und seiner Ostpolitik, wird
Olaf Scholz erst im Rückblick klar werden. Sein Interesse an
Politik entwickelt sich langsam. Dafür aber gründlich.

In seiner Schule fällt Olaf vor allem dadurch auf, dass er
nicht auffällt. Modisch ist er kein Kind der 70er. Keine langen
Haare – noch nicht – und auch keine bunten Hippieklamotten.
Olaf Scholz ist eher pummelig und erscheint zum Unterricht
stets ordentlich gekleidet. Irgendwann kommt er mit einem
Köfferchen zur Schule und wird das beibehalten. Er liest viel
und ist in allen Fächern anstrengungslos erfolgreich, außer in
Sport. Die anderen wissen: Scholz ist schlau. Aber sie werden
nicht schlau aus ihm. Ein Streber ist er nicht, er ist einfach ein

Fall für sich. Das bewahrt ihn vor Hänseleien oder gar Mobbing. Als Zwölftklässler kandidiert Scholz in einem »Kollektiv« als Schulsprecher. Zu fünft zieht das »Kollektiv« durch die Klassen, darf sich am Anfang der Schulstunde zehn Minuten lang vorstellen. Es geht – frei nach Willy Brandt – darum, mehr Demokratie zu wagen auch in der Schule. Es geht um Mitbestimmung und darum, dass der Direktor die Schülerzeitung nicht zensieren soll. Im Kollektiv herrscht Arbeitsteilung. Scholz spricht vor allem bei den Jüngeren, die mögen ihn. Der schlaue Zwölftklässler kommt an.

Sein erstes Wahlkampfthema lautet: Gerechtigkeit. Es ist die Zeit heftiger Auseinandersetzungen in der Bildungspolitik. Das Kollektiv hält die drei Schultypen Hauptschule, Realschule und Gymnasium für veraltet und ungerecht. Scholz ist ein Verfechter der Gesamtschule. In der Unterstufe hat er erlebt, wie Mitschüler aus weniger gut situierten Familien nach und nach verschwanden. Viele von ihnen kennt Scholz aus der Nachbarschaft. Er wohnt in Großlohe, wo die meisten gerade so über die Runden kommen, oft nicht mal das. Die Siedlung liegt am östlichen Rand von Rahlstedt, einem bürgerlichen Villenviertel. Großlohe dagegen ist eine Trabantenstadt – Anfang der 60er-Jahre schnell und lieblos hochgezogen. Nach der Sturmflut von 1962, als Hamburg dringend neuen Wohnraum brauchte, wuchs Großlohe noch schneller. Die Neue Heimat, die Baugesellschaft der Gewerkschaft, setzte ganze Stadtteile auf die grüne Wiese. Siedlungen aus dreigeschossigen Miethäusern, am Rand garniert mit ein paar Einfamilienhäusern.

»Am Wiesenredder«, in einem geduckten Bungalow aus rotem Klinker mit kleinem Vorgarten, wohnt Familie Scholz. Bescheidener, durchschnittlicher Wohlstand, aber hier sticht er heraus. Dabei ist der Bungalow gleich nebenan noch um einiges größer und verfügt über den erstaunlichen Luxus eines Swimmingpools. Hier wohnt Wolfgang Vormbrock mit seiner Familie. Der Nachbar ist Direktor bei der Neuen Heimat. Als Jahre später, 1982, bekannt wird, wie sich die Bosse der Neuen Heimat bereichert haben, wird auch sein Name in die Schlagzeilen geraten. Olaf Scholz wächst auf an einer Schnittlinie zwischen Arm und Reich in Hamburg. Diese Schnittlinien beginnen ihn zu interessieren.

Damit steht er nicht allein, schon gar nicht in der Schule. Sie ist wie Großlohe und Rahlstedt-Ost eine Neugründung mit bunt zusammengewürfelter Lehrerschaft, ohne die Traditionsschwere altehrwürdiger Hamburger Gymnasien. Die Lehrer haben das Revolte-Jahr 1968 in frischer Erinnerung. Von einer Lehrerin aus Bayern heißt es, zu Hause habe sie Berufsverbot. Das »Gymnasium am Heegen« ist ein politischer Ort. Schon mit 14 oder 15 bei einer der Jugendorganisationen der Parteien mitzumachen ist nicht ungewöhnlich. In diesem Alter stößt einer der Mitschüler von Scholz, Frank Keil, zu den Jungsozialisten. Er gehört, wie Scholz, zum Kollektiv der Schulsprecher, das später gewählt werden wird. Als auch Scholz mit 17 schließlich bei den Jusos auftaucht, ist Keil, lange Haare und Hippieklamotten, eher überrascht. Äußerlich würde Scholz besser zur Jungen Union passen, findet er. Andererseits: Das Gefühl, Scholz wirklich zu kennen, hatte er ohnehin nie. So geht es vielen.

Die Parteikarriere von Olaf Scholz beginnt mit einem Formular. Kein Genosse überredet ihn, einmal mitzukommen zu einer SPD-Veranstaltung. Er wird auch nicht an einem Wahlkampfstand angeworben. Scholz füllt 1975 einfach einen Mitgliedsantrag aus und schickt ihn ab. Das Papier landet bei Günter Frank, dem Vorsitzenden des Distrikts Rahlstedt, wie die SPD-Ortsvereine in Hamburg genannt werden. Frank ist selbst noch Juso, aber für ihn ist Scholz ein Unbekannter. Er bittet zwei Genossen, Scholz das Parteibuch nach Hause zu bringen. So erfahren auch die verdutzten Eltern vom Parteieintritt ihres Sohnes. Noch ein bisschen größer ist die Überraschung der Genossen. Axel Sellmer, einer der beiden und ebenfalls Juso, hat die übliche Werbeansprache vorbereitet, will den Neuen überreden, sich gleich mal ein bisschen einzubringen. Das erweist sich als überflüssig. Olaf Scholz hat bereits klare Vorstellungen.

Scholz geht es um Rahlstedt. Erst einmal. Der Stadtteil soll endlich ein Jugendzentrum bekommen, in ungenutzten Kellerräumen. Das beunruhigt die Rahlstedter Bürgerschaft. Jugendzentren, noch dazu in Kellerräumen, sind ihr suspekt. Zwar sitzt die gesamte Führungsriege der ersten Generation der RAF 1975 schon in Haft, »doch der Kampf geht weiter«, wie Rudi Dutschke am Grab von Holger Meins versprochen hatte. Jeder Keller ist verdächtig, linksradikalen Umtrieben Unterschlupf zu bieten. Dieser Keller zumal, denn beim Jugendzentrum Rahlstedt mischen auch die Kommunisten von der DKP mit, die »Sozialistische Deutsche Arbeiterjugend« und das »Sozialistische Büro«. Gegen viel Widerstand wird das Jugendzentrum »Startloch« schließlich dennoch gegründet, und der Jungsozialist hat etwas gelernt. Der Kampf ist nicht auf der Straße entschieden worden, sondern in langwierigen Sitzungen. Für Scholz kein Problem. Dienstags sitzt er in der »Planungsgruppe Jugendzentrum«, donnerstags bei den Jusos, und zwischendrin tagt gelegentlich der Distrikt.

Eine Zeit lang lesen die Rahlstedter Jusos eine orangefarbene Bibel, die *Marxistische Wirtschaftstheorie* von Ernest Mandel, erschienen in der Edition Suhrkamp. Mandel lehrt zu dieser Zeit in Brüssel, in der Bundesrepublik ist er unerwünscht. Als er 1972 eine Professur an der Freien Universität

Berlin antreten will, verhängt Innenminister Hans-Dietrich Genscher von der FDP ein Einreiseverbot gegen Mandel als einen der Ideengeber der revoltierenden Studenten 1968 in Frankreich. Mandel ist Trotzkist und als solcher bei den Regierenden in West wie Ost gleichermaßen unbeliebt. Der Lektüre seiner Schriften wohnt der Ruch des Widerständigen inne. Der »Widerspruch zwischen der wachsenden tatsächlichen Vergesellschaftung der Produktion und der privaten, kapitalistischen Form der Aneignung« leuchtet nicht jedem gleich ein, aber Scholz gibt bereitwillig Nachhilfe bei der gemeinsamen Lektüre. Er kann Dinge so erklären, dass Widerspruch zwecklos ist.

1978 nützt ihm diese Fähigkeit in eigener Sache. Das Bundesverfassungsgericht hat gerade die von der sozialliberalen Koalition eingeführte Verweigerung des Wehrdienstes per Postkarte kassiert. Scholz muss nach Harburg, ins Kreiswehrersatzamt in der Sophienstraße. Vor der Kommission, die über seinen Antrag zu befinden hat, legt Scholz los. Zunächst begründet er seine Verweigerung mit den Kriegserfahrungen seiner Eltern. Der Vater hat von einem stundenlangen Fußmarsch mit seiner Mutter vom Land durch die brennende Stadt durch Rothenburgsort zurück nach Altona in die Barnerstraße erzählt. Und davon, wie es ist, nicht zu wissen, ob das eigene Zuhause noch existiert. Scholz führt auch humanistische Überzeugungen an. Er erwähnt am Rande Martin Luther King und erlaubt sich zum Schluss die Bemerkung, er habe alle Bücher von Karl May gelesen. Dessen Helden hätten niemals jemanden getötet, auch wenn in den Romanen viele Menschen ums Leben gekommen seien. Diese Lektüre, argumentiert er munter, habe ihn moralisch sehr geprägt. Scholz' Humor ist so eigenwillig wie er selbst.

Seinen Zivildienst absolviert Scholz erst nach dem Studium

in einem Hamburger Altenpflegeheim. Dort erwirbt er sich bleibende Verdienste, indem er die Buchhaltung auf Vordermann bringt. Ist Scholz Pazifist? Er wird das später verneinen.

Marxistische Lehrjahre

Politisch findet Scholz zum »Hannoveraner Kreis«. Er begegnet Detlev Albers, dem Mann, der 1967 mit seinem Kommilitonen Gert Hinnerk Behlmer während der Rektoratsübergabe an der Hamburger Uni das Plakat »Unter den Talaren – der Muff von 1000 Jahren« entrollt hatte. Albers wird wichtig für Scholz, begleitet ihn auf einem Weg weit nach links. Er ist einer der führenden Köpfe des »Hannoveraner Kreises«, in dem sich seit 1971 die Linken der Linken sammeln. Es sind marxistisch orientierte Jusos, die der Theorie vom »Staatsmonopolistischen Kapitalismus« anhängen, was ihnen das sowjetisch anmutende Akronym »Stamokap« einträgt. In Hamburg verorten sich die meisten Jusos links, Scholz fühlt sich so gesehen im Mainstream. »Cuius regio, eius religio« wird er später sagen. Wer über das Gebiet bestimmt, der bestimmt die Religion.

Der Stamokap-Theorie liegt die Überzeugung einer gesetzmäßigen Verschwörung von Staat und Kapital zugrunde. Demnach muss das Kapital, um profitabel zu bleiben, immer mehr und immer größere Monopole bilden. Weil aber irgendwann selbst das nicht mehr reicht, muss der Staat dem Kapital immer kräftiger unter die Arme greifen, unter anderem auch durch ausufernde Rüstungsausgaben. Er stellt die Bevölkerung ruhig, indem er die Sozialausgaben sichert, greift bei Bedarf aber auch mit Repressionen durch. Daraus folgt: Nur mit einer parlamentarischen Mehrheit ist der geballten Macht aus Kapital und Staat nicht beizukommen. Das kann nur eine geschlossene Front aller Ausgebeuteten. Ganz im Gegensatz zur offiziellen Linie der SPD finden die Stamokaps folglich, dass man durchaus auch mal mit Kommunisten zusammenarbeiten kann.

Der junge Olaf Scholz ist von dieser Theorie überzeugt. Er ist Marxist. »100 Jahre nach dem Tod von Karl Marx muss sich die gesamte Sozialdemokratie seiner Lehre erinnern. Marx ist für die SPD unentbehrlich geworden«, schreibt er im Frühjahr 1983 zusammen mit seinem damaligen Mitstreiter Günter Beling in der *Zeitschrift für Politik und Wirtschaft*, einer Art Stamokap-Zentralorgan. In dem Artikel geht es um die Konsequenzen aus der »Wende« nach dem geglückten Misstrauensvotum gegen Helmut Schmidt und dem Sieg der CDU/ CSU bei der Bundestagswahl im März 1983. Die beiden Stamokaps rechnen mit der Regierungszeit von Helmut Schmidt ab. »In keiner Phase der sozialdemokratischen Regierungsverantwortung der letzten zehn Jahre wurde von der SPD an der Entwicklung von Klassenbewusstsein gearbeitet«, klagen sie. Vielmehr habe die »Mehrheitssozialdemokratie« in der Bevölkerung die Illusion geschürt, der Kapitalismus sei reformierbar. Der Begriff »Mehrheitssozialdemokratie« ist allein schon eine Kampfansage, führt er doch zurück in die Zeit nach dem Ersten Weltkrieg, als sich die SPD spaltete in die »MSPD« und die »USPD«, die Unabhängige SPD, aus der dann die KPD entstand.

Scholz und sein Mitautor halten die Zeit für reif, die SPD auf den linken Pfad der Tugend zurückzuführen. Es geht ihnen um die »Überwindung« des Privateigentums an Produktionsmitteln. Sie hadern damit, dass die SPD spätestens seit dem Godesberger Programm von 1959 in den Parlamenten und nicht »auf der Straße« ihre Heimat gefunden habe. Die kampferfahrene Partei habe es verlernt, »gesellschaftliche Gegen-kräfte durch außerparlamentarische Aktivitäten für sich zu mobilisieren«. Die Parteilinke müsse sich, fordern sie, hier klar an die Seite der Friedensbewegung stellen. Das leuchtet nicht nur Stamokaps ein. Auf die Straße bringt viele Menschen in jenen Jahren neben dem Nein zur Atomkraft vor allem ein Thema: die »NATO-Aufrüstung«.

Ein selbstbewusster Kanzler aus Hamburg

Vierzig Jahre später, ein lauer Sommerabend in der hübschen Altstadt von Vilnius. Olaf Scholz hat die Krawatte abgelegt, er kommt vom Abendessen mit Joe Biden und den anderen Staats- und Regierungschefs im Präsidentenpalast der litaui-schen Hauptstadt. In einem Hinterzimmer des eleganten Ho-tels Pacai warten Außenministerin Annalena Baerbock und Verteidigungsminister Boris Pistorius auf ihn, Scholz nimmt an ihrer Seite Platz. Das Trio wird zwei Dutzend deutschen Journalistinnen und Journalisten berichten, wie der erste Tag des NATO-Gipfels gelaufen ist. Scholz findet: gut. Er ist bester Laune, berichtet von gelungenen Planungen zur Abschreckung Russlands und erklärt, warum die Ukraine auf absehbare Zeit nicht Mitglied der Allianz werden und doch zufrieden sein könne. Vor allem schildert Scholz, wie einig er sich mit US-Präsident Biden sei. Wieder einmal. Und plötzlich muss er kichern. Kurz, doch unüberhörbar. Sie sind selten, aber es gibt diese Momente, in denen Scholz, der Ältere, sich erheitert an Scholz, den Jungsozialisten, erinnert.

Der war ein scharfer Kritiker der NATO. Er nannte sie »im-perialistisch«. Ein ganzes Jahrzehnt lang, die 8oer-Jahre hin-

durch, wird er sich an ihr abkämpfen. Am Anfang dieses
Kampfes steht eine technisch klingende Formel, der »NATO-
Doppelbeschluss«. Hinter dieser Formel verbirgt sich die Ein-
schätzung, dass in den Siebzigerjahren das nukleare Gleichgewicht zwischen beiden Blöcken verloren gegangen sei. Die
Sowjetunion hat bei den Interkontinentalraketen mit den USA
gleichgezogen, und sie ist in der Lage, mit einer beträchtlichen
Anzahl von Mittelstreckenraketen vom Typ S-20 Westeuropa
zu bedrohen. Die NATO will »nachrüsten«, um dem Warschauer
Pakt in dieser »Grauzone« etwas entgegenzusetzen. So soll die
Stationierung von US-amerikanischen Mittelstreckenraketen
in Europa geplant und gleichzeitig das Angebot an die Sowjetunion unterbreitet werden, über diese Waffensysteme zu verhandeln – deswegen »Doppelbeschluss«. Konturen nimmt er
im Januar 1979 fern von Europa an, in der Karibik. Am Strand
von Guadeloupe, einem französischen Überseedepartement,
treffen sich der deutsche Bundeskanzler Helmut Schmidt,
US-Präsident Jimmy Carter, der französische Staatspräsident
Valéry Giscard d'Estaing und der britische Premierminister
James Callaghan. In kurzärmeligen Freizeithemden sitzen die
Herren umgeben von Palmen in einer Strandhütte um einen
runden Tisch. Gesprochen wird Englisch, ohne Dolmetscher.
Es ist ein Gipfel, wie er später undenkbar wäre. In ausführlichen Sitzungspausen wird geschnorchelt, gesegelt und Tennis
gespielt. Viele Stunden lang sitzen die vier Staatsführer aber
auch an ihrem Tisch in der Strandhütte. In einer der langen
Sitzungen geht es um die »Grauzone«. Als Einziger an diesem
Tisch vertritt der Deutsche Helmut Schmidt keine Atom-
macht. Der Selbstgewissheit des Kanzlers aus Hamburg tut
das keinen Abbruch. Ausführlich bis an die Grenze der Arro-
ganz erklärt er insbesondere Jimmy Carter die Welt. Einer
Stationierung von US-Mittelstreckenraketen in Deutschland

will Schmidt nur zustimmen, wenn sie auch in weiteren europäischen NATO-Ländern erfolgt.

Damit setzt Schmidt sich durch, der Doppelbeschluss trägt maßgeblich die Handschrift des deutschen Kanzlers. Das Quartett einigt sich darauf, Raketenstationierungen in mehreren NATO-Ländern zu planen. Zugleich aber soll mit der Sowjetunion über ebendiese Stationierung verhandelt werden – vorausgesetzt, sie erklärt sich bereit, auch über ihre Mittelstreckenraketen vom Typ SS-20 zu reden. Eine Arbeitsgruppe der NATO macht schon bald konkrete Vorschläge. In der Bundesrepublik sollen 108 Pershing-II-Raketen und 96 Marschflugkörper vom Typ Cruise-Missile stationiert werden, in Großbritannien 160 Cruise-Missiles, in Italien 112 sowie in Belgien und den Niederlanden je 48. Während diese Raketenplanungen im Bündnis voranschreiten, wartet auf den Kanzler Ärger in der Heimat. Nach anfänglicher Zurückhaltung äußern immer mehr Sozialdemokraten Zweifel an der Nachrüstung. Daran ändert auch Schmidts Verweis auf das damit verbundene Verhandlungsangebot an die Führung in Moskau nichts. Anfang Dezember 1979 wird es ernst für Schmidt. Auf einem Parteitag in Berlin muss sich zeigen, ob die von Willy Brandt geführte SPD mehrheitlich noch hinter dem Kanzler steht.

Schmidt nimmt sich Zeit. Zweieinhalb Stunden lang wirbt er für den Doppelbeschluss, der wenige Tage später in Brüssel verabschiedet werden soll. »Sicherheit für die 1980er Jahre«, prangt als Slogan auf dem Rednerpult. Für »tragfähige Kompromisse« sei er zu haben, stellt Schmidt erst einmal klar, zur »Anpasserei« tauge er aber nicht. Die Beschlüsse der NATO seien ohne Alternative, weil Verhandlungen mit der Sowjetunion sonst zu »Bittgängen« würden. Schmidt wird nicht laut während seiner Rede, und er droht auch nicht explizit mit Rück-

tritt. Den Delegierten dämmert dennoch, dass Schmidts Kanzlerschaft vom Raketenbeschluss nicht mehr zu trennen ist.
Einer startet dann trotzdem noch einen Versuch. Es ist Ger-
hard Schröder, der einzige Sozialdemokrat, der nach Helmut
Schmidt und vor Olaf Scholz Bundeskanzler werden wird.
Schröder, 1979 35 Jahre alt, ist damals Vorsitzender der Jusos,
kein Stamokap wie Scholz, aber ebenso wie er ein Linker.
Schröder spricht über die »Selbstachtung« der Sozialdemokratie, die komme »ja nicht, indem man die nur beschwört
oder behauptet, sondern die kommt ja wohl nur durch das
Vertreten von Inhalten«. Zentral dafür sei die Friedenspolitik.
Das Argument, es solle verhandelt werden, lässt Schröder
nicht gelten. Den regierenden Sozialdemokraten traue er ja,
der Carter-Administration deshalb aber noch lange nicht.

Schröder ist in dieser Hinsicht noch ein Außenseiter. Den
Parteitag, den der Juso Olaf Scholz aus der Ferne verfolgt,
bringt Schmidt scheinbar mühelos auf seine Seite. 90 Prozent
der Delegierten stimmen für einen Antrag, der die Linie des
Bundeskanzlers stützt. Aber der innerparteiliche Kampf ist
noch nicht entschieden. Wie Schröder misstrauen viele den
Absichten der US-Regierung. Die Idee einer Neutronen-
bombe, die Leben vernichtet, Gebäude und Infrastruktur aber
unversehrt lässt, hat in Deutschland für viel Aufregung gesorgt. Carter hat das Vorhaben gerade erst beerdigt. Doch der
Verdacht, die USA wollten einen Atomkrieg »führbar« machen, ist immer noch lebendig. In der »Presidential Direc-
tive 59«, die dem US-Präsidenten mehr Flexibilität im Falle
einer nuklearen Auseinandersetzung verschaffen soll, sehen
viele einen Beleg für diese Befürchtung.

Von nun an laufen zwei Entwicklungen parallel, eine vor
den Augen der Öffentlichkeit, die andere eher vor Fachpubli-
kum. Für Helmut Schmidt beginnt der Kampf um den Rück-

halt in der SPD, den er am Ende doch verlieren wird. Vor
Scholz liegen Jahre eines innerparteilichen Aufstiegs mit Hin-
dernissen. Sein Distrikt Rahlstedt ist zwar ein linker, gehört
aber zum Kreisverband Wandsbek. Für Stamokaps herrscht in
dem ein raues Klima. Kreisvorsitzender ist Alfons Pawelczyk,
ein Major außer Dienst. Jahrzehnte später wird der Name
Pawelczyk auftauchen im Skandal um die Cum-Ex-Geschäfte
der Warburg Bank – verbunden mit der Frage, welche Rolle
Olaf Scholz dabei in seiner Zeit als Hamburger Bürgermeister
gespielt hat. Pawelczyk wird dann vorgeworfen werden, sich
als Türöffner betätigt zu haben, damit die Banker mit Scholz
sprechen konnten. Ausgerechnet.

Anfang der Achtzigerjahre ist Pawelczyk alles andere als ein
Freund von Scholz. Der deutsche Ex-Offizier, die Haare streng
zurückgekämmt, und der wuschelköpfige Marxist passen nicht
zusammen. Seine Laufbahn hat der aus Pommern stammende
Pawelczyk als Polizist in West-Berlin begonnen und ist 1956
zur Bundeswehr gewechselt. 1961 tritt er der SPD bei und wird
acht Jahre später in den Bundestag gewählt, wo er sich einen
Namen als Abrüstungsexperte macht – bis er 1980 Innensenator in Hamburg wird. Über Jahrzehnte bleibt Pawelczyk in
der SPD der starke Mann von Wandsbek. Dort steht er buchstäblich vor jeder Tür, durch die ein verdächtiger Linker wie
Scholz schlüpfen könnte, um nach oben zu gelangen. In den
Kreisvorstand führt für Scholz kein Weg.

Juso-Jahre

Mittlerweile ist Scholz Jurastudent an der Hamburger Uni und
gestählt in den berüchtigten Flügelkämpfen der Jusos. Die

ganzen Siebzigerjahre hatten dort »Refos«, »Antirevis« und »Stamokaps« um die Vorherrschaft gekämpft und die Jugendorganisation bis an den Rand der Spaltung gebracht. Das Verhältnis zur SPD-Führung ist miserabel. Häufig geht es in den Auseinandersetzungen um den Umgang mit den Kommunisten im Allgemeinen und der DDR im Besonderen. Scholz ist in diesen für die Außenwelt kaum durchschaubaren theoretischen Schlachten zu Hause. Als Vertreter des Stamokap-Flügels wird er 1982 zum stellvertretenden Vorsitzenden der Jusos gewählt. Er wohnt in einer Wohngemeinschaft in Altona, politisch bleibt er in Rahlstedt verwurzelt. Wenn er im Distrikt zur Sitzung geht, es wieder Mitternacht geworden ist und keine Bahn mehr fährt, bringt ihn der Distriktvorsitzende Günter Frank mit seinem orangefarbenen VW Käfer nach Hause. Während der Fahrt wird weiter diskutiert. Häufig liegt Frank dann erst um zwei Uhr morgens im Bett.

In diesen nächtlichen Gesprächen geht es oft um die Gefahr eines Atomkrieges – das alles beherrschende Thema der frühen 1980er-Jahre. In der Bonner SPD-Zentrale stapeln sich Briefe und Postkarten besorgter Bürger. Auf etlichen steht nur: »Ich habe Angst vor dem Atomtod!« Während einer Diskussionsveranstaltung in der Trinitatis-Kirche in Hamburg-Altona sagt es ein junger Mann Helmut Schmidt direkt ins Gesicht: »Ich habe Angst vor Ihrer Politik.« Er drückt aus, was ganz Deutschland beschäftigt. Im Herbst 1981 bewegt diese Angst Massen. Im Bonner Hofgarten demonstrieren Hunderttausende für ein atomwaffenfreies Europa. Sie fordern den Stopp der geplanten Stationierung von Pershing II und Cruise-Missiles. Der NATO-Doppelbeschluss wühlt die Menschen im Land auf, und er spaltet die SPD. Als die Zahl der innerparteilichen Gegner des Doppelbeschlusses immer weiter wächst, reagiert Schmidt mit Drohungen. Den Stationierungsbeschluss will er auf keinen Fall zurücknehmen. »Da mache ich nicht mit, da müsst ihr euch einen anderen Bundeskanzler suchen«, sagt er. In Scholz' Nachbarschaft bildet sich die Initiative »Rahlstedter für den Frieden«, der Ortsausschuss erklärt den Stadtteil zur atomwaffenfreien Zone.

Alfons Pawelczyk hält derweil die Stellung. Im Bundestag ist er immer ein Verfechter der Entspannungspolitik und ebenso der Abrüstung gewesen. Nun teilt er die Befürchtung Schmidts, dass ohne Nachrüstung die Sowjetunion die Oberhand gewinnt. Anfang Januar 1982 bietet sich Pawelczyk eine scheinbar exzellente Gelegenheit, Schmidt den Rücken zu stärken. Der Kanzler hat sich zum Landesparteitag in seiner Heimatstadt angesagt. In seinem Wandsbeker Kreisverband bereitet Pawelczyk einen Antrag vor, der den NATO-Doppelbeschluss unterstützt und für die vollständige Abschaffung von Atomwaffen als Ziel aller Abrüstungsverhandlungen plädiert. Was dann aber tatsächlich im Besenbinderhof unweit des Hauptbahnhofs beschlossen wird, geht als »Wandsbeker Debakel« in die Geschichte der Hamburger SPD ein, so sieht es jedenfalls die Hamburger Presse.

Zu Beginn des Parteitags läuft noch alles nach Plan, Schmidt wird von den Hamburger Genossen mit Ovationen begrüßt. Länger als zwei Stunden referiert er die weltpolitische Lage und erntet wohlwollenden Applaus. In der anschließenden Aussprache regt sich vereinzelter Widerspruch. Auch ein junger Mann im grauen Hemd und einer Brille mit großen eckigen Gläsern tritt ans Rednerpult. Es ist Olaf Scholz. Er fordert, die Stationierung der US-Raketen zu verhindern. »Was bedeutet das, wenn wir hier in der BRD Waffen stationieren mit Vorwarnzeiten von zehn Minuten?«, fragt er und versucht, gleich selbst die Antwort zu geben. »Das bedeutet, dass ein sowjetischer Computerfehler, wie es ihn in den USA schon häufig gegeben hat ...« Ein sowjetischer Computerfehler in den USA ... – der Satz endet im Gelächter der Delegierten.

Schmidt verlässt den Parteitag im Glauben, zumindest in Hamburg die SPD auf seiner Seite zu wissen. Scholz und andere Linke aber bleiben nicht untätig. Drei Anträge gegen den Doppelbeschluss werden gezählt, das große Signal der Unterstützung scheint gar nicht mehr so sicher zu sein. Die Sitzungsleitung ist alarmiert. So wandern neue Sätze in Pawelczyks ursprünglichen Entwurf. Ein paar nur, aber die haben es in sich. Gefordert wird eine »atomwaffenfreie Zone in Europa« und auch, dass für die Dauer von in Genf laufenden Abrüstungsverhandlungen keine Mittelstreckenraketen stationiert werden.

Als er von den brisanten Formulierungen erfährt, wird der Kanzler »blass vor Wut«. So schildert es ein namentlich nicht genanntes Regierungsmitglied dem *Spiegel*. Später einmal wird Olaf Scholz Schmidt als väterlichen Ratgeber preisen. Am Anfang dieser Beziehung aber steht das »Wandsbeker Debakel«. Innerhalb der SPD gehört der Marxist einer kleinen Minderheit an, doch die erkennt im Kampf gegen die Raketenstationierung eine Chance, bald aufseiten der innerparteilichen, ja vielleicht sogar der gesellschaftlichen Mehrheit zu stehen.

Im Bonner Hofgarten

Am 22. Oktober 1983 kommt Scholz diesem Ziel ein gutes Stück näher. Treffpunkt ist um vier Uhr morgens auf dem Heiligengeistfeld. Auch der Distriktvorsitzende Günter Frank und Axel Sellmer, der Mann, der ihm 1975 das Parteibuch gebracht hat, sind da. Von der Hamburger Festwiese aus starten gecharterte Busse in Richtung der Bundeshauptstadt Bonn. Einen dieser Busse besteigt Olaf Scholz mit zwei Dutzend Rahlstedter Jusos; gemeinsam fahren sie – das ist ihnen schon damals klar – zur Demonstration ihres Lebens. Axel Sellmer hat seine Braun Paxette, eine Kleinbildkamera, dabei und einen Zwölfer-Schwarz-Weiß-Film.

Als die Rahlstedter nach mehr als fünf Stunden Fahrt auf der A1 einen Parkplatz auf der rechten Rheinseite erreichen, sind sie spät dran. Hunderte Busse sind vor ihnen angekommen. Die Jusos müssen nun nur noch der Menschenmenge folgen, die sich über die Kennedybrücke in Richtung Hofgarten bewegt. Einmal läuft Axel Sellmer ein Stückchen voraus und steigt hinauf auf eine Straßenüberführung. Von dort aus entsteht eine Aufnahme, die Jahrzehnte später berühmt werden wird. Olaf Scholz, in dunklem Hemd und Lederjacke, schaut zufrieden lächelnd in Sellmers Linse. Neben Scholz läuft ein junger Genosse mit der Juso-Fahne. Rote Rose in der Faust. Darunter in weißen Lettern: Rahlstedt. An diesem Tag in Bonn ist Olaf Scholz einer von 500.000, deutschlandweit sogar einer von 1,3 Millionen.

Es ist die dritte Hofgarten-Demo und die bis dahin größte Demonstration in der Geschichte der Bundesrepublik. Menschen mit höchst unterschiedlichem Hintergrund marschieren vereint in ihrer Angst vor einem Atomkrieg und in der Überzeugung, dass diese Gefahr real ist. Die bevorstehende Zustimmung des Bundestags durch seine mittlerweile schwarzgelbe Mehrheit zur Stationierung von Pershing II und Cruise-Missiles mobilisiert eine Massenbewegung aus Friedensaktivisten, Kirchenmitgliedern, linken Gruppierungen, Grünen – und vielen Sozialdemokraten. Die Atomangst entfaltet eine ungeheure politische Kraft. Sie prägt eine Generation, sie prägt auch Scholz.

In der SPD fühlen sich da nur noch wenige an das Ja von Helmut Schmidt zum Doppelbeschluss aus seiner Kanzlerzeit gebunden. Um fünf vor zwölf wird von allen Bühnen getrommelt, dann eröffnet der Literaturnobelpreisträger Heinrich Böll die Kundgebung mit leiser Stimme. Böll deutet »die erfreuliche Gegenwart von Willy Brandt so, als wenn auch die SPD gegen die Raketen stimmen würde«.

Denn zum ersten Mal ist auch der SPD-Vorsitzende bei einer Hofgarten-Demo dabei. Das gefällt nicht allen. Etliche pfeifen, nicht alle halten den SPD-Vorsitzenden, der die NATO-Beschlüsse noch kürzlich zähneknirschend akzeptiert hatte, plötzlich für einen der Ihren. Und ein bisschen fremd wirkt Brandt schon. Er trägt einen grauen Anzug, dazu ein weißes Hemd und eine blaue Krawatte. Olaf Scholz steht in seiner Lederjacke mit den Rahlstedtern mitten in der Menge. Er denkt sich: gut gemacht. Ohne ihn, da ist sich Scholz sicher, würde Brandt jetzt nicht da vorne stehen.

Als Vertreter der Jusos saß Scholz im Organisationskomitee, folglich lief der Kontakt zum SPD-Parteivorstand über ihn. Brandt wollte bei der Kundgebung reden, aber nicht unter allen Umständen. Vermeiden wollte er es, durch radikale Redner oder Parolen kompromittiert zu werden. Scholz musste das im Organisationskomitee klarmachen, dann wieder bei der SPD berichten, wie die Dinge stehen. Mit Brandt direkt verhandelte Scholz nicht, aber mit dessen Büro. Die meisten im Komitee wollten unbedingt, dass Brandt kommt. Das erleichterte die Aufgabe für Scholz. Nun, da es geschafft ist, kann er Brandt kaum sehen. Aber er hört seine unverwechselbare Stimme.

Brandt empört sich. Er verwahrt sich gegen den Vorwurf, hier habe sich die fünfte Kolonne Moskaus versammelt. Er hält das für Volksverhetzung. »Wir stehen hier miteinander für die

Mehrheit unseres Volkes. Über 70 Prozent der Menschen in der Bundesrepublik, und das ist gut so, halten nichts davon, dass Deutschland immer mehr vollgepackt wird mit atomarem Teufelszeug«, ruft Brandt. So gewinnt er die Menge langsam für sich.

Die DDR mobilisiert, das wird erst nach dem Mauerfall bewiesen, tatsächlich beträchtliche Ressourcen, um die Friedensbewegung im Westen zu stärken. Millionenbeträge fließen an die Deutsche Friedensunion (DFU), die maßgeblich beteiligt gewesen ist am Krefelder Appell gegen die Stationierung der US-Mittelstreckenraketen. Den Versuch der Fernsteuerung gibt es. Dennoch ist diese deutsch-deutsche Geschichte komplizierter. Auch für Olaf Scholz.

Der heiße Herbst 1983

»Frieden ist unser erstes Menschenrecht! Europa darf kein Euroshima werden!« Nur vier Wochen vor der großen Demo in Bonn wird in Werder bei Potsdam ein Jugendlager mit diesem kämpferischen Motto veranstaltet. Die FDJ hat Mitglieder von 14 Jugendorganisationen aus Westdeutschland, Dänemark und Österreich in die DDR eingeladen. Als Vize-Vorsitzender ist Olaf Scholz Chef der zehnköpfigen Juso-Delegation. Der Leiter der für Tourismus zuständigen Hauptabteilung VI des Ministeriums für Staatssicherheit notiert damals in einem Vermerk, das Jugendlager diene dem »Meinungsaustausch über die aktuellen Erfordernisse des Kampfes für Frieden, Abrüstung« und solle die Gäste mit der »Friedenspolitik und den Aktivitäten der UdSSR, der DDR sowie der anderen sozialistischen Staaten vertraut machen«.

Einquartiert werden die westlichen Gäste im Jugendtourist-hotel Werder, einem Plattenbau mit Blick auf den Schwielow-see. Dort werden dann auch diverse Podiumsdiskussionen abgehalten. Ein Austausch von Meinungen findet wie vorge-sehen statt, allerdings scheinen sich die Meinungen sehr zu gleichen, die da ausgetauscht werden. Als einer der Teilneh-mer, der Journalist Markus Decker, vierzig Jahre später in seinem Gedächtnis kramt, kann er sich jedenfalls an keine Kontroverse und schon gar nicht an eine Kritik am real exis-tierenden Sozialismus erinnern. Auf organisierten Wanderun-gen und Bootsfahrten können die Gäste die DDR besichtigen. Unübersehbar sind die allgegenwärtigen Parolen: »Zuverläs-siger Schutz der Arbeiter- und Bauernmacht durch die Kampf-gruppen der Arbeiterklasse«, steht auf einem Spruchband. Dazu eine Kalaschnikow mit roter Fahne.

Decker selbst ist eher zufällig nach Werder geraten. Ein Freund von den Jungdemokraten, der einstigen linken Jugend-organisation der FDP, hat ihn gefragt: Hast du Lust, mit in die DDR zu kommen? Decker ist neugierig, hat Lust und natürlich keine Ahnung, dass er mit einem künftigen Bundeskanzler »gemeinsame Sache« machen wird. So schreibt er das als Kor-respondent des Redaktionsnetzwerks Deutschland 2022 in einem Artikel, nachdem ihm durch Presseberichte klar gewor-den ist, dass auch Scholz in Werder dabei war. Eine konkrete Erinnerung an ihn aus diesen Tagen hat er nicht.

Was Decker dafür gegenwärtig bleibt, sind die »leeren Stra-ßen, die Stille dort, die FDJ-Funktionäre in ihren blauen Hem-den, die mir rückblickend älter erscheinen, als ich heute bin«. Bei den Funktionären handelt es sich laut Stasi-Vermerk aus-nahmslos um »NSW-Reisekader«, zuverlässige Genossen also mit Pässen für das »nicht-sozialistische Wirtschaftsgebiet«. Nicht der Dogmatismus dieser Blauhemden ist es, der Decker überrascht, mit dem hat er gerechnet. Was er nicht erwartet hat, ist »die dogmatische Stromlinienförmigkeit ihrer westlichen Gäste«. Tatsächlich aber ist diese große Einigkeit im Jugendtouristhotel von Werder aus Sicht von Gästen wie Scholz nur konsequent. Mit Fernsteuerung hat sie aus ihrer Sicht nichts zu tun.

Im heißen Herbst 1983 ist Ronald Reagan seit gut zweieinhalb Jahren US-Präsident. Die Sowjetunion hat Reagan gerade erst als »Reich des Bösen« tituliert. Nena, der Star der Neuen Deutschen Welle, singt: »Neunundneunzig Kriegsminister / Streichholz und Benzinkanister / Hielten sich für schlaue Leute / Witterten schon fette Beute / Riefen: ›Krieg!‹ und wollten Macht / Mann, wer hätte das gedacht / Dass es einmal so weit kommt.« Damit bringt sie das Lebensgefühl einer ganzen Generation auf den Punkt. 1983 ist das Jahr von Waldsterben, Wirtschaftskrise, Massenarbeitslosigkeit, Wohnungsnot – und auch der Kriegsangst. »Europa darf kein Euroshima werden«, da sind sich die Wuschelköpfe aus dem Westen mit den Blauhemden im Osten einig.

Olaf Scholz muss sich in Werder jedenfalls nicht verbiegen. Für ihn ist die Frage entschieden, wo die Schuldigen an der neuerlichen Eskalation im Kalten Krieg sitzen. In den USA. Das ist nicht Scholz' Privatmeinung, sondern Beschlusslage der Jungsozialisten. Ende März, drei Wochen nach dem Sieg von Helmut Kohl bei der Bundestagswahl, hatten die Jusos auf ihrem Bundeskongress in Oberhausen unter der Überschrift »Nie wieder Krieg!« friedenspolitische Thesen beschlossen. Darin wird den USA ein »gigantisches Aufrüstungsprogramm« vorgeworfen, das dem Ziel diene, ein Herabsetzen der atomaren Schwelle zu ermöglichen und einen »kalkulierbar- und gewinnbaren Atomkrieg unterhalb des totalen Menschheitsholocaust zu führen«.

Aus Sicht der Jusos ist das kein Zufall, sondern folgt einer Gesetzmäßigkeit. »Ökonomische Krise und Verlust von Einflusszonen beschneiden die Möglichkeit imperialistischer Politik und die US-Vorherrschaft«, analysieren sie. Den USA gehe es daher »um Eindämmung und Zurückdrängung des Einflusses der Sowjetunion in der Welt«. Ganz anders die UdSSR: »Demgegenüber ist die sowjetische Militärpolitik nicht in eine außenpolitische Konzeption der weltweiten Durchsetzung imperialistischer Interessen eingebunden.« Die sowjetische konventionelle Rüstung diene »in erster Linie der Abschirmung und Stabilisierung des eigenen Gesellschaftssystems in der Sowjetunion und den Ländern des Warschauer Vertrages«.

Daraus ergibt sich dann doch noch eine kritische Anmerkung in Richtung Moskau. Die Absicherung des eigenen Einflussbereiches auch mit militärischen Mitteln und die damit verbundene Verletzung des Selbstbestimmungsrechts der Völker könne nach Meinung der Jungsozialisten »kein Bestandteil sozialistischer Außen- und Sicherheitspolitik sein«. Mit ihrer atomaren Hochrüstung habe die Sowjetunion aber jeweils »nur auf die technologische Entwicklung der USA reagiert«. Der entscheidende Punkt aus Sicht der Jusos betrifft Europa. Zwischen Europa und den USA herrsche ein »tiefgreifender Interessengegensatz«, denn US-Präsident Reagan kalkuliere für den Fall eines Atomkriegs die Vernichtung Europas ein.

Für Olaf Scholz droht 1983 folglich die Gefahr aus Washington, nicht aus Moskau. In dieser Überzeugung reist er nach Werder und später noch häufig nach Ost-Berlin. Diese Reisen sind alles andere als konspirativ, stets sind sie mit dem SPD-Vorstand abgesprochen. Einspruch gibt es keinen. Warum auch? Die SPD selbst sucht Kontakt zur SED. Sie will die von Willy Brandt eingeleitete Entspannungspolitik fortsetzen. Für Scholz kommt allerdings noch etwas hinzu, seine fundamen-

tale Kapitalismuskritik. Denn was nützt Entspannung mit
Moskau, solange »die Krise der kapitalistischen Zentren« die
Kriegsgefahr schürt? Was Scholz über die atomare Gefahr und
den Konflikt zwischen den Blöcken denkt, ist nicht zu trennen
von dem, was er zu diesem Zeitpunkt noch über den Kapitalismus zu wissen glaubt. Der Blick auf den real existierenden
Sozialismus verläuft bei den Jusos in dieser Zeit entlang der
Grenzen der verschiedenen Strömungen. Seit 1980, immerhin
erst ein Jahr nach dem sowjetischen Einmarsch in Afghanis-
tan, unterhalten sie offizielle Beziehungen zur FDJ. Im Bundesvorstand sorgt das Verhältnis zur DDR und den anderen
Ostblock-Staaten allerdings immer wieder für Streit. Die Reformer träumen von einem antiautoritären Sozialismus, von
den Obrigkeitsstaaten im Osten fühlen sie sich abgestoßen.
Ihre Sympathie gehört den Oppositionellen, zu ihnen halten
sie auch Kontakt. Die kleinere Gruppe der »Anti-Revisionis-
ten«, die an die Macht der »Basis« glaubt, kann dem autoritären Staatsgehabe der DDR zwar ebenfalls wenig abgewin-
nen, ist darin aber nicht so eindeutig wie die Reformer. Sicher
sind sich ihrer Sache die Stamokaps. Der reale Sozialismus
mag zwar nicht ihrer sein, aber es ist Sozialismus. Kritik an
den Zuständen dort halten sie für Ablenkung.

Einer der Jusos, die das anders sehen, ist Matthias Kollatz,
mit dem Scholz fast dreißig Jahre später wieder zu tun haben
wird. Ab 2014 ist Kollatz für sieben Jahre Finanzsenator in
Berlin, ab 2016 sitzt er für die SPD auch im Abgeordneten-
haus. Kollatz kommt aus Hessen, hat in Darmstadt Physik
studiert und war dort im AStA, der Studentenvertretung, aktiv.
In seiner AStA-Zeit hatte er einen Aufruf für den zu Haus-
arrest verurteilten Regimekritiker Robert Havemann unter-
schrieben. So etwas vergessen die DDR-Behörden nicht. Kollatz erhält Einreiseverbot. Als er 1984 neben Scholz zu einem

der Stellvertreter im Juso-Bundesvorstand gewählt wird,
kommt es zu einer absurden Situation. Privat bleibt es beim
Einreiseverbot, in offizieller Mission als Juso ist Kollatz in der
DDR willkommen. Davon macht er nur sparsam Gebrauch.
Als Reformer gehört er im Bundesvorstand zu den Gegen-
spielern von Scholz, dabei geht es auch ums Verhältnis zu den
Ostblock-Staaten. Manchmal sind es einzelne Worte, um die
gerungen wird. Darf man »Ostblock« sagen? Auf keinen Fall,
findet Scholz. Die Stamokaps halten das für einen antikom-
munistischen Kampfbegriff. Politisch wird häufig gestritten
darüber, ob vom Warschauer Pakt ebenso Abrüstung verlangt
werden sollte wie von der NATO. Das sei den Stamokaps
»schon schwergefallen«, wird sich Kollatz erinnern. Im Rückblick wird das auch Ulf Skirke bestätigen. Im Bundesvorstand
gehört er zu den »Anti-Revis«, ist zunächst mit Scholz einer
der Stellvertreter im Bundesvorstand, später dann Juso-Vor-
sitzender. Die Stamokaps hätten die Zustände im Osten ja
nicht für gut befunden oder gar »verherrlicht«, nur seien sie
eben »ein bisschen sehr unempfindlich« gewesen. Skirke findet das damals nicht gut, aber wichtiger ist ihm das Eintreten
für die Entspannungspolitik. Den Draht zur FDJ unterstützt er
aus vollem Herzen.

Einen Monat nach der Hofgarten-Demo stimmt der Bundestag über die Umsetzung des NATO-Doppelbeschlusses ab.
Willy Brandt lehnt in der Debatte die Stationierung der amerikanischen Raketen in Deutschland ab und fordert eine Ab-
wägung gegenüber dem »äußersten Übel des Atomkriegs«.
Derweil faltet Helmut Schmidt einen Papierflieger und lässt
ihn fliegen. Mit 296 Ja- gegen 226 Nein-Stimmen, mehrheitlich auch aus der SPD, und bei einer Enthaltung billigt das
westdeutsche Parlament die Raketenstationierung. Was bleibt,
ist für Scholz eine Erkenntnis, die ihn sein politisches Leben

lang begleiten wird. Die Angst vor einem atomaren Krieg ist real. Sie kann Massen bewegen, und sie verschwindet auch nicht durch gutes Zureden. Scholz ist jung, aber kein Romantiker. Ihn interessieren vor allem die politischen Konsequenzen. In diese Zeit fallen auch seine ersten Erfahrungen mit der internationalen Politik.

Ein Besuch in der DDR

Am 4. Januar 1984 bietet sich den Zuschauern der *Aktuellen Kamera*, der Nachrichtensendung im DDR-Fernsehen, ein ungewohntes Bild. Vor einer Schale Obst sitzt an einem Konferenztisch Egon Krenz. Ihm gegenüber haben fünf Männer mit teils voluminösen Bärten Platz genommen. Einer von ihnen trägt das lockige Haar schulterlang. Es ist Olaf Scholz. »Egon Krenz, Mitglied des Politbüros und Sekretär des ZK, führte heute in Berlin ein Gespräch mit einer Delegation des Bundesvorstandes der Arbeitsgemeinschaft der Jungsozialisten in der SPD unter Leitung des Bundesvorsitzenden Rudolf Hartung«, verkündet der Nachrichtensprecher. DDR-Bürger, die nicht gerade im ZDF *Diese Drombuschs* schauen, erfahren, dass Krenz die Gäste über die Siebte Tagung des Zentralkomitees der SED informiert und ihnen versichert habe: »Im Kampf um den Frieden steht die Jugend der DDR, allen voran die Mitglieder der FDJ, mit in der ersten Reihe.« Auf der westlichen Seite kämpften die Jusos. Sie würden, vermeldet die *Aktuelle Kamera*, auch 1984 mit der Friedensbewegung marschieren. Dabei wollten sie deutlich machen, »dass die Bundesregierung den Raketenbeschluss gegen den Willen der absoluten Mehrheit der BRD-Bevölkerung gefasst hat«.

Der Empfang bei Krenz entspricht zwar nicht der protokol-
larischen Rangordnung, aber aus Sicht von SED und FDJ ergibt er großen Sinn. Im »Handmaterial« der FDJ zur Vorbereitung des Besuchs wird den Jusos bescheinigt, sie gehörten »zu
jenen Kräften innerhalb der Sozialdemokratie, die für Abrüstung ohne taktische Rücksichtnahme auf imperialistische Ge-
samtinteressen eintreten«. Lobende Erwähnung findet Olaf
Scholz als Vertreter der »Stamokap-Gruppe«. Diese nähere
sich »in einer Reihe von Fragen, vor allem bei der Analyse der
gesellschaftlichen Verhältnisse der BRD, marxistischen Positionen«. Vor allem aber: »Diese Kräfte sind oft stärker bereit,
mit Kommunisten zusammenzuarbeiten.«

Das ist eine Einschätzung, die sich als richtig erweist. Laut
dem Bericht, den die für den Staatsapparat zuständige Hauptabteilung XX der Stasi zu den Akten nimmt, informiert Juso-
Chef Hartung Krenz, dass die »Jungsozialisten 1984 noch aktiver als bisher die Aktion der Friedensbewegung gegen die
Stationierung von Pershing II und Cruise Missiles in Westeuropa unterstützen wollen«. Für die »politische Notwendigkeit« der Gegenmaßnahmen des Warschauer Paktes, also die
Verlegung von SS-20-Raketen in die DDR und in die CSSR,
bringt er demnach Verständnis auf, bezweifelt aber den »militärischen Sinn«. Die Stasi protokolliert: »Nach ihrer Ansicht
müsste die Sowjetunion der (sic!) USA noch viel mehr Atom-
raketen vor die Haustür stellen.« Das also ist die Botschaft:
Wenn schon neue Raketen, dann doch bitte direkt auf Amerika
gerichtet.

Die Gäste aus der Bundesrepublik bringen auch ein kont-
roverses Thema zur Sprache, allerdings – laut Stasi-Akte –
eher devot. Die Jusos hätten »angefragt«, was es »mit der In-
haftierung der beiden Frauen BOHLEY und POPPE auf sich
habe, mit der der Blätterwald der BRD-Presse gegenwärtig

überschüttet wird«. Die in der DDR-Friedensbewegung aktiven Bürgerrechtlerinnen Bärbel Bohley und Ulrike Poppe sind kurz zuvor verhaftet worden. Wegen des Verdachts auf »landesverräterische Nachrichtenübermittlung« kommen sie für sechs Wochen in Untersuchungshaft. Anlass sind Kontakte zu britischen Friedensaktivisten und zu den bundesdeutschen Grünen. Die Jusos hätten sich, vermerkt die Stasi erleichtert, »mit der Erklärung des Genossen Krenz zufriedengegeben, dass in der DDR keiner für seine Gesinnung inhaftiert werde, sondern nur aus Gründen der Verletzung von bestehenden Gesetzen«.

Ärger gibt es dennoch. Im Westberliner *Tagesspiegel* wird unter Berufung auf Hartung berichtet, beim Gespräch mit Krenz sei die Verhaftung der Bürgerrechtlerinnen Bohley und Poppe zur Sprache gekommen, und Krenz habe eine Überprüfung zugesagt. Im Abschlussgespräch mit den Jusos weist FDJ-Sekretär Günther Bohn das »entschieden« zurück. »Es wurde festgestellt, dass diese Meldung eine Lüge ist und Geist und Inhalt des Gesprächs grob entstellt«, schreibt er in seinem Bericht, den die Stasi zu den Akten nimmt. Vor der »gesamten Delegation« habe er, Bohn, Hartung gefragt, »ob die Jungsozialisten an konstruktiven Beziehungen zur FDJ interessiert sind oder sich in bestimmte Kampagnen gegen die DDR einreihen wollen«.

Bohns Protokoll liest sich so, als habe Hartung sich eine Standpauke gefallen lassen müssen. »Hartung, der sichtlich um Fassung rang, bedauerte, dass seine Äußerungen vor den Pressevertretern aus der BRD missverstanden worden seien. Er stimmte zu, dass er offensichtlich missbraucht worden sei«, notiert Bohn. Genüsslich berichtet er: »Die stellvertretenden Bundesvorsitzenden Scholz und Skirke distanzierten sich offen vom Inhalt dieser Meldung, alle anderen Delegationsmitglieder zeigten ihre Betroffenheit, äußerten sich aber nicht.« Wie weit das Protokoll korrekt ist, ist – wie immer in solchen Fällen – unklar; der FDJ-Sekretär will sich natürlich in bestem Licht zeigen.

Die FDJ verbucht den dreitägigen Besuch abschließend als Erfolg. Die Jungsozialisten, schreibt FDJ-Sekretär Bohn, würden »in der BRD mithelfen, ein solches Klima zu schaffen, dass die Gefahr der Raketenstationierung im Bewusstsein der Bevölkerung wachgehalten wird«. In Scholz erkennt die DDR-Staatsmacht fortan einen wichtigen Ansprechpartner. In Vorbereitung eines Besuches 1986 vermerkt die Hauptabteilung XX der Stasi über ihn: »Gehört zum Stamokap – alter Politprofi, der in der Organisation großen Einfluss hat. Mit ihm wurden auch die meisten Fragen der Abschlussvereinbarung durchgesprochen.«

Die Jusos sind die Linken innerhalb der SPD, und Scholz zählt zu den Linken bei den Jusos. In Ost-Berlin wandeln er und seine Genossen aus SPD-Sicht trotzdem nicht auf Abwegen. Zusammen mit Egon Bahr arbeitet Parteichef Willy Brandt zu dieser Zeit daran, seiner Ostpolitik ein neues Kapitel, eine »zweite Phase« hinzuzufügen. Brandt hält die Gefahr eines Atomkrieges für so real wie seit vielen Jahren nicht und fürchtet, dass schon ein Computerfehler zur Vernichtung der Menschheit führen könnte. Sein ostpolitischer Vordenker Bahr argumentiert ähnlich. Im Falle eines Atomkriegs stehe die Existenz des Planeten auf dem Spiel. Dann seien die beiden Supermächte »im Untergang vereint«. Folglich müssten die verfeindeten Systeme ihre Sicherheit gemeinsam organisieren. Mit einem Konzept der »Gemeinsamen Sicherheit« wollen Brandt und Bahr deshalb erneut für Entspannung sorgen. Konkret schwebt ihnen eine »strukturelle Nichtangriffsfähigkeit« zwischen NATO und Warschauer Pakt vor. Akzeptiert werden soll dabei, dass der Gegensatz der Systeme fortbesteht. »Ohne Frieden ist alles andere nichts«, lautet Brandts Credo. 1983 beginnt er einen Briefwechsel mit dem DDR-Staatsrats-vorsitzenden Erich Honecker. Gebildet wird eine Arbeits-gruppe aus SPD und SED, die 1985 einen Vorschlag für eine chemiewaffenfreie Zone in Europa vorlegt. 1987 folgt ein ge-meinsames SPD-SED-Papier.

Die »zweite Phase« der Ostpolitik

Doch die Idee der »Gemeinsamen Sicherheit« hat einen Haken. Wenn das jeweilige politische System zu akzeptieren ist, was haben dann Oppositionelle in der DDR noch von der SPD zu erwarten? Friedensbewegte wie Bärbel Bohley und Ulrike Poppe in der DDR, die Dissidenten von der Charta 77 in der Tschechoslowakei oder die Gewerkschafter von der Solidarność in Polen, wo das Regime unter General Wojciech Jaruzelski 1981 das Kriegsrecht verhängt hat? Immerhin ist Brandt Friedensnobelpreisträger und Wegbereiter für die Schlussakte von Helsinki, die als wesentlichen Faktor für die Bewahrung des Friedens auch die Achtung der Menschen-rechte und der Grundfreiheiten anerkennt. Immer wieder wenden sich Regimegegner an Brandt, doch der reagiert reser-viert. Auf einer Polen-Reise 1985 begegnet Brandt zwar Op-positionellen, aber ein Treffen mit Gewerkschaftsführer Lech Wałęsa kommt nicht zustande. »Der Frieden braucht ein sta-biles Polen«, sagt Brandt in Warschau. Die Dissidenten wer-den ihm das nicht so schnell vergessen, auch nicht nach dem Fall der Mauer.

Diese »zweite Phase« der Ostpolitik hängt der SPD lange

nach. Als 2022 Russlands Gewaltherrscher Wladimir Putin die
Invasion der Ukraine befiehlt, fragen sich im Osten Europas
viele, ob ausgerechnet ein sozialdemokratischer Kanzler ihm
die Stirn bieten wird. Olaf Scholz wird brechen müssen mit
einer »zweiten Phase« der Ostpolitik, die in der SPD bis dahin
kaum infrage gestellt worden ist.

Während der »zweiten Phase« der Brandt'schen Ostpolitik
plagen den stellvertretenden Juso-Vorsitzenden noch keine
Zweifel. Wenn er an Brandts Initiativen etwas auszusetzen
hat, dann allenfalls, dass sie ihm nicht weit genug gehen.
»Auch die neuen Beschlüsse der SPD bewegen sich noch in der
Logik des NATO-Doppelbeschlusses. Es fehlt jeder Ausdruck
von Selbstkritik in Bezug auf die bisherige Parteilinie«, mo-
niert er 1985 in der *Zeitschrift für Wirtschaft und Politik*. Das
»Nein« zur Raketenstationierung werde nicht begründet mit
dem »in der Friedensbewegung unumstrittenen Charakter der
US-Raketen als Erstschlagswaffen sowie der Kriegsführungs-
und Regionalisierungsstrategie der USA, sondern mit dem
unzulänglichen Vorgehen der Verhandlungspartner in Genf«.
Tatsächlich werden die amerikanisch-sowjetischen Verhandlungen in Genf erst 1987 zum Erfolg führen mit dem INF-Ver-
trag über die Abrüstung nuklearer Kurz- und Mittelstrecken-
waffen.

Die Jusos begnügen sich nicht damit, hinter Brandt zu marschieren. Sie möchten vorangehen. Zusammen mit Ulf Skirke,
der mittlerweile zum Bundesvorsitzenden gewählt worden ist,
und weiteren Vorstandsmitgliedern reist Scholz 1984 auf Einladung des kommunistischen Jugendverbandes Komsomol
nach Moskau. Dort werden die Jusos von Walentin Falin empfangen. Falin ist ein Mann mit scharfem Intellekt und in den
deutsch-sowjetischen Beziehungen eine wichtige Figur. Er war
sowjetischer Botschafter in Bonn und danach Leiter der Ab-

teilung für internationale Beziehungen beim ZK der KPdSU. Nun hat er einen Karriereknick hinnehmen müssen und arbeitet als politischer Redakteur bei der Regierungszeitung *Iswestija*. Erst später wird er als Berater von Michail Gorbatschow wieder eine zentrale Rolle spielen. »Was sagt ihr denn nun? Was sollen wir jetzt tun, nachdem die Nachrüstung erfolgt ist?«, will Falin von den Jungsozialisten wissen.

Der Besuch aus der Bundesrepublik soll sich ernst genommen fühlen. Skirke ist das klar, dennoch macht Falin auf ihn großen Eindruck. Das Gespräch erscheint ihm bedeutsam, es gräbt sich ihm ins Gedächtnis. »Olaf und ich sagen also wie aus einem Mund: Abrüsten. Ihr müsst jetzt einen intelligenten Abrüstungsvorschlag gegenüber dem Westen machen. Damit bringt ihr die Falken im Westen, aber auch in eurem Bereich ins Schwitzen«, wird er sich an seine und die Antwort des späteren Bundeskanzlers erinnern. Ob sie das so auf die »christliche Art« meinten, die rechte Wange hinzuhalten, wenn einem auf die linke geschlagen werde, soll Falin zurückgefragt haben. Aber interessiert habe ihn die Antwort schon.

Bei Scholz hinterlässt die Unterhaltung, anders als bei Skirke, keinen nachhaltigen Eindruck, an Einzelheiten des Gesprächs wird er sich später nach eigenem Bekunden gar nicht mehr erinnern. Auch die Treffen mit dem Komsomol entsprechen nicht seinen Erwartungen. Er findet sie eher langweilig. Sein Eindruck ist, dass die Komsomolzen gar nicht befugt sind, ernsthafte Diskussionen zu führen. Politische Vorträge werden den Jungsozialisten stattdessen von Wissenschaftlern gehalten. Missbilligend nimmt der Marxist Scholz zur Kenntnis, dass es beim Komsomol zwei Kantinen gibt, eine einfache und eine bessere für die höheren Ränge. Angela Merkel, als Schülerin in der DDR Gewinnerin der Russisch-Olympiade, ist mit einer Freundin einmal durch den Süden der Sowjetunion ge-

trampt. So nah heran an den Alltag in der UdSSR kommt
Scholz nie. Russisch spricht er nicht, und die Termine der De-
legationsreisen sind durchgetaktet.

Manchmal reicht aber auch ein Spaziergang. In Leningrad
schlendert Scholz einmal durch eine Vorstadtsiedlung. Die
Plattenbauten sind zusammengesetzt aus verschiedenen Se-
rien in unterschiedlichen Farben. So etwas fällt Scholz auf. Er
führt es auf Mangelwirtschaft zurück. Die sowjetische Realität
lässt das marxistische Herz des jungen Olaf Scholz nicht höher
schlagen. Gelegentlich irritiert sie ihn auch.

Auf einer der Reisen in die UdSSR dürfen die Juso-Vor-
ständler einen Abstecher in den Kaukasus machen. In Baku,
der Hauptstadt der Sowjetrepublik Aserbaidschan, sehen sie
von der verfallenen Altstadt aus die Ölfördertürme am Kaspischen Meer. Die Jusos werden empfangen vom Ersten Stellvertretenden Ministerpräsidenten Aserbaidschans, Süleyman
Tatliyev, einem hochgewachsenen Mann mit breiten Schultern
und vollem weißem Haar. Derlei Gespräche sollen den Be-
suchern aus dem Westen Einblicke verschaffen in die Errun-
genschaften des Sozialismus. Diesmal allerdings nimmt die
Unterhaltung einen unglücklichen Verlauf. Das liegt daran,
dass die Jusos das Thema Frauenrechte zur Sprache bringen.
Die Gleichberechtigung ist Scholz ein wichtiges Anliegen, er
versteht sich als Feminist. Damit kann der sowjetische Funk-
tionär ausgesprochen wenig anfangen. Er referiert ausführlich
über den Platz der Frau am heimischen Herd. Scholz ist ent-
setzt.

Die Stimmung ändert sich, als es um die Vergangenheit
geht. Tatliyev ist Veteran des Großen Vaterländischen Krieges
und im Kampf gegen die deutschen Besatzer schwer verwun-
det worden. Ulf Skirke entschließt sich, von seinem Vater zu
erzählen. Mit 17 sei er in den Krieg gezogen, habe an der Ost-

front gekämpft und sei auch bei der Truppe gewesen, die zum Kaspischen Meer vorstoßen und die Ölfelder erobern sollte. Der Veteran Tatliyev reagiert großmütig. Man kenne die Vergangenheit, sagt er, aber die jungen Gäste aus Deutschland seien willkommen. Es gehe schließlich um die Zukunft. Skirke kommt es so vor, als kämpfe der Hüne mit den Tränen. Es ist ein Moment, der ihn aufwühlt.

Einmal tragen Scholz und Skirke auf dem Leningrader Piskarjowskoje-Friedhof einen Kranz zum Mahnmal für die Opfer der Blockade durch die Wehrmacht. Ein paar Hundert Meter vielleicht, aber Skirke kommt der Weg endlos vor und der Kranz tonnenschwer.

An Tränen von Veteranen oder an die Schwere eines Kranzes wird sich Scholz später nicht erinnern. Er ist einige Jahre jünger als Skirke, sein Vater war während des Krieges noch ein Kind. Für Scholz ist der Krieg in den 8oer-Jahren schon vergangen, für Skirke erst vier Jahrzehnte her. Olaf Scholz' Sorge gilt der Gegenwart.

Olaf Scholz entdeckt die Welt

1985 reist eine Delegation der Jusos zu den Weltjugendfestspielen nach Moskau. Zum ersten Mal bilden sie eine gemeinsame Delegation mit der FDJ. »Für antiimperialistische Solidarität, Frieden und Freundschaft«, hat der Komsomol als Parole ausgegeben. Im Gorki-Park geben Udo Lindenberg und der sowjetische Popstar Alla Pugatschowa ein Konzert. Lindenberg trägt eine schwarze Lederjacke und eine Baskenmütze. In den Ohren des sowjetischen Publikums klingt sein Sprechgesang seltsam, aber der gemeinsame Auftritt mit der

populären Pugatschowa ist ein Ereignis. »Keiner will sterben,
das ist doch klar. Wozu sind denn dann Kriege da? Herr Präsident, du bist doch einer von diesen Herren. Du musst das
doch wissen. Kannst du mir das mal erklären?«, singt Lindenberg auf Deutsch. »Herr Präsident, hör zu, ich bin zehn Jahre
alt. Wenn westliche Raketen auf mich gerichtet sind, dann
fürchte ich mich. Verrat mir das Geheimnis, verrat es mir
schnell, warum du mit meinem Leben spielst«, fährt Pugatschowa auf Russisch fort.

Auch Olaf Scholz sieht in Ronald Reagan die größte Gefahr
für den Weltfrieden. Es werde »längerfristig auch die Frage der
militärischen Integration der BRD in die NATO auf der Tagesordnung stehen«, prophezeit er in der *Zeitschrift für Sozialistische Wirtschaft und Politik*. Scholz umkreist das heikle
Thema, aber schließlich kommt er doch zum Punkt und formuliert eine harte These. Für ihn steht angesichts der »amerikanischen Interessen in der NATO die Friedensbewegung vor
der Überlegung, entweder eine Integration des Territoriums
und der Streitkräfte der BRD in solche Konzepte hinzuneh-
men, mit dem Risiko des Untergangs der bundesdeutschen,
wenn nicht der gesamten europäischen Bevölkerung, oder eine
grundsätzlich andere Strategie auch außerhalb der militärischen Allianz zu entwickeln«. Kürzer und frei nach Pugatschowa: Wer in der NATO bleiben will, spielt mit dem Leben
der Deutschen und aller Europäer.

Im Leben von Olaf Scholz hat sich inzwischen eine Menge
verändert. Er hat seine spätere Frau Britta Ernst kennengelernt.
Sie ist seit 1978 ebenfalls in der SPD und macht eine Ausbildung zur Kauffrau in der Wohnungswirtschaft. Scholz hat mittlerweile sein Jurastudium abgeschlossen und arbeitet als
Rechtsanwalt, spezialisiert auf Arbeitsrecht. Ihm ist es wichtig,
nicht nur Politik zu machen, sondern einen Beruf auszuüben.

Darüber spricht er auch im Bundesvorstand. Innerhalb der Hamburger SPD ist Scholz gewechselt in den deutlich linkeren Kreisverband Altona. Das hat einen entscheidenden Vorteil. Er hat sich dem Einfluss des mächtigen Alfons Pawelczyk entzogen. Scholz ist immer noch überzeugter Stamokap, als beunruhigende, aber zunächst spärliche Nachrichten aus der Sowjetunion eintreffen. »Im Atomkraftwerk Tschernobyl hat sich ein Unfall ereignet. Ein Reaktor wurde beschädigt«, meldet die Nachrichtenagentur TASS am Abend des 26. April 1986. Maßnahmen zur Beseitigung der Unfallfolgen seien ergriffen worden. Den »Geschädigten« werde Hilfe geleistet.

Erst nach und nach wird klar werden, dass sich in der Sowjetunion der GAU, der Größte Anzunehmende Unfall, ereignet hat. Noch länger wird es dauern, bis das ganze Ausmaß an Fehlern, Vertuschung und Menschenverachtung sichtbar werden wird. Menschliches Versagen, fatale Befehle und Inkompetenz hatten dazu geführt, dass ein Sicherheitstest in die Katastrophe mündete. Was mit einem Bedienfehler bei der Leistungsregelung begann, endet so mit der Kernschmelze, zwei schweren Explosionen und großen Mengen freigesetzter Radioaktivität. Große Gebiete der Ukraine, Weißrusslands und Russlands werden verseucht. Die sowjetischen Behörden versuchen zunächst, das Ausmaß der Katastrophe zu vertuschen. Selbst in der unmittelbaren Umgebung von Tschernobyl läuft die Evakuierung nur schleppend an. Tausende »Liquidatoren« werden ohne ausreichende Schutzkleidung in den Rettungseinsatz geschickt, etliche damit in den sicheren Tod.

Einige Zeit später ist Scholz wieder mit einer Delegation zu Besuch in der Sowjetunion. In der Ukraine wird den Jusos ein Feuerwehrmann vorgeführt, der in Tschernobyl im Einsatz gewesen sein soll. Angeblich ist der Mann kerngesund. Scholz glaubt kein Wort. Seit der Atomkatastrophe in Tschernobyl ist

die Krise des sowjetischen Systems nicht mehr zu übersehen,
für ihn nicht, für niemanden.

In dieser Zeit, Mitte der 80er-Jahre, entdeckt Olaf Scholz
die Welt. Als stellvertretender Vorsitzender vertritt er die
Jusos bei der Internationalen Union der Sozialistischen Jugend
(IUSY), dem weltweiten Zusammenschluss sozialdemokrati-
scher Jugendorganisationen. 1987 wählt ihn ein Kongress in
Brüssel zum IUSY-Vizepräsidenten. In dieser Funktion kommt
Scholz rum, besucht als Erstes die Sandinisten in Nicaragua.
Vor allem aber begegnet er interessanten Frauen und Män-
nern, die in ihren sozialdemokratischen Parteien auf dem
Sprung zur Macht sind. Anna Lindh gehört dazu, die spätere
schwedische Außenministerin, die 2003 in einem Stockhol-
mer Kaufhaus ermordet werden wird, und der Norweger Jens
Stoltenberg, der spätere NATO-Generalsekretär. Und noch
einen aufstrebenden Sozialisten lernt Scholz in seinen IUSY-
Tagen kennen, Alfred Gusenbauer. Äußerlich verbindet den
raumgreifenden, hochgewachsenen Niederösterreicher und
den 1,70 Meter großen Juso aus Hamburg nichts, dennoch sind
die Parallelen in ihren Biografien frappierend. Gusenbauer
wächst als hochbegabter, leicht gelangweilter Schüler auf, der
sich früh für Karl Marx interessiert, in seinem Heimatstädt-
chen Ybbs eine Sektion der Sozialistischen Jugend gründet
und es bald zum Chef der Parteijugend der SPÖ bringt. 1982
gehört er zu den Mitorganisatoren beim »Marsch der 70.000«
gegen die NATO-Nachrüstung. Es ist die größte Nachkriegs-
Demo in Wien. Aus seinem Berufswunsch macht Gusenbauer
kein Geheimnis. Er will Bundeskanzler werden, ein Ziel, das
er 2007 erreichen wird, wenn auch nur für ein gutes Jahr. Gusenbauer findet den Deutschen, der über seine eigenen Witze
kichert, ein bisschen eigen, aber politisch passt es zwischen
den beiden. Im sozialdemokratischen Spektrum stehen beide,

Gusenbauer wie Scholz, klar links, obwohl dem Österreicher die Ideologie der Stamokaps nicht wirklich zusagt. Er findet sie »ein bisschen phantasielos«.

Das IUSY-Präsidium, dem auch Gusenbauer angehört, trifft sich in wechselnden Hauptstädten. Bis in die Nacht wird getagt, getrunken und auch gestritten. Mit großem Ernst, wie sich Gusenbauer später erinnern wird, und in der Überzeugung: »Wir bewegen die Welt.« Scholz erweist sich auch in diesen Sitzungen, in denen Englisch gesprochen wird, als Argumentationstalent. Gusenbauer erkennt Scholz' Geschicklichkeit darin, »dem anderen die Möglichkeit zu geben, sich seiner Argumentation anzuschließen, weil er dann auch Teil des Richtigen ist«. Scholz vermittelt, wie Gusenbauer anerkennend feststellt, »dass man entweder seiner Meinung ist, dann ist man bei den Gescheiten. Sonst ist man bei den Blöden.«

Ein häufig wiederkehrendes Thema im IUSY-Präsidium ist die Haltung gegenüber der Sowjetunion. Scholz erlebt, dass junge Sozialdemokraten auch zutiefst überzeugte Antikommunisten sein können. Zu jenen, die für mehr Distanz zu Moskau plädieren, gehört die Schwedin Anna Lindh. Mit ihr gerät Scholz in einen Konflikt über die Weltjugendfestspiele des Jahres 1989. Sie sollen ausgerechnet in Pjöngjang stattfinden. Lindh hält es für eine abwegige Idee, junge Menschen aus dem Westen zu Festspielen ins Reich des nordkoreanischen Diktators Kim Il-sung reisen zu lassen. Kims Herrschaft fußt auf einem grotesken Personenkult und totaler Kontrolle. Scholz ist weniger ablehnend. Eine Einladung nach Nordkorea auszuschlagen könne als neokoloniale Attitüde verstanden werden, gibt er zu bedenken. So erinnert sich später Gusenbauer. Man einigt sich, nur »Beobachter« nach Pjöngjang zu entsenden. Der Streit wird sich ohnehin schon bald als kurios

und überholt erweisen. Die Welt steht vor immensen Veränderungen. In Moskau wagt Michail Gorbatschow mit Perest-
roika und Glasnost eine Reform der Sowjetunion, in Genf
kommen die Abrüstungsverhandlungen voran.

Das europäische Tauwetter scheint sogar die DDR zu er-
wärmen. Am 1. September 1987 startet von Stralsund aus ein
Friedensmarsch in Erinnerung an den im Jahr zuvor ermordeten schwedischen Ministerpräsidenten Olof Palme. Organisa-
tionen aus mehreren Ländern haben sich zusammengetan, um
Palmes Forderung nach einem atomwaffenfreien Korridor in
Europa am Leben zu erhalten. Obwohl der Olof-Palme-
Friedensmarsch in der DDR vom Friedensrat, also vom Staat,
organisiert wird, entschließen sich Kirchengruppen und oppositionelle Friedensaktivisten zur Teilnahme. Auf mehreren
Etappen des Marsches laufen sie zusammen mit der FDJ. Aber
sie halten ihre eigenen Transparente in die Höhe. »Schwerter
zu Pflugscharen« steht auf den einen, »Sozialer Friedensdienst
für Wehrdienstverweigerer« oder auch »Friedenserziehung
statt Wehrunterricht« auf anderen. Die Oppositionellen sind
gespannt, wie der Staat reagiert. Doch der tut zunächst gar
nichts. Die Staatsmacht wirkt ohnmächtig. Würde sie eingreifen, wäre vor aller Welt ihr Friedenspathos entlarvt. Und wichtiger noch: Der Staatsratsvorsitzende Erich Honecker hat vor,
am 7. September 1987 zu Bundeskanzler Helmut Kohl nach
Bonn zu reisen. Den Besuch will er sich nicht vermasseln lassen. Die klamme DDR braucht dringend Kredit.

Olaf Scholz läuft mit beim Olof-Palme-Marsch. Auf dem
Marktplatz von Wittenberg tritt er zusammen mit FDJ-Chef
Eberhard Aurich vor 20.000 jungen Leuten auf, viele von
ihnen tragen blaue Uniformhemden. »Wir bauen«, bekundet
Aurich, »auf die Gemeinsamkeit der fortschrittlichen Welt-
jugend.« Scholz klingt in seiner kurzen Ansprache nicht sehr

jugendlich. Eher so, als verlese er eine offizielle Grußbotschaft der SPD. Die »gegenwärtige geschichtliche Situation« biete eine große Chance. »Erstmalig seit 1945 besteht die Möglichkeit, zu einer realen Abrüstungsvereinbarung zu kommen«, sagt er. Es gehe nicht mehr nur darum, die Aufrüstung zu kontrollieren, sondern »tatsächlich existierende Waffen wieder zu beseitigen«. Scholz fordert eine »Sicherheitspartnerschaft, die aus den Gegnern der gegenwärtigen Militärblöcke Partner bei der Schaffung von Sicherheit durch immer mehr Abrüstung und politische Entspannung macht«. Während für Scholz noch das alte Ziel Willy Brandts, »gemeinsame Sicherheit«, nahe ist, hoffen die Oppositionellen in der DDR auf mehr Freiheit. Diese Hoffnung zerschlägt sich binnen Tagen. Kaum ist Honecker zurück aus Bonn, lässt die Staatssicherheit unbotmäßige Plakate schon wieder beschlagnahmen.

Aber dennoch sind Änderungen spürbar. Bei einem weiteren Besuch einer Juso-Delegation in Ost-Berlin stellt Scholz 1988 klar, es sei legitim, »Vorstellungen über eine andere Entwicklung im jeweils anderen System« zu entwickeln. Die Jusos würden auch künftig kritisieren, was ihnen in sozialistischen Ländern missfalle. Dann wagt er eine Prognose. Die »sozialistische Demokratie« werde im Laufe ihrer weiteren Entwicklung »Züge des bürgerlichen Parlamentarismus« annehmen.

PRAGMATIKER

Für Scholz geht noch vor dem Mauerfall eine Ära zu Ende. Sein Auftreten im Juso-Bundesvorstand wird konzilianter. Er sucht Kompromisse, über Begriffe wie »Ostblock« streitet er nicht mehr. 1988 kandidiert er nicht mehr als Vize-Vorsitzender der Jusos, obwohl er die Altersgrenze noch nicht erreicht hat; ein Jahr später auch nicht mehr fürs IUSY-Präsidium. Scholz beschäftigen die Widersprüche, aber diesmal sind es die eigenen. Er hat nie feststellen können, dass das Leben im Osten das bessere wäre. Die Reisen als IUSY-Vizepräsident, etwa nach Lateinamerika, haben Scholz nachdenklich gemacht. Er muss sich eingestehen, dass sich radikale Linke oft als gewöhnliche Machos entpuppen mit Ansichten, die er seltsam findet. Scholz beginnt das eigene Land, die Bundesrepublik, mit anderen Augen zu sehen. Wenn er ehrlich mit sich ist, findet er es mit seinem Sozialstaat und seiner Liberalität gar nicht so schlecht. Später wird ihm, wenn er nach den 70er- und 80er-Jahren gefragt werden wird, auch nicht als Erstes die Atomangst in den Sinn kommen, sondern ein trotz allem optimistisches Lebensgefühl. Scholz schließt ab mit der Gedankenwelt des Stamokap, aber er tut das für sich. Er genießt den Luxus, nicht in der Öffentlichkeit zu stehen. Abtreten zu können, ohne sich erklären zu müssen.

Einmal noch, während der Massendemonstrationen in der DDR 1989, bekommt Olaf Scholz Besuch von der damaligen Juso-Bundesvorsitzenden Susi Möbbeck und einigen anderen aus dem Bundesvorstand. Sie interessieren sich dafür, wie es in der DDR weitergehen könnte, und wollen die Einschätzung von Scholz hören, der ja oft dort war für die Jusos. Die deutsche Einheit werde kommen, prognostiziert Scholz. Auf die erstaunte Nachfrage, was ihn da so sicher mache, entgegnet er: »Die Panzer sind weg.«

Ist Scholz' Entschluss, der Politik den Rücken zu kehren, end-

gültig? Er weiß es noch nicht. Erst einmal begibt er sich ins
politische Abklingbecken, konzentriert sich auf seinen Beruf.
Scholz, der sich schon als junger Rechtsanwalt auf Arbeitsrecht
spezialisiert hatte, gründet 1990 mit einer Kollegin die Kanzlei
»Zimmermann, Scholz & Partner«. Ein paar Jahre lang lässt er
sich bei der SPD nur sehr gelegentlich blicken, aber die Phase
der Enthaltsamkeit dauert nicht lang. Ohne Politik geht es
nicht, das wird ihm klar. 1994 wird er zum Kreisvorsitzenden
der SPD in Altona gewählt. Aber jetzt gehört er zum Mainstream. Er sieht sich als Pragmatiker, als Mann des Ausgleichs
und des Kompromisses. Was bleibt? Sicher die Erinnerung an
die Zeit der Kriegsangst, der Angst vor der Atombombe, an die
Erfahrung in der Friedensbewegung. Die vielen Reisen in die
DDR und in die Sowjetunion scheinen weniger Spuren hinterlassen zu haben. Scholz hegt keine romantischen Gefühle für
Russland. Im Unterschied zum österreichischen Genossen Gusenbauer pflegt er auch keine extensiven Kontakte in den Osten.
Gusenbauer ist nach seiner Zeit als Kanzler geschäftlich in den
Republiken der einstigen Sowjetunion unterwegs und lässt sich
vom früheren russischen Eisenbahnchef Wladimir Jakunin
engagieren für seinen »Dialog der Zivilisationen«. Über viele
Jahre hat Scholz dagegen weder in noch mit Russland zu tun.

Dafür ist Scholz nach der Wende als Arbeitsrechtler viel in
den neuen Ländern unterwegs. Er erlebt, wie die Überreste der
Planwirtschaft von der Treuhandanstalt abgewickelt werden.
Scholz arbeitet Sozialpläne aus. Die Privatisierung hält er für
richtig, aber er hadert mit ihren Härten. Das prägt ihn, als er
1998, zehn Jahre nach seinem Abschied als Vize-Chef der
Jusos, zurück in die Bundespolitik will und ein Bundestags-
mandat anstrebt. Es ist auch das Jahr, in dem Olaf Scholz Britta
Ernst heiratet. Ernst arbeitet in der Hamburger Stadtentwick-
lungsbehörde und ist seit 1997 Mitglied der Hamburger Bür-

gerschaft. Beide, Scholz wie Ernst, sehen ihre berufliche Zukunft in der Politik.

Beider Überzeugung, dass sie unabhängig voneinander ihre politische Laufbahn verfolgen können, wird viele Jahre später, 2011, erschüttert werden. Nachdem Scholz die Wahl in Hamburg gewonnen hat, stellt sich die Frage, ob es für die parlamentarische Geschäftsführerin der SPD in der Bürgerschaft einen Platz in der neuen Stadtregierung gibt. Das ist Britta Ernst. Nach etlichen kritischen Kommentaren verzichtet Ernst auf den Eintritt in den Senat unter Scholz als Erstem Bürgermeister, lässt in einem offenen Brief aber ihrem Frust freien Lauf. Viele sähen »in der vermeintlichen Unvereinbarkeit angesichts meiner Arbeit als Politikerin eine große Ungerechtigkeit« und bedauerten, »dass einmal wieder eine Frau zugunsten der Karriere des Mannes zurückstecken müsse«, schreibt sie. Ernst arbeitet dann zunächst für die SPD-Bundestagsfraktion und wird später Bildungsministerin in Schleswig-Holstein, danach in Brandenburg. Im Bundestagswahlkampf 2021 wird Scholz während eines öffentlichen Interviews mit der Frauenzeitschrift *Brigitte* »ehrlicherweise empört« auf die Frage reagieren, ob seine Frau im Falle seiner Wahl zum Bundeskanzler berufstätig bleiben werde.

1998 ist das Zukunftsmusik. Scholz' Karriere als Bundespolitiker steht ganz am Anfang. Im hart umkämpften Wahlkreis Altona setzt er sich in der Bundestagswahl mit 11,5 Prozentpunkten Vorsprung vor dem CDU-Kandidaten durch, seine zweite politische Laufbahn beginnt. Gerhard Schröder wird auf seinen Bekannten aus Juso-Tagen aufmerksam. Ende 2001 macht er ihn zum SPD-Generalsekretär. Scholz' wichtigste Aufgabe wird schon bald darin bestehen, die von Schröder geplanten Reformen, die in der SPD ungeliebte Agenda 2010, zu verteidigen. Scholz tut es in endlosen, sich wieder-

holenden Stanzen. Die Deutschen schließen Bekanntschaft
mit dem »Scholzomaten«. Scholz spürt, dass er auf verlore-
nem Posten kämpft. Trotzdem bleibt er loyal, macht immer
weiter. In Schröders 2007 erschienenen Erinnerungsbuch
»Entscheidungen« fällt der Name Olaf Scholz auf 528 Seiten
genau drei Mal. Den Sonderparteitag der SPD, der die Agenda-
Beschlüsse zur Reform von Sozialsystem und Arbeitsmarkt
am 1. Juni 2003 absegnet, hätten Scholz und seine Leute »her-
vorragend vorbereitet«, lobt Schröder an einer Stelle. Scholz
ist zuständig dafür, dass die Partei funktioniert, mit Schröders
Wirken als Weltpolitiker hat er nichts zu tun. Da ist er Zaun-
gast. Einmal nur sitzt er bei Schröder im Kanzlerbüro, das
einmal seines werden wird, als Ricardo Lagos anruft, der chi-
lenische Präsident. Scholz will gehen, aber Schröder gibt ihm
ein Zeichen. Er soll sitzen bleiben. Der Chilene will wissen,
ob Deutschland im UN-Sicherheitsrat verlässlich stehen wird
gegen die von US-Präsident George W. Bush ins Leben ge-
rufene »Koalition der Willigen«. Schröder versichert es.

Scholz findet es richtig, dass Schröder Deutschland gegen
Bushs Irakkrieg positioniert hat. Das unbedingte Vertrauen
des Kanzlers in Kremlchef Wladimir Putin teilt er – seiner
späteren Erinnerung nach – allerdings schon damals nicht.
Als Putin am 25. September 2001 eine Rede im Bundestag
hält, ist Scholz nicht dabei, denn seit wenigen Monaten ist er
Innensenator in Hamburg. Aus der Ferne kommt ihm die par-
teiübergreifende Begeisterung über die Rede des russischen
Präsidenten allerdings seltsam vor. Als Hamburger Innensenator muss sich Scholz nach den islamistischen Terrorangrif-
fen auf New York und Washington bewähren. Drei der Terro-
risten haben jahrelang in Hamburg gelebt. Scholz setzt sich
für ein stärkeres Vorgehen gegen radikal-islamische Gruppierungen ein und verschreibt sich dem Kampf gegen den Terro-

rismus. Das tut Putin in seiner Bundestagsrede auch. Er sucht Zustimmung für seinen Krieg in Tschetschenien, den er als Teil des globalen Kampfes gegen den Terrorismus deklariert. Putin plädiert allerdings auch für ein »einheitliches Groß-europa«. Für Scholz klingt das danach, als wolle der russische Präsident NATO und Europäische Union loswerden. Später, als Putin sich daranmacht, Grenzen in Europa zu verschieben, wird Scholz erklären, er habe schon damals vor allem Putins Wunsch herausgehört, die USA aus Europa hinauszudrängen.

Helmut Schmidt und die Russland-Frage

An einem kalten Novembertag des Jahres 2015 ist der Platz von Olaf Scholz in der ersten Reihe. Nach glücklosen Jahren als Generalsekretär und einer Karriere als parlamentarischer Geschäftsführer und Bundesarbeitsminister in der Großen Koalition hat Scholz als Spitzenkandidat der SPD in Hamburg die absolute Mehrheit erobert. Seit 2011 ist er Erster Bürger-meister. Im Hamburger Michel steht Scholz nun zwischen dem gebeugten Henry Kissinger zu seiner Linken und einer versteinert wirkenden Angela Merkel zu seiner Rechten. An diesem Trio vorbei nähern sich die Trauergäste dem in die deutsche Fahne gehüllten Sarg von Helmut Schmidt. Dort ver-neigen sie sich vor dem früheren Kanzler. Merkel hält die Trauerrede für Deutschland, Kissinger für die Welt, Scholz für Hamburg – und die deutsche Sozialdemokratie. »Wir haben einen Giganten verloren. Politisch. Menschlich«, sagt er. Scholz würdigt Schmidts »hamburgische Schnoddrigkeit« ebenso wie die ihm eigene »natürliche Eleganz des freiheits-liebenden hanseatischen Bürgers, der auch über den spitzen

Stein stolpern konnte«. Es ist eine Traueransprache, die in der
Hamburger Gesellschaft für gut und würdig befunden wird.
Weit weniger Beachtung findet eine Rede, die Scholz zehn
Monate später hält. Dabei ist sie sein politischer Nachruf auf
Helmut Schmidt.

Einen Moot Court muss man sich als eine Art Probe-
Gerichtsraum vorstellen. Jurastudenten halten hier ihre Plädoyers in fiktiven Verhandlungen, testen ihre Argumente
unter möglichst realistischen Bedingungen. Mitte September 2016 fällt im Moot Court der Bucerius Law School in
Hamburg das letztinstanzliche Urteil in der Sache Helmut
Schmidt vs. Olaf Scholz, dem Jungen. Vorgetragen wird es von
Scholz, dem Älteren. Die Gelegenheit dazu bietet ihm die Vorstellung des Buches »Der Weltkanzler« von Kristina Spohr.
Die Historikerin schildert Schmidt als Vordenker und herausragende Führungspersönlichkeit der westlichen Welt. Dieser
Beschreibung kann sich Scholz, der Ältere, jetzt vorbehaltlos
anschließen. 34 Jahre nach dem Debakel von Wandsbek verbeugt sich der Hamburger Bürgermeister vor der Weitsicht
des damaligen Kanzlers und vor seinem Geschick, das ihn
beim Gipfeltreffen auf der Karibikinsel Guadeloupe in die Lage
versetzt habe, mit den westlichen Atommächten erstmals
gleichberechtigt zu verhandeln.

Schmidt habe erkannt, lobt Scholz, dass die Gefahr gestie-
gen sei, dass Deutschland zum Schauplatz einer taktischen
Auseinandersetzung mit Atomwaffen werden könnte. Er sei
es gewesen, der eine Strategie für den Weg aus dieser für
Deutschland so brisanten Situation entwickelt habe. »Der
NATO-Doppelbeschluss war der Erfolg seiner Politik«, lautet
Scholz' Fazit. Diese Art von Analyse und strategischer Weit-
sicht vermisse er heute »des Öfteren«. Nach all den Jahren ist
Scholz dankbar, dass Schmidt versucht hat, sich gegen solche

durchzusetzen, wie Scholz es damals war. Die Geschichte, die den vierten mit dem zweiten sozialdemokratischen Bundeskanzler verbindet, könnte hier enden. Aber das tut sie nicht. Sie schlägt deutlich mehr Haken.

Davon zeugt das Protokoll eines Gesprächs, das Scholz und Schmidt wenige Monate vor dem Tod des früheren Kanzlers in dessen Herausgeberbüro im Redaktionsgebäude der *Zeit* führen. Beide sind verabredet zu einer ausführlichen Plauderei, die in einem Band mit Aufsätzen von und über Schmidt unter dem Titel »Dann wäre ich Hafendirektor geworden« veröffentlicht werden soll. Gesprochen wird über die Welt, aber zunächst über Hamburg. Schmidt und Scholz tragen zu Beginn eine kleine Kontroverse über die Zukunft des Schrebergartenwesens in der Freien und Hansestadt aus. Schmidt sind die Schrebergärtner als Hindernis für den Wohnungsbau »innerhalb des Weichgürtels der Stadt Hamburg« ein Dorn im Auge. Er sagt Scholz auf den Kopf zu, er wolle es sich als Stadtoberhaupt mit den Schrebergärtnern eben nicht verderben. »Das sind alles Wähler, und deswegen fasst ihr das nicht an. Eines Tages muss es aber doch angefasst werden«, belehrt der einstige Polizeisenator den Bürgermeister. Scholz verteidigt sich auf seine Art, führt einen »guten Modus Vivendi« ins Feld und versucht, Schmidt ins Leere laufen zu lassen. »Wir vermitteln den Schrebergärtnerinnen und -gärtnern eine Perspektive, sind mit ihnen aber auch darüber einig, dass sie der Stadtentwicklung nicht im Wege stehen dürfen«, doziert er. Es gebe kaum »Konfliktsituationen«. Unter den Schrebergärtnerinnen und -gärtnern seien doch etliche, die sich für ihre Kinder und Enkel auch Wohnungen wünschten. Schmidt hört sich das an. Dann sagt er: »Es ist ein Problem. Du willst es bloß nicht zugeben.«

Zügig kommt Schmidt schließlich auf das zu sprechen, was ihn wirklich bewegt. Die Kontroverse »mit den Russen über die Ukraine und über die Krim ist eine antieuropäische Politik«, klagt er. Die Politik »von Frau Merkel« sei in dieser Beziehung »nicht europäisch«. Schmidt meint die Sanktionen, die Europa 2014 zusammen mit den USA verhängt hat als Reaktion auf die völkerrechtswidrige Annexion der Krim und den Krieg, den Putins Russland seither im Osten der Ukraine führt. Scholz weiß das, aber er tut erst einmal so, als hätte er es nicht gehört. Ganz allgemein spricht er darüber, dass sowohl die USA als auch Russland »EU-Europa« als Tatsache akzeptieren müssten. »Wir haben es den Russen sehr schwer gemacht, das zu akzeptieren, indem wir uns ausgedehnt haben«, insistiert Schmidt. Es ist die Geschichte von der Ausdehnung der NATO und der Bedrohung, die sie angeblich für Russland bedeute. Jetzt ist es Scholz, der die NATO gegen Schmidt verteidigt. Eine Ironie der Geschichte – Scholz und Schmidt haben die Rollen vertauscht. Er verweist darauf, dass die NATO die Ukraine und Georgien doch gerade nicht aufgenommen habe. Schmidt überzeugt das nicht.

Der Bürgermeister versucht es schließlich mit einem Bild aus der griechischen Mythologie. Die russische Führung halte die EU-Grenze für so etwas wie das Ufer der Sirenen. Sie glaube, Russland nur durch Patriotismus, Orthodoxie und Autoritarismus zusammenhalten zu können, und fürchte offenkundig den Gesang von »Pluralismus, Rechtsstaat, Demokratie und Marktwirtschaft«. Dann erzählt er die Geschichte vom listigen Odysseus, der sich an einen Schiffsmast anbinden und seinen Gefährten, die das Schiff an den Sirenen vorbeiführen mussten, die Ohren mit Wachs verstopfen ließ. So habe er einen Weg gefunden, den Sirenen zu lauschen, ohne seine eigene Existenz aufs Spiel zu setzen. »Es gibt sicher auch Wege, unseren Gesang auszuhalten«, schlussfolgert Scholz. Der Exkurs beschreibt das Denken des Sozialdemokraten vor seiner Wahl zum Bundeskanzler. Was ihm vorschwebt, ist eine pragmatische, friedliche Koexistenz mit einem autoritären Russland. Zugleich setzt er sich bereits vorsichtig ab vom vorherrschenden Kurs der Russland-Versteher in der SPD. Für dieses Verstehen steht Schmidt, ansonsten kein Parade-Sozialdemokrat, exemplarisch. Schmidt hält »vor dem Hintergrund der russischen Geschichte« eine autoritäre Regierung in Russland für »nahezu selbstverständlich«. Eine Parteiendemokratie westeuropäischen Musters werde »auf absehbare Zukunft in Russland schwerlich Fuß fassen«, schreibt er schon in einem 2004 erschienen Buch über die »Mächte der Zukunft«.

Schmidt sieht darin kein Problem für die Welt. Ihre »eingebildete globale Mission und ihr weltpolitisches Gestaltungsbedürfnis« hätten die sowjetischen Führer bis in die Achtzigerjahre verleitet, »die Versorgung und das Wohlbefinden der eigenen Bevölkerung zurückzustellen hinter die vermeintlichen außenpolitischen, strategischen und militärischen Notwendigkeiten«. Für Russland erscheine, erläutert Schmidt, eine solche Haltung der Regierung »inzwischen undenkbar, wer auch immer Wladimir Putin nachfolgen wird«. Der frühere Bundeskanzler leitet aus dem Ende des Kalten Krieges seine Vorstellung von der Zukunft ab. Moskau wolle nicht mehr weit über die Grenzen des eigenen Staates hinaus missionieren, glaubt Schmidt. Er folgert, dass von Russland keine Gefahr für den Frieden in Europa mehr ausgehen werde. Die Welt im Kalten Krieg habe man sich wie eine Flasche vorstellen müssen, in der zwei feindliche Skorpione hausen, beschreibt es Schmidt. Dann beruhigt er die Zeitgenossen: »Das heutige Russland ist kein Skorpion.«

Schmidt hat als 23-Jähriger in der Wehrmacht an der Ostfront gekämpft. Die Annäherung zwischen Deutschland und Russland nach dem Fall der Mauer empfindet er als Glück. Er spürt die deutsche Verantwortung gegenüber Russland, die aus dem Zweiten Weltkrieg erwächst, empfindet sie aber in weit geringerem Maße gegenüber den anderen Völkern der früheren Sowjetunion, wiewohl diese nicht weniger unter den Verbrechen der Deutschen gelitten haben. Weder die Ukraine noch Belarus nimmt Schmidt als eigenständige, vollwertige Nationen wahr. Es könne »nach einer tausendjährigen gemeinsamen Geschichte, angesichts sprachlicher und kultureller Gemeinsamkeiten und wegen der engen gegenseitigen wirtschaftlichen Abhängigkeit zu einer Wiedereingliederung kommen«, prophezeit er 2004. Sofern ein solcher Prozess »selbstbestimmt und gewaltfrei« verlaufe, wäre ausländische Einmischung ein »schwerer Fehler«, warnt der Altkanzler. Schmidt begründet das mit »Stolz, Patriotismus und Empfindlichkeit« der Russen, auf die Rücksicht zu nehmen sei. Von der ukrainischen Geschichte, vom Selbstverständnis der Ukrainer als Nation, von ihrem Leiden unter stalinistischem Terror weiß Schmidt offenbar wenig. Jedenfalls interessiert es ihn nicht. Deutlich mehr Verständnis lässt er durchblicken für den Phantomschmerz des russischen Imperialisten Wladimir Putin, der den Zusammenbruch der Sowjetunion als größte »geopolitische Katastrophe des 20. Jahrhunderts« bezeichnet hat.

Nach der Annexion der Krim

Zunächst gehört Olaf Scholz in der SPD zu denen, die nach der russischen Annexion der Krim 2014 einen Mittelweg suchen. Weder beklagt er lauthals die Sanktionen, wie vor allem die ostdeutschen Ministerpräsidenten es tun, noch zeigt er größere Berührungsängste. Mehrfach reist er trotz des Krieges

im Osten der Ukraine nach St. Petersburg, das seit 1957 mit
Hamburg durch eine Städtepartnerschaft verbunden ist. Ganz
wohl ist ihm dabei aber nicht. Als Scholz einmal mit Alexander
Drosdenko, dem Gouverneur des Leningrader Oblast, zum
Gespräch verabredet ist, lässt er vorab wissen, an einem
PR-Termin sei er nicht interessiert. Drosdenko schert sich
nicht darum. Während des ganzen Gesprächs laufen die Kameras der Staatsmedien. Scholz bleibt im Anschluss einfach
sitzen und besteht auf einem Gespräch ohne Kameras.

Im Sommer 2016 meldet sich Bahn-Vorstand Ronald Pofalla
bei Scholz. Der frühere Kanzleramtschef leitet auf deutscher
Seite den »Petersburger Dialog« und hat ein Problem. Ihm
fehlt ein deutscher Festredner. Bundestagspräsident Norbert
Lammert hat ihm einen Korb gegeben. Der CDU-Politiker will
nicht zusammen mit Duma-Chef Sergej Naryschkin auftreten,
der auf einer Sanktionsliste der EU steht. Ob er sich vorstellen
könne einzuspringen, will Pofalla von Scholz wissen. Scholz
ruft seinerseits Bundeskanzlerin Merkel an, fragt, ob sie einverstanden sei, wenn er für Deutschland spreche. Merkel ist
es recht. Sie will, dass der Dialog weitergeht. Scholz kommt
die Einladung gelegen. Er strebt perspektivisch zurück auf die
bundespolitische Bühne, dazu passt ein schwieriger außenpolitischer Auftritt – vorausgesetzt natürlich, er trifft den richtigen Ton, findet die Balance. Scholz will nicht unkritisch erscheinen. Andererseits möchte er keinen Eklat. Also besinnt
er sich auf seine Odysseus-Theorie.

In der Blauen Halle des Park Inn in St. Petersburg wartet am
Abend des 14. Juli 2016 ein sehr gemischtes Publikum auf den
Bürgermeister aus Hamburg. Russische Hochschulrektoren,
deutsche Stiftungsleute, Abgeordnete der Kreml-Partei Einiges Russland, Journalistinnen, Konzernchefs von Gazprom,
kremlnahe Politologen, aber auch kritische Geister wie Irina

Scherbakowa von der Menschenrechtsorganisation Memorial. Nach dem Überfall auf die Ukraine wird sie zu den vielen Oppositionellen gehören, die Russland verlassen müssen. 2016, zwei Jahre nachdem Russland mithilfe der »grünen Männchen« sich die Krim einverleibt hat, gibt es aber noch so etwas wie einen Meinungsaustausch, in dem auch Stimmen zu Wort kommen, die dem Kreml nicht genehm sind.

Scholz erinnert in seiner Rede zunächst an die Blockade von Leningrad im Zweiten Weltkrieg, er bekennt sich zur deutschen Verantwortung für die damaligen Verbrechen. Dann sagt er, womit seine Gastgeber rechnen müssen. Russland, lautet Scholz' Anklage, habe mit der völkerrechtswidrigen Annexion der Krim und der Destabilisierung der Ukraine gegen das Grundprinzip der Unverletzlichkeit der Grenzen verstoßen und »das Vertrauen der Staaten auf dem europäischen Kontinent darauf, dass die vereinbarten Prinzipien unverbrüchlich sind, erschüttert«. Scholz hat aber noch ein anderes Anliegen. Dafür holt er ein bisschen aus und erklärt aus seiner Sicht den Unterschied zwischen Russland und den Ländern der Europäischen Union. Russland sei »eine große Macht mit einer Landmasse, die sich über den Ural hinaus nach Asien erstreckt und in Wladiwostok das Meer erreicht«, führt Scholz aus. Die Staaten der Europäischen Union wüssten hingegen, dass sie nur gemeinsam relevant seien. Die Werte ihrer offenen Gesellschaften seien nicht an Geografie gebunden. Für das russische Selbstverständnis spiele offenkundig »staatliche Autorität, Religion und Weltgeltung eine größere Rolle«. Dann stellt Scholz eine Frage und gibt gleich eine Antwort: »Können wir uns das gelungene Nebeneinander der offenen Gesellschaften Europas und Russlands – mit seiner davon abweichenden politischen Konstitution – vorstellen? Ich kann es. Und wir alle sollten es.« Für Scholz ist das die Lösung: Wladimir Putin soll den Gesang der Sirenen aushalten, das gleichzeitige Bestehen zweier unterschiedlicher Systeme akzeptieren. Erst im Februar 2022 wird ihm endgültig klar werden, dass Putin gar nicht daran denkt.

Am nächsten Morgen sitzt Scholz mit Marieluise Beck und Ralf Fücks beim Frühstück. Beck ist Bundestagsabgeordnete der Grünen, Fücks Chef der Heinrich-Böll-Stiftung. Die beiden sind miteinander verheiratet, aber sie bilden auch politisch ein Paar. Fücks, in jungen Jahren Maoist, und Beck, als Studentin beim Sozialistischen Hochschulbund, zählen bei den Grünen längst zum Realo-Flügel und plädieren für eine klare Haltung gegenüber Russland. In der eigenen Partei eckt Beck seit der Annexion der Krim mit der Forderung an, der Ukraine Waffen zu liefern. Mit seiner kritischen Rede am Vorabend hat Scholz die beiden Grünen überrascht. Erst vor wenigen Tagen hat Außenminister Frank-Walter Steinmeier von der SPD laut über die Lockerung von Sanktionen nachgedacht. Vom SPD-Vorsitzenden und Wirtschaftsminister Sigmar Gabriel ist bekannt, dass er gerne eine Audienz bei Kremlchef Wladimir Putin hätte. Beck und Fücks hatten befürchtet, Scholz sei gekommen, um gut Wetter zu machen, und sind jetzt erleichtert. Eine gute Rede sei das gewesen, lobt Beck. Ihm sei es wichtig gewesen, nach St. Petersburg zu kommen, antwortet Scholz. Später erst fällt ihr ein, dass sie gar nicht gefragt hat, warum.

Olaf Scholz ist zu diesem Zeitpunkt seit mehr als fünf Jahren Erster Bürgermeister von Hamburg. Seine Macht im Stadtstaat ist unangefochten. Daran hat auch die Bürgerschaftswahl 2015 nicht viel geändert, bei der er für die SPD die erneute absolute Mehrheit nur knapp verfehlt hat. Nun regiert er mit den Grünen und beginnt sich allmählich zu langweilen. Scholz ist Regierungschef eines reichen Bundeslandes, aber ist eben auch Bürgermeister. Drei Tage nach seiner Rückkehr aus

Russland hat Scholz einen Termin auf dem Kreuzfahrtschiff
»AIDAprima«. Inmitten künstlicher Palmen verabschiedet er
die 36 Hamburger Teilnehmerinnen und Teilnehmer der
Olympischen Spiele in Brasilien, wünscht ihnen, »dass es mit
einer Medaille klappt«. Scholz tut, was Bürgermeister tun. Er
kümmert sich um die Anschaffung moderner Linienbusse,
verspricht den Hamburgern bis 2020 50.000 neue Wohnungen und kämpft gegen Gift im Elbschlick. Und während nach
bald 16 Jahren Bauzeit die Fertigstellung der Elbphilharmonie
naht, denkt Scholz immer öfter über seine Zukunft nach. Im
September 2017 wird der Bundestag gewählt, und die SPD hat
noch keinen Kanzlerkandidaten.

Die Entscheidung darüber liegt bei Sigmar Gabriel. Der
SPD-Chef hätte den ersten Zugriff, zögert aber. Am Neujahrs-
tag 2017 erscheint ein Interview, das Scholz der *Welt am Sonntag* gegeben hat. »Frau Merkel ist schlagbar«, lässt sich Scholz
zitieren. Er selbst traut sich das zu, aber das sagt er nicht. Er
verweist nur auf die Verabredung, im Januar über die Kanzlerkandidatur zu entscheiden. Und »natürlich«, teilt er mit, sei
auch Sigmar Gabriel ein »guter Kanzlerkandidat der SPD«.
Seit Jahren verbindet Gabriel und Scholz eine herzliche Partei-
feindschaft. Gabriels sprunghafte Art geht Scholz gegen den
Strich. Gabriel hat für den Fall, dass er selbst verzichtet, auch
den Namen von Scholz ins Spiel gebracht. Scholz weiß, dass
er darauf nicht bauen kann, aber völlig außer Reichweite
scheint ihm die Kanzlerkandidatur nicht zu sein.

Am 21. Januar 2017 erhält Scholz eine SMS von Gabriel. Da
sitzt er gerade in einem Konzert der Einstürzenden Neubauten
in der Elbphilharmonie. Der SPD-Vorsitzende lässt seinen
Stellvertreter im Parteivorstand wissen, dass er sich für Martin
Schulz, den bisherigen Präsidenten des EU-Parlaments, entschieden hat. Schulz hatte eigentlich auf den nach der Wahl

von Frank-Walter Steinmeier zum Bundespräsidenten frei
werdenden Posten des Außenministers spekuliert. Nun soll er
die SPD in den Wahlkampf führen. Dafür beansprucht er das
Amt des Parteivorsitzenden. Für Scholz beginnt eine Zeit des
Leidens. Er hält Schulz – einen Freund Gabriels – für den falschen Kandidaten. Das Außenministerium hat Gabriel sich
selbst zugedacht. Vor den Augen staunender Diplomaten
übergibt Steinmeier am 27. Januar im Weltsaal des Außenministeriums das Amt an seinen Nachfolger. Ihm sei »bewusst, dass Sie wahrscheinlich alles erwartet haben, nur nicht
mich als neuen Außenminister«, scherzt Gabriel. Aus eigener
Erfahrung wisse er aber: »An diesen Gedanken kann man sich
schneller gewöhnen, als man denkt.«

Der künftige Bundespräsident Steinmeier, der den geschick-
ten Schachzügen Gabriels sein neues Amt verdankt, kann
davon ausgehen, dass sein Nachfolger, wenn schon nicht im
Stil, so doch in den außenpolitischen Grundsätzen seiner Linie
folgt. Das gilt insbesondere für das Verhältnis zu Russland.
Steinmeier hatte früh eine »Modernisierungspartnerschaft«
mit Russland zu einem seiner Markenzeichen gemacht. Seit
der Annexion der Krim und dem Beginn des von Russland
verdeckt geführten Krieges im Osten der Ukraine versuchte
er, Reste dieser Politik zu retten. Das soll nun Gabriel weiter-
führen.

Gabriels letzter Besuch in Russland, noch als Wirtschaftsminister, liegt bei dessen Wandlung zum obersten deutschen
Diplomaten nur wenige Monate zurück. Im September war
Gabriel mit einer Unternehmerdelegation nach Moskau gereist und betont freundlich von Wladimir Putin in dessen Residenz in Nowo-Ogarjowo außerhalb von Moskau empfangen
worden. Gabriel hatte sich zuvor dafür ausgesprochen, die
Sanktionen gegen Russland Schritt für Schritt zu lockern. Das

interessierte Putin. Den Besuch des deutschen Sozialdemo-
kraten lobte er als »einen sehr wichtigen«. Man habe »allen
Schwierigkeiten zum Trotz« in Deutschland eben viele Freunde.
Das stimmt.

Zwar fällt die vom früheren Bundeskanzler Gerhard Schröder und Wladimir Putin unterhaltene Männerfreundschaft aus
dem Rahmen, aber die Zahl aktiver und ehemaliger deutscher
Politiker, die über die Jahre bei Putin auf offene Türen zählen
können, ist größer. Neben Frank-Walter Steinmeier gehören
auch der einstige SPD-Chef und brandenburgische Ministerpräsident Matthias Platzeck und Bayerns früherer Ministerpräsident Edmund Stoiber von der CSU dazu. Der Freundes-
kreis ist parteiübergreifend, ein sozialdemokratisches
Übergewicht ist dennoch augenfällig. Zu denen, die über einen
Draht in den Kreml verfügen, zählt Olaf Scholz nicht. Er ist
Putin in seinem Leben nur ein einziges Mal begegnet. Das war
2004 beim 60. Geburtstag von Gerhard Schröder. Scholz wird
vor allem der Kosakenchor in Erinnerung bleiben, den der russische Präsident hat antanzen lassen, um der Geburtstagsge-
sellschaft das »Niedersachsenlied« entgegenzuschmettern.

Den Besuch Gabriels als Wirtschaftsminister hatte die russische Regierungszeitung *Rossijskaja Gaseta* mit freundlichen
Worten bedacht. Der Vizekanzler sei »als Anhänger eines
konstruktiven Dialogs mit Russland bekannt«, lobte das Blatt,
Deutschland bleibe einer der wichtigsten Wirtschaftspartner
Russlands. Im März, als Gabriel zum Antrittsbesuch als Außenminister nach Moskau zurückkehrt, ist er dann um eine
deutliche Korrektur dieses Images bemüht. Er will den Verdacht unkritischer Nähe zur russischen Führung entkräften
und liefert sich während einer Pressekonferenz ein Wort-
gefecht mit Außenminister Sergej Lawrow. Gabriel spricht
davon, alle 50 Sekunden falle in der Ostukraine ein Schuss,

und weist die von Lawrow geäußerte Sehnsucht nach einer post-westlichen Welt zurück.

Im Juni reist Gabriel dann allerdings noch einmal nach Russland. Offizieller Anlass ist – für einen Außenminister etwas ungewöhnlich – ein Wirtschaftsforum in Sankt Petersburg. Gabriel ist zudem eingeladen zu einem Abendessen im Konstantinpalast. Gastgeber ist Wladimir Putin, mit am Tisch sitzen einige Unternehmer wie der langjährige Vorsitzende des Ostausschusses der Deutschen Wirtschaft, Klaus Mangold – und Putins Freund Gerhard Schröder. Der frühere Kanzler arbeitet zu diesem Zeitpunkt schon seit geraumer Zeit an seinem zweiten Pipelineprojekt. Seit 2011 fließt durch die Pipeline Nord Stream 1 Gas aus Russland nach Deutschland. Nun will der russische Gasmonopolist Gazprom mithilfe mehrerer westlicher Konzerne die Kapazität von 55 Milliarden Kubikmeter im Jahr auf 110 Milliarden Kubikmeter erhöhen. Schröder hat den Aufsichtsratsvorsitz übernommen, zu den entschiedensten Unterstützern in der deutschen Politik gehört Gabriel.

Das Projekt stößt allerdings auf massiven Widerstand. Die Ukraine sieht in der Umgehung der über ihr Territorium führenden Leitungen den eigentlichen Sinn des Vorhabens. Auch mehrere östliche EU-Länder, vor allem Polen, protestieren. Sie warnen vor noch größerer Abhängigkeit von Moskau. Trotzdem unterstützt die Bundesregierung den Plan. Bundeskanzlerin Angela Merkel wehrt Kritik mit der Behauptung ab, es handele sich um ein privatwirtschaftliches Projekt. Die EU-Kommission prüft trotzdem, ob sie die Zuständigkeit an sich ziehen kann. Die Gäste des nächtlichen Dinners im Konstantinpalast sind alarmiert. Sowohl Schröder als auch Gabriel wollen verhindern, dass der Pipelinebau an der EU scheitert.

Scholz wird mit dieser Pipeline viel später eine Menge zu

tun kriegen, aber vorerst hat er andere Sorgen. Mit der Kür
von Schulz zum Kanzlerkandidaten hat er seine bundespoliti-
schen Ambitionen nicht begraben. Im März ist sein Buch erschienen. Es heißt »Hoffnungsland« und hätte eine Art Kanz-
lerprogramm sein können, war wohl auch so gedacht für den
Fall, dass Gabriel anders entschieden hätte. Scholz ist der Meinung, dass die Deutschen den dramatischen Wandel in der
Welt, die globalen Verschiebungen in den Kräfteverhältnissen
verschlafen. Dafür benutzt er einen Begriff, den er als Kanzler
fünf Jahre später in einem ganz anderen Zusammenhang verwenden wird. »Die Welt«, schreibt er, »erlebt gerade eine Zeitenwende.« Im Wahlkampf spielt Scholz als stellvertretender
Parteivorsitzender nur eine nachgeordnete Rolle. Er kümmert
sich ums Steuerkonzept. Nach einer Serie verlorener Land-
tagswahlen glaubt in der SPD allerdings schon bald keiner
mehr an den Sieg. Scholz fühlt sich in seinem Urteil bestätigt,
dass Schulz der falsche Kandidat ist.

Im Juli 2017 ist es dann auch noch am Hamburger Bürgermeister, der amtierenden Kanzlerin die große Bühne zu be-
reiten. In Hamburg werden die Mächtigsten der Welt zum
Gipfeltreffen der G20 erwartet, zugleich aber auch viele Ge-
gendemonstranten. In der Stadt herrscht Angst vor Randale,
doch Scholz beschwichtigt. »Wir können die Sicherheit garan-
tieren«, verspricht er. Das bevorstehende Rendezvous mit der
Weltpolitik verleitet Scholz zu einer überheblichen Wortwahl.
»Wir richten ja auch jährlich den Hafengeburtstag aus. Es wird
Leute geben, die sich am 9. Juli wundern werden, dass der Gipfel schon vorbei ist«, bürstet er Bedenken ab. Es sei eine »gute
Sache, dass es diesen G20-Gipfel in Hamburg geben wird«.

Aber es kommt ganz anders. Als Scholz zum ersten Mal in
seinem Leben mit Wladimir Putin spricht, toben in der Hamburger Innenstadt schwere Krawalle. Auf den Straßen brennen

Autos, während in der Elbphilharmonie der Schlusschor aus
Beethovens Neunter verklingt. Anschließend lädt Merkel im
Kleinen Saal die Gipfelteilnehmer zu einem feierlichen Abend-
essen. Auf dem Weg dorthin stellt sie Putin den Hamburger
Bürgermeister vor. Die beiden wechseln ein paar Sätze auf
Deutsch, an die Scholz sich später nicht wird erinnern können.
Er ist abgelenkt. Während im Kleinen Saal hanseatische Vor-
speisen gefolgt von Rinderfilet und Ochsenbäckchen serviert
werden, muss sich Scholz über die bedrohliche Lage in seiner
Stadt unterrichten lassen. Auf den Straßen herrscht Chaos, es
kommt zu Plünderungen.

Spät am Abend wird er gestresst vor einer Kamera stehen,
die ihn in einer brutalen Nahaufnahme ins Bild setzt. »Ich bin
sehr besorgt über die Zerstörungen, die stattgefunden haben«,
sagt er. Er sei »bedrückt über das, was viele zu ertragen haben,
die die Gewalt unmittelbar erlebt haben, indem ihre Fahrzeuge
oder ihr Eigentum zerstört worden ist oder sie eben gesehen
haben, mit welcher Brutalität auch gegen Polizistinnen und
Polizisten vorgegangen wird«. Es gehört zu den bleibenden
Marotten von Scholz, sich unter Druck in bürokratischen Ver-
schachtelungen zu verirren.

Am Abend der Bundestagswahl kommt es für die Sozialdemokraten noch schlimmer als befürchtet. Die SPD erzielt
mit 20,5 Prozent ihr schlechtestes Ergebnis seit Gründung der
Bundesrepublik. Da gebe es »nicht viel zu beschönigen«, sagt
Scholz Minuten nach Schließung der Wahllokale in einer
Phoenix-Übertragung aus dem Willy-Brandt-Haus in Berlin.
Es sei nun »umso wichtiger, dass wir sagen, wir werden jetzt
die dritte Große Koalition, die es im Nachkriegs-Deutschland
gegeben hat, nicht fortsetzen«. Scholz hat die Wahl eigentlich
jetzt schon abgehakt, er denkt bereits an die nächste. Denn
wenn die SPD in der Opposition zeige, »dass man uns das

Land anvertrauen kann, dann kann es 2021 auch klappen«. Später lässt er noch wissen, die SPD dürfe sich »keine Fehler mehr erlauben, wenn wir bei der Bundestagswahl 2021 wieder konkurrenzfähig sein wollen«. Scholz verliert keine Zeit dabei, seinen Weg ins Kanzleramt zu bahnen. Vor ihm liegen, das muss er an diesem 24. September 2017 glauben, noch ein paar Jahre als Erster Bürgermeister in Hamburg.

Neue Ostpolitik und altes Denken

Ein halbes Jahr später, am 14. März 2018, steht Scholz im dunklen Anzug vor dem großflächig-violetten »Farbraumkörper« des Düsseldorfer Malers Gotthard Graubner im Schloss Bellevue. Er ist nun Finanzminister und Vizekanzler. Zu seiner Rechten, in der Mitte des Gruppenbildes, freut sich Frank-Walter Steinmeier. Rechts vom Bundespräsidenten formt Angela Merkel beide Hände zur Raute. Zum vierten, aber mit Sicherheit zum letzten Mal hat sie ihre Ernennungsurkunde zur Bundeskanzlerin erhalten. Bei der nächsten Bundestagswahl, ohne Merkel, wird die Union zu schlagen sein, glaubt Scholz. Und er ist überzeugt, dass er nach vier Jahren als seriöser und verlässlicher Finanzminister der Mann sein wird, der das für die SPD schaffen kann. Scholz ist sich seiner Sache so sicher, dass er ausnahmslos alle Journalistinnen und Reporter, die ihm in dieser Zeit begegnen, an seiner Siegesgewissheit teilhaben lässt.

Gleich neben der alten und neuen Bundeskanzlerin steht gut gelaunt Heiko Maas. Der Sozialdemokrat war eben noch Justizminister und gehört der neuen schwarz-roten Bundesregierung überraschend jetzt als Außenminister an. Seinen

Platz neben Merkel verdankt Maas einer der letzten Volten des Dramas, das nach dem Scheitern der Verhandlungen zwischen Union, FDP und Grünen doch noch zu einer Neuauflage der Großen Koalition geführt hat. Den Posten des Außenministers wollte eigentlich Martin Schulz übernehmen, musste sich dann aber dem eigenen Versprechen beugen, nicht in eine Regierung Merkels einzutreten. Daraufhin schöpfte Sigmar Gabriel Hoffnung, doch er scheiterte an der designierten SPD-Chefin Andrea Nahles und an Olaf Scholz. Beide waren sich einig, dass von Gabriel viel zu erwarten sein würde, aber keine Loyalität. Die bisherige Familienministerin Katarina Barley war im Gespräch, nach dem Geschmack von Nahles und Scholz allerdings ein bisschen zu sehr.

Als die beiden Maas wenige Tage vor der Regierungsbildung zu einem Gespräch ins Willy-Brandt-Haus bitten und ihm den Posten des Außenministers anbieten, kommt er auch auf Russland zu sprechen. Er sehe sich da nicht vollständig auf einer Linie mit Frank-Walter Steinmeier und Sigmar Gabriel, testet Maas die Stimmung. Scholz ist das recht. Er lässt durchblicken, dass er sich mehr Nüchternheit und »mehr Realismus« wünscht. Er hat nichts dagegen, die sozialdemokratische Russland-Politik aus dem Dunstkreis Gerhard Schröders zu holen. Maas, der bis dahin nicht als Außenpolitiker aufgefallen ist, versteht das als Auftrag – und nimmt ihn an.

In seiner Antrittsrede im Weltsaal des Auswärtigen Amtes offenbart der bisherige Justizminister, er sei, »bei allem Respekt«, nicht wegen Willy Brandt in die Politik gegangen, sondern »wegen Auschwitz«. Ausführlich widmet er sich der Politik gegenüber Russland. »Wenn Russland sich selbst immer mehr in Abgrenzung, ja teilweise Gegnerschaft zu vielen im Westen definiert, so mögen wir das bedauern. In jedem Fall aber verändert es die Realität unserer Außenpolitik«, sagt

er. In einem Interview mit dem *Spiegel* wird Maas noch deut-
licher. »Russland agiert leider zunehmend feindselig«, beklagt
der neue Außenminister. Dann zählt er auf: »Der Giftgas-
anschlag in Salisbury, die Rolle in Syrien und der Ostukraine,
Hackerangriffe, auch auf das Auswärtige Amt.«
Wenige Wochen zuvor ist im britischen Salisbury der russische Doppelagent Sergej Skripal mit dem Nervenkampfstoff
Nowitschok vergiftet worden. Alle Spuren führen nach Russland. Zu den ersten Amtshandlungen des neuen Außenministers wird es gehören, als Antwort auf diese Tat in einer
konzertierten Aktion mit den Verbündeten vier russische Diplomaten auszuweisen. Maas begründet die vorsichtige Neuausrichtung der Politik gegenüber Moskau auch mit der Notwendigkeit, glaubwürdig zu bleiben gegenüber den westlichen
Partnern. Innenpolitisch aber wagt er sich damit aus der De-
ckung.

Vier Jahre bevor ein sozialdemokratischer Kanzler im Bundestag eine Zeitenwende erklären wird, ist öffentlich geäußerte und unmissverständliche Kritik an Russland in weiten
Teilen der SPD verpönt. Die Annexion der Krim, der Krieg im
Donbass, die Fake-News-Kampagne um »Lisa«, ein angeblich
von »südländischen« Flüchtlingen vergewaltigtes russisch-
stämmiges Mädchen und ein groß angelegter Hackerangriff
auf den Bundestag: das alles scheint an den Grundüberzeu-
gungen wenig geändert zu haben. Der Historiker Heinrich-
August Winkler, selbst ein Sozialdemokrat, verzweifelt daran.
Schon Ende 2016 hatte er im SPD-Organ *Vorwärts* appelliert,
sich »in Realismus statt in Wunschdenken« zu üben. Der übliche Verweis auf die Ostpolitik Willy Brandts sei verfehlt. Ihm
fehle die Unterscheidung zwischen der ersten und der zweiten
Phase der Ostpolitik, in der Willy Brandt und Egon Bahr die
Bürgerrechtler im Ostblock als »Störfaktoren« empfunden

hätten. Anders als die Sowjetunion in der Ära Breschnew sei das Russland Putins überdies »keine Macht, der es um Besitzstandswahrung, sondern um die Revision des Status quo, um Expansion geht«, warnt Winkler. In großen Teilen der SPD kommt diese Warnung nicht an.

Die ungewohnten Töne des neuen sozialdemokratischen Außenministers sorgen in der SPD für Unruhe. Bei Maas häufen sich Beschwerden. Manuela Schwesig, die Ministerpräsidentin von Mecklenburg-Vorpommern, meldet sich. Seine Politik fliege ihr bei der Basis um die Ohren. Unmittelbar vor einem Parteitag der SPD in Wiesbaden, auf dem Andrea Nahles Ende April 2018 zur neuen Parteivorsitzenden gewählt werden soll, sammelt sich der Widerstand. Das gehe so nicht, beschwert sich Schwesig im SPD-Präsidium, Maas' Kurs gegenüber Moskau sei zu konfrontativ. Andere springen ihr bei, der niedersächsische Ministerpräsident Stephan Weil etwa oder der Parteilinke Ralf Stegner. Die Tradition der Ostpolitik kommt zur Sprache. Doch Schwesig geht es nicht um Tradition. In ihrem Bundesland, in Sassnitz auf Rügen, soll die Gasleitung Nord Stream 2 anlanden. Schwesig will keinen Ärger, der das Vorhaben gefährden könnte. Nahles und Scholz, zu dem Zeitpunkt noch kommissarischer Parteichef, wirken von der Heftigkeit der Vorwürfe überrascht. Maas sei nicht anwesend, um Stellung zu nehmen, argumentieren sie. Er soll, so wird es verabredet, demnächst in den Parteivorstand kommen und seine Russland-Politik erklären. Es ist eine Art Vorladung.

Maas hat vorher noch einen Termin in Moskau, seinen Antrittsbesuch beim Langzeit-Außenminister Sergej Lawrow. Ihn erwartet die übliche Feuertaufe, die Lawrow jedem neuen deutschen Außenminister angedeihen lässt. Wenn ihm danach ist, gibt der russische Chefdiplomat den Grandseigneur. Doch er gleicht einem schläfrigen Krokodil, das blitzschnell auf Angriff umschalten kann. Den Außenminister Guido Westerwelle hatte er einst mit beißendem Spott über die deutsche Syrien-Politik gedemütigt. Als Maas am langen Tisch im Gästehaus des russischen Außenministeriums Platz nimmt, begrüßt Lawrow ihn spitz mit der Bemerkung, er freue sich, dass Maas die Zeit gefunden habe, nach Moskau zu kommen. Das sei »auf jeden Fall besser als jede Mikrofon-Diplomatie«. Über die Staatsmedien war schon zuvor lanciert worden, man sei enttäuscht, dass gerade Maas als Sozialdemokrat in die zunehmende »anti-russische Rhetorik« einstimme. Lawrow will den Neuen einschüchtern, aber Maas ist entschlossen, sich von Lawrow nicht vorführen zu lassen. Auch er sei froh, kontert er, »dass wir uns persönlich treffen, dass es nicht nur Mikrofon-Diplomatie gibt«. Schließlich gebe es einige Dinge zu besprechen, »die sich in den letzten Monaten angehäuft haben, über die es auch bei uns Irritationen gibt«.

In der Pressekonferenz sagt Maas, eine Partnerschaft müsse es auch aushalten, »dass man einen offenen und ehrlichen Dialog führt und dass man feststellen muss, ob man auch noch nach den gleichen Regeln spielt«. Man habe versucht, sich »auf die Fakten zu konzentrieren und nicht auf irgendwelche emotionalen Verallgemeinerungen«, entgegnet Lawrow für seine Verhältnisse zahm. Maas kann das Gästehaus erhobenen Hauptes verlassen. Er hat bestanden.

Das hilft ihm, als er zwei Wochen später im Parteivorstand vorzusprechen hat. Maas macht geltend, dass er beides wolle: offene Kritik, aber auch den Dialog. Er verweist darauf, dass Lawrow eine Einladung angenommen habe und im September nach Deutschland kommen wolle. So gelingt es dem Außenminister, seine Kritiker zu besänftigen. »Wir sind uns einig, dass es mehr Dialog mit Russland geben soll«, erklärt Manuela Schwesig im Anschluss. Die Wogen seien geglättet, die Kritiker des neuen Außenministers plötzlich »handzahm«, ist danach zu lesen. Tatsächlich wird das Urteil im Rückblick genau umgekehrt ausfallen müssen. Maas hat keine Lust mehr, sich ohne ausreichenden Rückhalt in der Ostpolitik aufzureiben. Im Auswärtigen Amt herrscht schon bald wieder Routine. Viele Diplomaten verstehen die Äußerungen von Maas so, dass im Umgang mit Russland die bisherige Linie fortgesetzt wird.

Wladimir Putin ist in diesen Tagen ohnehin nicht der Mann, der die deutsche Außenpolitik am meisten beschäftigt. Seit Januar 2017 regiert Donald Trump die USA. Er hält die NATO für »obsolet« und wettert gegen Deutschland. In Trumps Vorstellung leben die Deutschen in Saus und Braus, während hart arbeitende Amerikaner für deren Verteidigung aufkommen müssen. Für die Bundesregierung und insbesondere für Olaf Scholz, den Finanzminister, stellt das ein Problem dar, denn Trump hat in der Sache einen Punkt. Nach der Annexion der Krim 2014 verständigten sich die NATO-Staaten während eines Gipfeltreffens in Wales darauf, die Lasten für die Verteidigung Europas gerechter zu verteilen. Seitdem gilt für alle Länder das Ziel, sich bei den Rüstungsausgaben »innerhalb von zehn Jahren auf den Richtwert von zwei Prozent des Bruttoinlandsprodukts zuzubewegen«.

Obwohl Frank-Walter Steinmeier als Außenminister in Wales dabei gewesen ist und die Vorgabe mitträgt, hadert die SPD von Anfang an mit dem NATO-Ziel. Angela Merkel kommt das entgegen, denn für realistisch hält auch sie es nicht. Im Wahlkampf 2017 nennt Sigmar Gabriel die NATO-Quote dann sogar »irre«. Als Olaf Scholz seinen Dienst als Finanzminister antritt, liegen die deutschen Verteidigungsausgaben bei mageren 1,24 Prozent des Bruttoinlandsproduktes (BIP).

Zwei Prozent bis 2024, das wäre vollkommen illusorisch, da ist er sich mit Angela Merkel einig. In seinem ersten Haushaltsentwurf sieht Scholz zwar eine Steigerung des Wehretats von knapp 39 Milliarden Euro auf fast 44 Milliarden Euro vor, doch dem NATO-Ziel bringt das Deutschland kaum näher, denn zugleich wächst ja auch das BIP. Merkel und Verteidigungsministerin Annegret Kramp-Karrenbauer verkünden derweil einfach ein neues, weniger ambioniertes Ziel: 1,5 Prozent bis 2024. Ob wenigstens das gedeckt ist, dazu schweigt sich der Finanzminister aus.

Mitte Juli 2018 reist Merkel zu einem NATO-Gipfel mit Trump nach Brüssel, und was sie dort erlebt, scheint alles zu ändern. Noch vor Beginn des eigentlichen Gipfels inszeniert Donald Trump vor laufenden Kameras bei einem Frühstück mit NATO-Generalsekretär Jens Stoltenberg einen Wutausbruch.»Viele Länder zahlen nicht, was sie sollten. Viele Länder schulden uns eine Menge Geld«, redet Trump sich in Rage. Deutschland sei ein reiches Land, es könne viel mehr zahlen. Dann kommt er auf den»Pipeline-Deal«zu sprechen. Er meint Nord Stream 2.»Die USA sollen Deutschland gegen Russland beschützen, und Deutschland geht hin und zahlt Jahr für Jahr Milliarden und Abermilliarden an Russland«, beschwert sich Trump, den der unglückliche Stoltenberg nun gar nicht mehr zu stoppen weiß. Deutschland stehe»total unter der Kontrolle Russlands«, sei sein»Gefangener«.

Trump will nicht lockerlassen, er bleibt bei seinen Forderungen. Und er hat eine Verbindung hergestellt – zwischen Nord Stream 2 und der Verteidigung. Was sich da zusammenbraut, ist der perfekte Sturm. In der Verteidigung ist Deutschland abhängig von der NATO und den USA, in seiner Energieversorgung von Russland. Nichts könnte schlimmer sein, als dass beides in Gefahr gerät. Zu den bitteren Eingeständnissen der

Zeitenwende wird schließlich gehören, dass ausgerechnet Donald Trump zwar ein paar Zahlen und Zusammenhänge durcheinandergeworfen, aber hier im Kern die Wahrheit gesagt hat.

Selbst wenn ihr dies insgeheim klar sein sollte, kann Merkel das an diesem dramatischen Brüsseler Gipfeltag unmöglich zugeben. Empört weist sie den Vorwurf zurück, Deutschland mache sich abhängig. Sie habe erlebt, dass »ein Teil Deutschlands von der Sowjetunion kontrolliert wurde«, sagt sie, und sei deshalb »sehr froh, dass wir heute in Freiheit vereint sind als die Bundesrepublik Deutschland und dass wir deshalb auch sagen können, dass wir unsere eigenständige Politik machen können und eigenständige Entscheidungen fällen können«.

Zurück in Berlin, spricht Merkel mit ihrem Finanzminister. Die beiden reden darüber, wie ernst sie die Drohungen Trumps nehmen müssen. Für beide steht fest, dass der Fortbestand der NATO nicht aufs Spiel gesetzt werden darf. Olaf Scholz beginnt insgeheim mit Überlegungen für den Fall, dass die Verteidigungsausgaben schnell drastisch erhöht werden müssen. Trump soll auf keinen Fall Wind davon bekommen, denn auch in diesem Punkt liegt er nicht falsch. Deutschland könnte viel mehr fürs Militär aufbringen, wenn es wollte und müsste. Als Kanzler wird Scholz nur ein paar Jahre später den Beweis antreten.

Wenige Tage nach Trumps Brüsseler Wutausbruch fliegt Scholz zum Treffen der Finanzminister und Notenbankchefs der G20 nach Buenos Aires, wo er auch Trumps Finanzminister Steven Mnuchin treffen will. Scholz ist dem Amerikaner schon ein paar Mal begegnet, und keine dieser Begegnungen war erfreulich. Mnuchin arbeitete viele Jahre als Investmentbanker bei Goldman Sachs, wurde danach noch reicher mit einem eigenen Hedgefonds und heuerte 2016 im Wahlkampf bei Trump an. In der Administration gehört Mnuchin zu den bedingungslosen Getreuen des Präsidenten. Sein Job ist es, Trumps »America-first«-Slogans in Politik zu übersetzen, und das tut er getreulich. Als die Finanzminister der G20 sich in der argentinischen Hauptstadt treffen, fehlt nicht mehr viel bis zum Beginn eines großen Handelskriegs zwischen den USA und Europa. Trump will unbedingt das amerikanische Handelsdefizit verringern und hat deshalb hohe Zölle auf Waren aus China, aber auch auf Stahl und Aluminium aus der Europäischen Union verhängt. Die Antwort der Europäer sind Gegenzölle, etwa auf Jeans und Motorräder der Marke Harley-Davidson. Im Gespräch mit Mnuchin pocht Scholz darauf, dass freier Handel besser sei als Protektionismus. Illusionen, damit den Amerikaner zu beeindrucken, hegt Scholz nicht. Aber er glaubt, dass man mit Mnuchin reden kann. Und wichtiger noch, dass Mnuchin einer der wenigen ist, die mit Trump reden können.

Zwei Jahre später wird er darauf zurückkommen. Es ist der Sommer 2020. Die Menschen in Deutschland erholen sich gerade von den Lockdown-Monaten des Winters und des Frühjahrs, aber sie wissen auch, dass die Corona-Pandemie noch lange nicht vorbei ist. »Wo bleibt der Wumms?«, fragen die Zeitungen. Die vorübergehende Senkung der Mehrwertsteuer hat die Nachfrage nicht im erhofften Maße angekurbelt. Schon im Frühjahr hatte der Finanzminister enorme Summen flüssig gemacht, um die wirtschaftlichen Folgen der Pandemie abzumildern. Nicht Trump, sondern Corona erzwang das Aussetzen der Schuldenbremse. Scholz kämpfte gegen die Angst vor dem wirtschaftlichen Niedergang, martialisch versprach er eine »Bazooka«. Der »Wumms« soll nun den Aufschwung bringen, den Sommer über verbreitet Scholz unverdrossen

Optimismus. In der SPD ist der Finanzminister damit der Mann der Stunde. Die Kapitulation von Andrea Nahles vor Machtkämpfen und Intrigen in ihrer Partei, das Leiden der SPD an der Großen Koalition, selbst Scholz' demütigendes Scheitern im Mitgliederentscheid um den Parteivorsitz und die damit verbundene politische Nahtoderfahrung nur ein paar Monate zuvor – das alles wirkt nun plötzlich wie die Erinnerung an eine ferne Zeit, an die Epoche vor Corona. Am 10. August 2020 wird Scholz ausgerufen werden zum Kanzlerkandidaten der SPD.

Fünf Tage zuvor hat er allerdings noch etwas zu erledigen. Scholz hat einen Termin im Auswärtigen Amt. In einem abhörsicheren Raum sitzt er zusammen mit Heiko Maas und Wirtschaftsminister Peter Altmaier von der CDU. Die deutschen Minister sind verbunden mit Washington. Am anderen Ende der Leitung zugeschaltet sind US-Finanzminister Steven Mnuchin und der amerikanische Außenminister Mike Pompeo. Scholz möchte den beiden Amerikanern ein Angebot unterbreiten, und er ist überzeugt davon, dass er damit ein großes Problem für Deutschland lösen kann. Dieses Problem heißt Nord Stream 2. Die Pipeline ist fast fertig, aber ihr droht ein Schicksal als milliardenteure Investitionsruine am Grund der Ostsee. Die USA haben ihre Drohung wahr gemacht und torpedieren das Vorhaben mit ernsthaften Sanktionen. Firmen, die sich am Bau der Pipeline beteiligen, müssen um ihr Geschäft in den USA bangen und Ärger mit der US-Justiz fürchten. Die Bundesregierung hält solche Sanktionen für unzulässig, hat in Washington protestiert, aber sie wirkt ohnmächtig. Scholz denkt, dass sich da politisch noch was machen lässt. Streng genommen fällt die Pipeline nicht in sein Ressort, aber er hat eine Idee. Wenn sich Trump noch erweichen lassen sollte, glaubt er, dann nur durch einen Deal.

Ein solcher Deal ist es, den Scholz seinem amerikanischen Kollegen und Pompeo nun streng vertraulich vorschlagen will. Erst einmal erklärt er Mnuchin, was die Bundesregierung schon alles unternommen habe, um den Kritikern der Pipeline entgegenzukommen. So habe sie Kremlchef Putin zur Verlängerung eines Transitvertrages für russisches Gas durch die Ukraine bewegt. Tatsächlich hatte sich Deutschland in die festgefahrenen Verhandlungen zwischen Brüssel, Kiew und Moskau eingeschaltet. Diesen Erfolg verbucht Scholz für sich, weil er Merkel im November 2018 auf dem Rückflug vom G20-Gipfel in Buenos Aires einen versierten Vermittler vorgeschlagen hatte, Georg Graf Waldersee, den Aufsichtsratsvorsitzenden der Beratungsgesellschaft Ernst & Young. Scholz erwähnt auch, wie Deutschland angeblich Polen helfe, unabhängiger zu werden von russischem Gas, etwa durch Unterstützung für eine Pipeline von Norwegen nach Polen. Dann aber kommt er zum Punkt. Die Bundesregierung sei bereit, den seit Jahren verschleppten Bau von zwei LNG-Terminals in Brunsbüttel und Wilhelmshaven zu forcieren und dafür eine Milliarde Euro auf den Tisch zu legen.

LNG steht für Liquefied Natural Gas. Es handelt sich um verflüssigtes Erdgas, das auf minus 164 Grad heruntergekühlt und so verschifft werden kann. Scholz ist sich sicher, dass es Trump in Wahrheit nur darum geht, den Absatz von aufwendig und kostspielig aus amerikanischem Gestein geholtem Fracking-Gas in Europa anzukurbeln. Diese Methode ist in Europa als umweltbelastend in Verruf. Schon als Hamburger Bürgermeister hatte Scholz LNG-Terminals an der Küste trotzdem für richtig befunden als Rückversicherung, falls es Probleme mit dem russischen Pipeline-Gas geben sollte. Nun glaubt er an das perfekte Geschäft, das Trump nicht ausschlagen kann. Nach dem mit Kanzlerin Merkel abgestimmten Geheimtelefonat ist Scholz optimistisch. Er hat das Gefühl, dass der Plan aufgehen könnte. Zwei Tage nach der Schaltkonferenz geht ein Schreiben raus nach Washington. »Lieber Steven«, schreibt Scholz, »danke für unser fruchtbares Gespräch.« Anbei finde er das angekündigte Non-Paper. Ein Non-Paper, ein Nicht-Papier, ist im Regierungsgeschäft ein Papier, das es offiziell nicht gibt und das dazu da ist, mögliche Kompromisse auszuloten.

Aber das Papier existiert natürlich, und es findet schon bald seinen Weg zu einem Journalisten der *Zeit*. »Mit einer Milliarden-Offerte« habe Scholz für die Bundesregierung versucht, die umstrittene Ostsee-Pipeline Nord Stream 2 zu retten, berichtet die Wochenzeitung Mitte September. Scholz und Maas sind sauer. Sie verdächtigen den CDU-Mann Altmaier, den Geheimplan durchgestochen zu haben. Die Opposition, immerhin ist Scholz Kanzlerkandidat, reagiert zügig. »Dass sich das SPD-geführte Ministerium offenbar von den USA erpressen lässt, ist ein starkes Stück«, empört sich der Co-Vorsitzende der Grünen, Robert Habeck. Es sei »doppelt und dreifach falsch«, Putins Pipeline zu retten, indem Deutschland eine Milliarde Euro in Terminals für das Fracking-Gas von US-Präsident Donald Trump stecke. Der öffentlich gewordene Plan verläuft im Sand. Die Sanktionen bleiben. Mithilfe von Ministerpräsidentin Manuela Schwesig lässt Gazprom in Mecklenburg-Vorpommern eine »Klimastiftung« gründen, die in Wahrheit dazu da ist, die Sanktionen zu umgehen. Die Pipeline wird fertig gebaut.

27 Monate nach dieser Aufregung um die »Milliarden-Offerte« wird Scholz als Bundeskanzler zusammen mit seinem Wirtschaftsminister Robert Habeck und seinem Finanzminister Christian Lindner auf einer verschneiten Kaimauer in Wilhelmshaven stehen und einen Moment der Genug-

tuung erleben. Alle drei werden weiße Schutzhelme und gelbe Warnwesten tragen – hinter ihnen zu erkennen die Umrisse des Spezialschiffes *Höegh Esperanza*, auf dem tiefgekühltes Flüssiggas erwärmt werden kann, um es ins deutsche Gasnetz einzuspeisen. Wenig später, während einer kurzen Bootsfahrt, wird Scholz seine Reisegefährten freundlich würdigen: »Dass wir heute sagen können, die Energieversorgung unseres Landes ist in diesem Winter wohl gesichert, das ist auch euer Verdienst, lieber Robert Habeck, lieber Christian Lindner. Schönen Dank.«

Rätselhaftes Russland

An einem sonnigen Samstagmorgen, gut zwei Wochen nach dem Geheimtelefonat mit Mnuchin und Pompeo im Sommer 2020, landet ein Rettungsflugzeug auf dem Flughafen Berlin-Tegel. Es kommt aus Sibirien, aus Omsk. An Bord befindet sich ein Patient im künstlichen Koma, der russische Oppositionelle Alexej Nawalny. Der Korruptionskritiker und erklärte Feind von Präsident Putin war auf einem Linienflug nach Tomsk zusammengebrochen und nach einer Notlandung in Omsk von beherzten Ärzten vor dem sicheren Tod bewahrt worden. Auf Bitten von Kanzlerin Merkel erlaubte Wladimir Putin, dass Nawalny zur weiteren Behandlung nach Deutschland ausgeflogen wird. Später wird ein Speziallabor der Bundeswehr den Nervenkampfstoff Nowitschok als Ursache der Vergiftung ermitteln und der Bundesregierung gar keine andere Wahl lassen, als scharf zu reagieren. Der Versuch, Nord Stream 2 durchzusetzen, und die Rettungsaktion für Nawalny stehen für Angela Merkel zu diesem Zeitpunkt aber noch nicht im

Widerspruch zueinander – ebenso wenig für ihren Vizekanzler Scholz.

Im Spätsommer, die Ärzte der Charité haben Nawalny zurück ins Leben geholt und aus der stationären Behandlung entlassen, lässt sich Scholz in dessen sichere Unterkunft in Berlin bringen. Er will sich selbst einen Eindruck verschaffen von dem Mann, der ihm in mehrfacher Hinsicht Rätsel aufgibt. Der Sozialdemokrat kennt die Vorwürfe, Nawalny sei ein Nationalist. Dem Oppositionspolitiker hängen fremdenfeindliche Äußerungen in den Nullerjahren nach, von denen er sich inzwischen distanziert hat. Scholz möchte auch verstehen, warum Nawalny partout nach Russland zurückkehren möchte und damit in die Gewalt Putins. Scholz ist erst einmal überrascht, wie sehr Nawalny sich wieder erholt zu haben scheint. Er, der den Sport spät für sich entdeckt hat, nimmt an, dass körperliche Fitness für Nawalny eine Überlebensfrage ist und er sich vorbereitet auf das, was noch kommen wird. Nawalny versucht, Scholz begreiflich zu machen, dass er nur etwas bewirken könne, wenn er zurückkehrt, und er sagt auch, dass ihm das Risiko bewusst sei. Er spricht über die Notwendigkeit, die oppositionellen Kräfte über ideologische Differenzen hinweg zu bündeln. Der Mut Nawalnys nötigt Scholz Respekt ab. Dass er sich doch noch als autoritärer Nationalist entpuppen könnte, glaubt er nach dem Gespräch nicht.

Rund um Ostern 2021 lässt Wladimir Putin zeitweise Zehntausende Soldaten an der Grenze zur Ukraine aufmarschieren. Über die Absichten des russischen Präsidenten wird gerätselt. Erst später wird sich der martialische Aufmarsch als Generalprobe erweisen, als Teil der Vorbereitungen für eine Invasion der Ukraine. In Deutschland sind außenpolitische Experten in Sorge. In den Medien aber wird die Truppenkonzentration nicht zu einem beherrschenden Thema. Auf größeres Interesse stößt das Schicksal Nawalnys. Er ist im Januar nach Moskau zurückgekehrt und direkt auf dem Flughafen verhaftet worden. Inzwischen ist er in die Strafkolonie in Pokrow hundert Kilometer östlich von Moskau verlegt worden und wegen der unmenschlichen Haftbedingungen in einen Hungerstreik getreten. Im Februar 2024 wird er seinen Mut mit dem Leben bezahlen.

Und doch: Der Wahlkampf hat Erfolg

Deutschland steht zu dieser Zeit kaum ein halbes Jahr vor der Bundestagswahl Ende September 2021. Es beginnt deshalb eine Phase intensiver innenpolitischer Selbstbeschäftigung. Scholz ist schon seit Monaten Kanzlerkandidat, in der Union entscheidet Armin Laschet den Machtkampf gegen Markus Söder für sich. Bei den Grünen lässt Robert Habeck Annalena Baerbock den Vortritt. Scholz verkündet per Twitter, er freue sich auf »einen spannenden und fairen Wettstreit um das beste Konzept für die Zukunft unseres Landes«. In den Umfragen liegt die SPD bleiern bei 15 bis 16 Prozent. Im April 2021 scheint sich nur noch die Frage zu stellen, ob Armin Laschet Angela Merkel beerben kann oder Annalena Baerbock erste grüne Bundeskanzlerin wird.

Ende April gibt Scholz der *Bild am Sonntag* ein Interview. »Ich bin der Kanzlerkandidat, der über die notwendige Erfahrung und Kenntnisse für diese Aufgabe verfügt«, sagt er, »das unterscheidet mich von meinen Wettbewerbern.« Im Prinzip ist das schon der ganze Plan. Scholz hat ihn früh mit seinem Staatssekretär und engsten Mitarbeiter Wolfgang Schmidt ausgeheckt. Beide sind seit Jahren überzeugt, dass die Union bei der nächsten Bundestagswahl, ohne Angela Merkel, zu schlagen sein würde – vorausgesetzt, dass ein seriöser Sozialdemokrat die Lücke füllt, die Merkel hinterlässt. Nach der gescheiterten Bewerbung um den Parteivorsitz 2019 sieht es kurz so aus, als sei der schöne Plan dahin, als seien die Große Koalition und mit ihr Olaf Scholz am Ende. Doch die neuen Parteivorsitzenden Saskia Esken und Norbert Walter-Borjans entscheiden anders. Eigentlich gewählt, um die Partei nach links zu rücken, machen sie den Mann mit der Bazooka während der Pandemie zum Kanzlerkandidaten.

Und für Scholz läuft es ab dem Sommer 2021 deutlich besser als gedacht. Einen der Gründe dafür liefert Armin Laschet, als er im Juli im Flutgebiet in Nordrhein-Westfalen auf Fernsehbildern lachend im Hintergrund zu sehen ist, während Bundespräsident Frank-Walter Steinmeier den Menschen Mut zuspricht. Auch Annalena Baerbock macht Fehler. Erst weist sie Plagiatsvorwürfe gegen ihr im Wahlkampf erschienenes Buch zurück, dann muss sie einräumen, unsauber gearbeitet zu haben. Scholz verhandelt derweil in Washington mit der amerikanischen Finanzministerin Janet Yellen über eine globale Mindeststeuer. Auf deutschen Marktplätzen verspricht er einen Mindestlohn von zwölf Euro.

Scholz joggt jetzt drei Mal die Woche, hat dem Alkohol abgeschworen und ist auch auf den Wahlkampfbühnen, zumeist im weißen Hemd ohne Sakko, immer in Bewegung. Während er seine Botschaften unters Volk bringt, tänzelt er ein paar Schritte nach links und dann wieder nach rechts. Scholz spricht über das Geld, das die Bundesregierung – also der Finanzminister – gegen die Folgen der Corona-Krise in die Hand genommen habe. Und er spricht über Respekt. Seine Themen sind die Renten, bezahlbarer Wohnraum und Kinderarmut. Er redet auch über die großen Herausforderungen des beginnen-

den Jahrzehnts. Damit meint er vor allem die Gefahr, dass
Arbeitsplätze abwandern könnten in andere Weltgegenden,
und er meint den Klimawandel. Die Gefahr, die sich im Osten
des Kontinents zusammenbraut, ist im sommerlichen Wahlkampf 2021 kein Thema, für ihn nicht und für seine Konkur-
renten auch nicht.

Einmal werden Annalena Baerbock, Armin Laschet und
Olaf Scholz in ein Fernsehstudio der ARD gebeten, um aus-
nahmsweise nur über Außenpolitik zu sprechen. Eingeblendet
werden ausländische Politiker, die Fragen stellen dürfen. Der
polnische Europaabgeordnete und frühere Außenminister
Radosław Sikorski meldet sich aus dem EU-Parlament. Seine
Frage ist kurz:»Glauben Sie, Präsident Putin behandelt Nord
Stream 2 ausschließlich als wirtschaftliches Projekt, und würden Sie dessen Fertigstellung erlauben, falls Sie gewählt werden?« Armin Laschet beantwortet die Frage beherzt mit Ja.»Es
ist ein reines Wirtschaftsprojekt«, behauptet er. Ob das auch
Wladimir Putin so sehe, wisse er nicht, gibt Laschet zu. Für
den Fall, dass der russische Präsident die Pipeline doch gegen
die Ukraine missbrauche, müsse sie eben wieder gestoppt werden. Dem kann Olaf Scholz sich anschließen.»Herr Putin hat
sicherlich nicht nur wirtschaftliche Überlegungen. Wir aber
haben wirtschaftliche Erwägungen, wenn es um dieses Projekt
geht«, sagt er. Der Gastransit über die Ukraine werde weiterlaufen, dafür habe er selbst sich mit Erfolg eingesetzt. Dann
fügt er noch einen Satz hinzu, den er als Kanzler über Monate
nicht wird wiederholen wollen:»Die Beeinträchtigung des
Gastransits und der Sicherheit der Ukraine hat Konsequenzen
für den möglichen Transit durch die dann fertiggestellte Pipeline. Darüber muss geredet werden.«

Einzig die grüne Kandidatin Annalena Baerbock bezieht
klar Stellung gegen die neue Gastrasse.»Man kann sich jetzt

natürlich weiter vormachen, diese Pipeline wäre rein wirtschaftlich. Das ist aber nicht so«, sagt sie. Die osteuropäischen Nachbarländer machten sich große Sorgen. Sie glaube auch nicht, dass man die Leitung, sei sie erst einmal in Betrieb, einfach abdrehen könne. Wenn Putin kein Gas mehr durch die Ukraine lasse und in Europa Winter sei, dann könne man Nord Stream 2 ja gar nicht abschalten, »weil dann haben wir Europäer in dem Moment kein Gas mehr«.

Schließlich erscheint noch ein Mann im grauen Anzug auf dem Bildschirm. Sein jugendliches Gesicht ist glatt rasiert. Er steht zwischen der blau-gelben ukrainischen Fahne und dem ukrainischen Staatswappen. Es ist Wolodymyr Selenskyj. »Sehr geehrte Kandidatinnen und Kandidaten für das Amt des deutschen Bundeskanzlers. Der 26. September wird nicht nur für Sie, sondern auch für die Ukraine ein wichtiger Tag sein. Die Bundestagswahl ist für uns von Bedeutung, denn Deutschland ist unser wichtigster Partner«, beginnt der Präsident. Dann stellt er seine Fragen. »Stimmen Sie zu, dass das europäische Projekt ohne die Ukraine unvollständig und nicht vollwertig sein wird?« Ob Europa nicht langsam müde werde, sich vor der Frage der ukrainischen EU-Mitgliedschaft zu verstecken? Hunderttausend russische Soldaten seien an der Grenze zur Ukraine zusammengezogen worden, erwähnt Selenskyj noch. Es werde über Sicherheitsgarantien für die Ukraine gesprochen, aber wie die denn aussehen sollten, wenn die Ukraine nicht Mitglied der NATO sei?

Die Frage nach der EU beantwortet Olaf Scholz eher allgemein. Grundsätzlich könne jede europäische Demokratie der Union beitreten, aber es sei auch »ganz viel Realismus« vonnöten. Nicht nur die Beitrittskandidaten müssten die Voraussetzungen erfüllen, auch die EU müsse sich zunächst einmal reformieren. Was die NATO-Mitgliedschaft der Ukraine betrifft, fasst Scholz sich kurz: »Ich glaube, dass eine NATO-Perspektive nicht ansteht.«

Es wird dann auch noch über Waffenlieferungen an die Ukraine gesprochen. Laschet lehnt solche Forderungen kurzerhand ab, sie seien »strategisch viel zu kurz gedacht«. Annalena Baerbock muss sich ein bisschen winden, weil ihr Co-Vorsitzender Robert Habeck während eines Besuches im Osten der Ukraine laut über die Lieferung von »Defensivwaffen« nachgedacht hatte, aber auch sie schließt solche Lieferungen aus. Olaf Scholz hat Glück. Er wird gar nicht erst danach gefragt.

KANZLER

Olaf Scholz müsste jetzt mal durchatmen. Ende Oktober ist es in Rom noch warm, die ideale Reisezeit. Das Hotel de Russie an der Piazza del Popolo ist eines der besten der Stadt. Hinter Scholz liegen anstrengende Monate des Wahlkampfes, vor ihm, zum Greifen nah, die Kanzlerschaft. Er hat es geschafft. Einen Monat ist es erst her, dass die SPD zum ersten Mal seit 2002 wieder zur stärksten Partei geworden ist. Nun scheint auch der zweite Teil seines Planes aufzugehen. Eine Woche lang haben SPD, Grüne und FDP sondiert. Dann verkündeten sie im »Hub 21«, einem Tagungszentrum auf dem Berliner Messegelände, den Beginn von Koalitionsverhandlungen für das erste Ampelbündnis auf Bundesebene. Scholz proklamierte das »größte industrielle Modernisierungsprojekt, das Deutschland seit wahrscheinlich über hundert Jahren durchgeführt hat«. Er sei überzeugt, »dass es lange Zeit keine vergleichbare Chance gegeben hat, Gesellschaft, Wirtschaft und Staat zu modernisieren«, sagte FDP-Chef Christian Lindner. Der große Gewinner werde, versprach der Grüne Robert Habeck, »nicht eine einzelne Partei sein, sondern das ganze Land«.

Eine Koalition, wie es sie noch nie gab

Doch Scholz ist nicht zur Erholung nach Rom gekommen. Noch ist er Vizekanzler der scheidenden Bundesregierung. In der italienischen Hauptstadt nimmt er an einem Treffen der Finanz- und Gesundheitsminister der G20-Staaten teil, das einem Gipfeltreffen der Staats- und Regierungschefs vorgeschaltet ist. Das Corona-Virus plagt immer noch große Teile der Menschheit und bremst die Weltwirtschaft. »Es ist notwendig, dass wir gegen diese Pandemie alles miteinander auf der Welt unternehmen, was möglich ist«, erklärt Scholz während einer kurzen improvisierten Pressekonferenz unter der römischen Sonne. Scholz scheint seinen Triumph auf eigene Weise auszukosten, durch betonte Geschäftsmäßigkeit. Aber das täuscht.

Als er auf die Innenpolitik angesprochen wird und auf die Frage, ob er nun doch noch SPD-Vorsitzender werden wolle, ist ihm das mehr als recht. Norbert Walter-Borjans hat gerade erst öffentlich gemacht, dass er nicht erneut für den Parteivorsitz kandidieren werde, und Scholz nutzt die Gelegenheit für eine Klarstellung. Er konzentriere sich darauf, »wofür ich von den Bürgerinnen und Bürgern einen Auftrag bekommen habe, nämlich eine Regierung zu bilden und der nächste Kanzler der Bundesrepublik Deutschland zu werden«. Auf die Nachfrage, ob das ein Nein sei, schaut Scholz gespielt mitleidig. Das sei doch »sehr klar ausgedrückt«. Auch wenn er nicht zur Entspannung nach Rom gekommen ist, zeigt er dennoch blendende Laune. »Für uns alle«, sagt er, »ist das etwas ganz, ganz Besonderes, und ich will gar nicht verhehlen, wir freuen uns immer noch, dass das Wahlergebnis so ausgefallen ist.«

Noch ist er nicht gewählt, aber in Rom präsentiert sich Scholz bereits als künftiger Kanzler. Üblicherweise nehmen Finanzminister im Gefolge ihrer Regierungschefs an G20-Gipfeln teil, aber Angela Merkel hat sich etwas Besonderes ausgedacht. Sie hat Scholz eingeladen, an allen Gesprächen mit den anderen Staatsführern teilzunehmen, auch denen, die sie sonst allein führt. Das ist eine ungewöhnliche und auch etwas gewagte Geste, schließlich sind die Koalitionsverhandlungen der Ampelparteien noch gar nicht abgeschlossen. »Viele Länder in der Welt gucken darauf, was in Deutschland geschieht. Sie wollen, dass es so ist, dass man sich auf Deutschland verlassen kann«, sagt Scholz dazu. Daher sei es ein »gutes Kontinuitätssignal, dass die Kanzlerin und auch ich gemeinsam mit den anderen Ländern sprechen können«.

Der wichtigste Termin im Kalender der Kanzlerin ist der mit US-Präsident Joe Biden, der gegen ein »Kontinuitätssignal« vermutlich nichts einzuwenden hat. Deutschland ist einer der wichtigsten Verbündeten, und wenn die Machtübergabe dort reibungsloser abläuft als in Washington, dann kann ihm das nur recht sein. An diesem Tag in Rom hat Biden allerdings andere Sorgen. Nur wenige Tage vor dem G20-Gipfel hat ihm sein Generalstabschef Mark Milley mitgeteilt, dass zum zweiten Mal innerhalb eines Jahres Zehntausende russischer Soldaten mit schwerem Gerät an der Grenze der Ukraine aufgezogen sind. Die Erkenntnisse der US-Geheimdienste sind beunruhigend. Die zusammengezogenen Truppen seien geeignet für eine große Invasion, und genau das sei es, was Putin wolle, hatte Milley Biden anhand von Karten dargelegt. Sein Plan sei die Besetzung der gesamten Ukraine bis auf einen kleinen Rest im Westen, der einst nicht zum russischen Imperium gehört habe.

Eine Zusammenfassung des Materials hat Biden mitgebracht ins römische Konferenzzentrum La Nuvola. Er will vor allen Dingen den französischen Präsidenten Emmanuel Macron, Bundeskanzlerin Merkel und gern auch ihren Nachfolger vertraulich ins Bild setzen. Geheim bleibt das nicht, amerikanische Zeitungen berichten später darüber. Biden habe, so schreibt es der Journalist Franklin Foer in einem Buch über dessen Präsidentschaft, vor allem Merkel und Scholz ins Gewissen geredet. Sie müssten wenigstens damit drohen, Nord Stream 2 zu stoppen, um Druck auf Putin aufzubauen.

Aber weder Scholz noch Merkel erwecken nach dem Ge

spräch in Rom den Eindruck, als hätten sie schockierende Neu-
igkeiten gehört. Es ist ein warmer Oktoberabend, und beide
sitzen mit ihrer Entourage beim Rotwein in einem der Gärten
des Hotels. Merkel erzählt von ihrer letzten Reise zu Putin
nach Moskau und macht sich lustig über Außenminister Sergej Lawrow. Der habe, lästert sie, alberne rote Schuhe getra-
gen. Kein Wort über einen drohenden Krieg. Auch darüber,
dass die Amerikaner noch einmal Druck gemacht haben wegen
Nord Stream, wird nicht gesprochen. Scholz wird sich auch
später an keine dramatische Kriegswarnung in Rom erinnern.
Wenn Biden versucht haben sollte, eine Botschaft zu platzie-
ren, so ist sie nicht angekommen.

Während Wladimir Putin die letzten Vorbereitungen für
seinen Angriff auf die europäische Friedensordnung trifft, hat
Scholz alle Hände voll zu tun mit dem Aufbau einer nie er-
probten Koalition. FDP und Grüne hatten mit ersten Annähe-
rungsübungen und dem berühmten Selfie von Annalena
Baerbock, Robert Habeck, Christian Lindner und FDP-Gene-
ralsekretär Volker Wissing zwar den Anfang gemacht, aber das
Schmieden eines Bündnisses so unterschiedlicher Parteien
über Lagergrenzen hinweg bleibt kompliziert. Was die Grünen
im Klimaschutz für unerlässlich halten, muss mit den Vorstellungen der FDP über solide Staatsfinanzen ohne Steuererhöhungen bei gleichzeitiger Rückkehr zur Schuldenbremse
versöhnt werden. Und auch Scholz wird seine wichtigsten
Wahlversprechen einhalten müssen, die Erhöhung des Min-
destlohns auf zwölf Euro etwa. Im Sondierungspapier gilt
erst der zehnte von zehn Punkten der Außenpolitik. Weder
Russland noch Nord Stream 2 werden dort ausdrücklich erwähnt. Ganz am Schluss der zwölf Seiten stehen allerdings
zwei nebulöse Sätze: »Wir wollen die Energieversorgung für
Deutschland und Europa diversifizieren. Für energiepolitische

Projekte auch in Deutschland gilt das europäische Energierecht.«

Die Ukraine-Krise nimmt Konturen an

Knapp zwei Wochen nach dem Gipfel in Rom bekommt der engste Mitarbeiter des künftigen Kanzlers Besuch vom Geschäftsträger der US-Botschaft in Berlin. Wolfgang Schmidts Büro befindet sich zu dieser Zeit noch in dem monumentalen ehemaligen Reichsluftfahrtministerium, einer Hinterlassenschaft Hermann Görings, das seit 1999 Sitz des Finanzministeriums ist. Clark Price, der Geschäftsträger der US-Botschaft, hat dringend um einen Termin bei Schmidt gebeten. Es gehe um eine wichtige Angelegenheit. Price kommt nicht allein. Er hat den Station Chief dabei, den Chef des CIA-Büros an der amerikanischen Botschaft. Die beiden haben spezielle Transporttaschen für geheime Unterlagen dabei, die so versiegelt sind, dass sie nicht unbemerkt geöffnet werden können. Schmidt wird ein längerer, vorbereiteter Text vorgelesen. So erfährt er Einzelheiten über Art und Stärke des russischen Truppenaufmarschs. Ab Ende Januar könne Putin den Befehl zum Angriff geben, sagen Schmidts Besucher. Sie betonen aber auch, so wird Schmidt sich erinnern, dass ungewiss sei, ob er es tatsächlich tun werde.

Das Treffen mit den beiden Amerikanern dauert keine Stunde. Danach nimmt Schmidt sich vor, sich bei BND-Chef Bruno Kahl nach den deutschen Erkenntnissen zu erkundigen. Das Thema ist ihm gänzlich neu, der Bundesnachrichtendienst hat sich bis zu diesem Zeitpunkt weder bei ihm noch direkt bei Scholz gemeldet. Das liegt nicht nur daran, dass der deutsche

Geheimdienst noch nicht sonderlich alarmiert ist wegen des Geschehens an der russisch-ukrainischen Grenze. Anders als in den USA gibt es in Deutschland kein eingespieltes Verfahren dafür, den künftigen Regierungschef mit vertraulichen Informationen zu versorgen.

Was tun mit Nord Stream 2?

Nach der ungewöhnlichen Begegnung ist Schmidt allerdings schnell wieder mit den Gedanken woanders. Für ihn sind es hektische Tage, denn als künftiger Kanzleramtsminister muss er sich über die Besetzung vieler Posten den Kopf zerbrechen. Auch die Zusammensetzung des neuen Kabinetts ist noch unklar, denn die Koalitionsverhandlungen laufen noch. Dass Meldungen über die stetig wachsende Zahl russischer Soldaten an der Grenze zur Ukraine nun auch öffentlich werden, spielt in Schmidts Überlegungen keine größere Rolle. Ein Problem stellt allerdings die Pipeline Nord Stream 2 dar. Die Grünen bleiben bei ihrer seit vielen Jahren ablehnenden Haltung, die Annalena Baerbock im TV-Triell mit Olaf Scholz und Armin Laschet im Sommer noch einmal bekräftigt hatte. Allerdings gibt es aus Sicht von Scholz und Schmidt dafür eine einfache Lösung. Die letzte ernsthafte Hürde für die Betriebsgenehmigung der Pipeline soll genommen werden, bevor die neue Bundesregierung im Amt ist. Es steht ein Prüfbericht des noch geschäftsführend von Peter Altmaier geführten Wirtschaftsministeriums aus, der dem Projekt die energiepolitische Unbedenklichkeit bescheinigt. Schmidt bittet darum, den Bericht noch vor der Vereidigung des neuen Kanzlers abzuschließen. Altmaier hilft gern.

Noch befürchtet niemand im Umfeld des künftigen Kanzlers, dass es im Osten Europas schon bald zu einem großen Krieg kommen könnte. Im ersten Gespräch, das Olaf Scholz mit Jens Plötner führt, taucht das Thema nicht auf. Bei der Suche nach einem außenpolitischen Berater ist die Wahl auf den Politischen Direktor des Auswärtigen Amts gefallen. Plötner war sowohl an der Aushandlung des Atomabkommens mit dem Iran beteiligt als auch an den Minsker Verhandlungen 2014 und 2015. Die zwischen Russland und der Ukraine unter den Augen Angela Merkels und des damaligen französischen Präsidenten François Hollande in Minsk geschlossenen Vereinbarungen sollten, das war die Hoffnung, einen Waffenstillstand sichern und zu Frieden führen. Erfüllt hat sie sich nie. Putin ging es in erster Linie darum, seine Kontrolle über den Donbass zu zementieren und die Führung in Kiew dauerhaft zu schwächen. Auch Versuche von Angela Merkel, in ihren letzten Monaten als Kanzlerin die Verhandlungen zwischen Moskau und Kiew wiederzubeleben, führten nicht weit.

Plötner unterrichtet Scholz nun über den tristen Stand der Dinge, sagt aber auch, das sei nun mal das *»only game in town«*. Es gebe kaum andere Möglichkeiten, die Lage zwischen Russland und der Ukraine zu entspannen. Scholz leuchtet das ein. Plötner soll schauen, ob er die Minsk-Verhandlungen wieder in Gang bringen könne, sagt der zukünftige Kanzler.

Am 8. Dezember 2021 sitzt Gerhard Schröder in der ersten Reihe. Während er wartet, dass unten im Plenum die Wahl des Bundeskanzlers beginnt, hat er die Beine lässig übereinandergeschlagen. Zu seiner Linken sitzt seine Frau So-yeon Schröder-Kim, zu seiner Rechten Britta Ernst. Schröder trägt eine schwarze Maske, das Land steckt immer noch in der Pandemie. Es sei ihm wichtig, der Wahl seines ersten sozialdemokratischen Nachfolgers beizuwohnen, hat er ein paar Tage zuvor in einem Interview mit dem *Stern* gesagt und dabei den Eindruck entstehen lassen, Scholz sei so etwas wie sein politisches Ziehkind. »Olaf wird das klug machen«, sagte er dort. Um eine schwierige Dreierkonstellation zusammenzuhalten, sei viel Kommunikation nötig. Scholz könne das. Die Anwesenheit Schröders wundert an diesem Tag niemanden. Seine verschiedenen Aufsichtsratsposten in russischen Energiekonzernen und seine Freundschaft zu Wladimir Putin haben ihm viel Kritik eingetragen, aber noch ist er kein Paria in der Hauptstadt und schon gar nicht in der SPD. Der neue Parteichef Lars Klingbeil hat als junger Sozialdemokrat in Schröders Wahlkreisbüro gearbeitet. Ein einziges Mal trat Schröder 2021 im Wahlkampf der SPD auf. Das war auf einer Veranstaltung Klingbeils in dessen Wahlkreis im niedersächsischen Walsrode.

Nun verfolgt Schröder, wie der Mann, der ihm einst als Generalsekretär zu Diensten war, in namentlicher Abstimmung zum Bundeskanzler gewählt wird. Nach einer guten Stunde verkündet Bundestagspräsidentin Bärbel Bas das Ergebnis: »Ja: 395 Abgeordnete.« Es fehlen ein paar Stimmen aus der Koalition, aber das Ergebnis ist passabel. Als Bas ihm die »alles entscheidende Frage« stellt, ob er die Wahl annimmt, sagt Scholz einfach nur: »Ja.« Während Scholz sich auf den Weg ins Schloss Bellevue macht, um von Bundespräsident Frank-Walter Steinmeier seine Ernennungsurkunde entgegenzunehmen, begibt sich Schröder mit seiner Frau in die Lobby. Er ist bestens aufgelegt, und als er gebeten wird, sich vor eine Kamera des Senders Phoenix zu stellen, tut er es ein wenig steif, aber bereitwillig. »Ich bin gerne gekommen, weil das für mich auch ein bedeutender Tag ist. Zum ersten Mal nach langer Zeit wieder ein Sozialdemokrat als Bundeskanzler, und dabei sein zu können, das freut einen dann doch«, sagt er. Es kämen »schon Erinnerungen hoch, aber eher positive«. Schröder sagt ein paar freundliche Dinge über Olaf Scholz, dann spricht er eine Mahnung aus. Deutschland müsse »vernünftige Beziehungen« zu China und Russland aufrechterhalten, das werde »ja nicht einfach, wenn man die Erklärungen der neuen Außenministerin sich mal genau anschaut«. Aber auch das werde sein Nachfolger hinbekommen. Er sei »ganz sicher, dass Olaf Scholz genau weiß, dass der Bundeskanzler die Richtlinien der Politik bestimmt. So steht es im Grundgesetz, und er wird es machen.« Ob er sich denn Sorgen um Nord Stream 2 mache, wird Schöder noch gefragt. Aber auch in dieser Hinsicht ist er bester Dinge. »Nord Stream 2 ist ein genehmigtes Projekt, und ein solches Projekt muss Wirklichkeit werden. Das ist ganz einfach«, sagt er.

Als Aufsichtsratsvorsitzender von Nord Stream 2 ist Schröder natürlich über den noch vor dem Antritt der neuen Bundesregierung fertiggestellten Prüfbericht im Bilde. Aber er wirkt auch überzeugt, sich auf seinen alten Bekannten Olaf Scholz verlassen zu können. Schröder glaubt an die Macht persönlicher Bindungen in der Politik. Möglicherweise glaubt er auch, dass sein einstiger Generalsekretär ihm verpflichtet sein müsste. Dafür spricht, dass Scholz öffentliche Kritik an Schröder stets vermieden hat. Erst nach dem russischen Überfall auf die Ukraine und der danach fortdauernden Treue Schröders zu Putin wird sich das ändern. Scholz wird Schröder dann auffordern, seine russischen Posten niederzulegen, und aussprechen, dass die Verpflichtung aus öffentlichen Ämtern fortwirke, auch wenn man sie nicht mehr ausübe.

Scholz und Schröder kennen sich lange, aber gut kennen sie sich nicht ganz so lange. In ihren Juso-Zeiten gehörten sie konkurrierenden Strömungen an, hinzu kommt der Altersunterschied von 14 Jahren – eine halbe Generation. Stellvertretender Vorsitzender der Jungsozialisten wurde Scholz erst zwei Jahre, nachdem Schröder die Altersgrenze überschritten hatte und als Juso-Chef ausgeschieden war. In Scholz' Zeit als führender Stamokap spielte Schröder, damals Chef der SPD im niedersächsischen Landtag, längst in einer anderen Liga. Später war Scholz zwar Schröders loyaler Generalsekretär und ein getreuer Verfechter der Agenda-Politik, aber er ist nie Teil des Netzwerks geworden, das die Journalisten Reinhard Bingener und Markus Wehner als Schröders »Moskau-Connection« beschrieben haben. Als er Schöder einmal fragt, warum er Putin denn gleich zum »lupenreinen Demokraten« habe adeln müssen, erhält er die Antwort, die Schröder allen gibt: Der Talkmaster Reinhold Beckmann habe ihn gefragt, ob Putin ein lupenreiner Demokrat sei, da habe er doch nicht Nein sagen können. In dieser Hinsicht ist Scholz gefeit. Er findet Kumpanei in der Politik nicht nur falsch, ihm fehlt dazu auch jedes Talent.

Keine 48 Stunden nach seiner Wahl ist der neue Kanzler mit einem Flugzeug der Flugbereitschaft der Bundeswehr auf dem Weg nach Paris. An Bord der *Theodor Heuss* wird er gefragt, ob er sich Gerhard Schröder als Vermittler vorstellen könne im Konflikt zwischen Russland und der Ukraine. Scholz verdreht die Augen. Eine seiner ersten Amtshandlungen war es, mit dem US-Präsidenten Joe Biden zu telefonieren. Diesmal waren die Warnungen nicht mehr zu überhören. Biden ist seit einer Videokonferenz mit Wladimir Putin nicht weniger besorgt als zuvor, im Gegenteil. Er hat sich bereit erklärt, mit Putin über die »Sicherheitsarchitektur« Europas zu sprechen, aber ihm ist klar, dass der russische Präsident die Uhr zurückdrehen will. Allein die Frage, ob es nun ausgerechnet Gerhard Schröder sein könnte, der diese weltpolitische Krise entschärft, findet Scholz abwegig.

Im Élysée-Palast bereitet Emmanuel Macron dem Neuen einen überaus freundlichen Empfang. Noch hofft er, in dem

Sozialdemokraten einen Verbündeten zu finden für seine europapolitischen Ambitionen, und schwärmt nach einem gemeinsamen Mittagessen von einer »europäischen Überzeugung, die ich bereits kannte, aber die, wie ich gesehen habe, von großer Entschlossenheit ist und die wir natürlich in Zukunft brauchen werden«. In der einen Frage, die jetzt alles beherrscht, sind sich Macron und Scholz tatsächlich einig. Sie wollen dort weitermachen, wo Merkel in ihren letzten Kanzlermonaten stecken geblieben war. Es sei gut, dass der amerikanische Präsident mit Putin gesprochen habe. Nun wollten Deutschland und Frankreich ihren Teil tun und das »Normandie-Format« wieder aktivieren, kündigt Scholz an. Dieses Format sei »sehr wichtig und nützlich«, sagt auch Macron.

In der Normandie hatten sich 2014 am Rande der Feiern zum 70. Jahrestag der Landung der Allliierten in der Normandie Angela Merkel und François Hollande mit Kremlchef Wladimir Putin und dem ukrainischen Präsidenten Petro Poroschenko getroffen. Das führte zu den Abkommen von Minsk, von denen Scholz wie Macron hoffen, dass sie noch zu retten sind. Diese Hoffnung werden sie erst im Februar begraben, wenn nicht mehr zu leugnen sein wird, dass Putin kein Abkommen will, sondern die Ukraine.

Scholz macht noch einen kurzen Stopp in Brüssel, aber sein zweiter ordentlicher Antrittsbesuch führt ihn am Abend des dritten Advents von Berlin aus 500 Flugkilometer ostwärts. In Warschau ist die Stimmung eine andere als in Paris oder Brüssel. Die Bedrohung aus Russland wird in Polen stärker wahrgenommen. Das Land grenzt direkt an die Ukraine, an Belarus und an die russische Exklave Kaliningrad. Im Licht von Scheinwerfern auf dem roten Teppich vor dem Amtssitz des polnischen Ministerpräsidenten zu den Klängen der deutschen und der polnischen Nationalhymne spürt Scholz die Schwere sei-

nes neuen Amtes. Das Gespräch mit dem polnischen Ministerpräsidenten Mateusz Morawiecki verläuft nicht unfreundlich.
Seit Beginn der Regentschaft der nationalkonservativen Partei
Recht und Gerechtigkeit (PiS) ist es stetig bergab gegangen in
den Beziehungen zwischen Polen und Deutschland, im direkten Gespräch aber ist Morawiecki ein umgänglicher Mann.
Auch die Pressekonferenz eröffnet der polnische Premierminister mit netten Worten. Der rasche Antrittsbesuch des
deutschen Gastes sei ein »Signal, ein Zeichen für uns«, lobt er.
Doch schon wenig später redet er Scholz ins Gewissen. »Wir
haben uns auch über die Situation in der Ukraine unterhalten.
Das ist unser direkter Nachbar, und zwar ein Nachbar, der sich
infolge der Eröffnung von Nord Stream 2 in einer viel schlech-
teren Situation befinden wird«, mahnt er. Polen wolle jedenfalls nicht, dass »die Ukraine seitens der Russischen Föderation
erpresst werden kann«. Deshalb habe er dem »Herrn Bundeskanzler gesagt, mit welch großen Risiken diese Eröffnung von
Nord Stream 2 behaftet ist und wie sehr dieses Szenario in Er-
füllung geht, vor dem wir gewarnt haben, dass die Risiken für
die Ukraine wirklich bedeutend größer werden können«.

So beginnt am fünften Tag seiner Kanzlerschaft ein Gefecht,
von dem Scholz in Warschau noch nicht weiß, dass es nur dem
Rückzug dienen wird. Er kennt ja die polnische Haltung zu
Nord Stream 2, das weiß auch Morawiecki. Vielleicht deshalb
hat das Thema im Gespräch eben keinen breiten Raum eingenommen. Scholz ist nun verstimmt über die plötzliche
Schärfe des Tons. In seiner Entgegnung tut er allerdings so, als
habe er sie gar nicht gehört. Tonlos spricht er darüber, dass es
»besorgniserregende neue Aktivitäten jenseits der ukrainischen Grenze gibt, wo Truppen zusammengezogen worden
sind«. Es sei nun wichtig, die Möglichkeiten für eine Entspannung der Situation zu nutzen. Dazu zähle, referiert er, »ins-

besondere das Normandie-Format«. Erst auf Nachfrage sagt Scholz überhaupt etwas zur Kritik an Nord Stream 2. »Schönen Dank für die Frage«, beginnt er. Dann holt er aus. Deutschland habe sich entschieden, ein klimaneutrales Industrieland sein zu wollen. »Wir werden also in knapp 25 Jahren eine weltweit wettbewerbsfähige Industrie haben, die CO_2-neutral wirtschaftet, die klimaneutral wirtschaftet. Das wird uns nur gelingen mit einem massiven Ausbau der Stromproduktion in Deutschland«, erläutert er. Scholz liefert noch ein paar Zahlen, vor nicht einmal einer Woche saß er ja noch in den Koalitionsverhandlungen. »In 25 Jahren, was nicht lange hin ist, wird in der Welt also die Frage des Gastransports nach Deutschland oder Europa eine ganz andere Rolle als heute spielen, weil es eben keinen Brenn-, Heiz- und Treibstoff mehr geben wird, der für das ökonomische Geschehen in unserem Land noch relevant ist«, erklärt Scholz. Er wird noch eine ganze Weile reden, ohne ein einziges Mal das Wortpaar Nord Stream 2 zu verwenden.

An sein Argument scheint Scholz zu diesem Zeitpunkt tatsächlich noch zu glauben. Er verweist darauf, dass fossile Energieträger ihre Bedeutung auf längere Sicht ohnehin verlieren. Und bis dahin soll Gas aus allen Rohren fließen – unbedingt natürlich auch durch die in der Ukraine. Hat man der Regierung in Kiew nicht gerade geholfen, den Transitvertrag mit Russland zu verlängern? »Wir fühlen uns auch in der Zukunft weiter dafür verantwortlich, dass das Gastransitgeschäft ein erfolgreiches Geschäft der Ukraine ist, und werden dafür Sorge tragen«, verspricht Scholz. Auch die Warnung Morawieckis, Nord Stream 2 erhöhe die Abhängigkeit von Russland, weist Scholz zurück. Deutschland verfüge über »viele Quellen, aus denen es Gas bezieht – aus Skandinavien, den Niederlanden und der Nordsee«.

Der Kanzler weiß, dass das – ganz wörtlich – nur die halbe

Wahrheit ist. Deutschland bezieht 2021 gut die Hälfte seines
Gases aus Russland. Bislang liefert Gazprom zwar beständig.
Eine Auffälligkeit gibt Scholz aber zu denken. Die deutschen
Gasspeicher sind fast leer. Am 8. Dezember, dem Tag seiner
Wahl zum Bundeskanzler, waren die Speicher der Firma Astora, einer Tochter des russischen Gazprom-Konzerns, gerade
einmal zu 18 Prozent gefüllt. Im größten deutschen Speicher
Rehden, ebenfalls im Besitz von Astora, lag der Stand sogar
deutlich darunter. Gazprom hatte die Speicher nach dem vergangenen Winter nicht befüllt, sondern sie weiter entleert.
Scholz wüsste nun gern, ob es Notpläne gibt für den Fall, dass
die Lieferungen aus Russland unterbrochen werden – sei es
wegen westlicher Sanktionen oder weil Putin den Gashahn
abdreht.

Der Kanzler ruft sowohl seinen Wirtschaftsberater Jörg
Kukies an als auch Wirtschaftsminister Robert Habeck. Weder
der eine noch der andere können Scholz beruhigen. Kanzleramtschef Wolfgang Schmidt fragt noch bei einem alten Bekannten nach, Andreas Feicht, unter Peter Altmaier Energie-
Staatssekretär im Wirtschaftsministerium. Ob da wirklich
nichts in der Schublade liege, will Schmidt wissen. Nein, einen
Lieferstopp habe man für ausgeschlossen gehalten, antwortet
Feicht. Selbst die Sowjetunion habe doch immer geliefert. Für
den Fall, dass kein Gas mehr aus Russland fließt, hat Deutschland keinen Plan.

Mit diesem Wissen reist Scholz zu seinem ersten EU-Gipfel
nach Brüssel, wo auch ein Treffen mit den Staatschefs der östlichen Partnerländer angesetzt ist. Zusammen mit Macron
spricht Scholz mit Wolodymyr Selenskyj. Die beiden sagen
dem ukrainischen Präsidenten Unterstützung zu, aber sie nehmen ihn auch in die Zange. Nicht nur Russland, auch die Ukraine müsse mehr tun, um das Minsker Abkommen von 2015

umzusetzen. Selenskyj müsse mutige Entscheidungen treffen, damit Putin keinen Vorwand habe für eine Eskalation. Über den russischen Truppenaufmarsch wird gesprochen, aber der ukrainische Präsident macht nicht den Eindruck, als rechne er mit einem Krieg. Er hält den Truppenaufmarsch für einen Erpressungsversuch. Die EU-Staaten drohen Russland zum Abschluss ihres Gipfels für den Fall eines Angriffs mit »massiven Konsequenzen«. Offen bleibt, wie die genau aussehen sollen.

Als Scholz fast am Ende einer Pressekonferenz mit Macron gefragt wird, ob der Stopp der Pipeline Nord Stream 2 eine solche Konsequenz sein könne, ringt er sich ein gequältes Lächeln ab. »Das ist eine Frage, die ich schon fast vermisst habe. Danke, dass Sie sie gestellt haben«, versucht er es mit Ironie. Es handele sich, doziert er dann, »im Hinblick auf Nord Stream 2 um ein privatwirtschaftliches Vorhaben, das so weit vorangetrieben worden ist, dass dort jetzt eine genehmigte Pipeline liegt«. Zu klären seien nur noch Teilfragen, die mit dem europäischen Energierecht zu tun hätten. Damit fällt Scholz argumentativ selbst hinter seine Vorgängerin zurück, die längst eingeräumt hatte, dass Nord Stream 2 auch die Geopolitik berührt. Der neue Kanzler hat soeben seinen ersten großen Fehler auf internationaler Bühne gemacht. Seinen Leuten ist das klar und ihm selbst auch.

Omikron heißt das Problem, nicht Ukraine

Im Berliner Kanzleramt richtet sich derweil ein General ein. Auf Geheiß von Olaf Scholz ist Carsten Breuer, bislang Kommandeur des Kommandos Territoriale Aufgaben, aus der Julius-Leber-Kaserne in Wedding umgezogen in ein winziges

Büro im ersten Stock des Regierungsgebäudes. Seine Operationszentrale hat der Generalmajor ein paar Etagen höher eingerichtet in einem größeren Besprechungsraum. Dort hängen Charts an den Wänden mit Pfeilen und Kreisen in verschiedenen Farben. Neben einem roten Pfeil steht: Impfquote erhöhen. Scholz hat den Bundeswehr-General gegen eine Bedrohung verpflichtet, die ihn immer noch stärker beschäftigt als die russische Truppenkonzentration an der Grenze zur Ukraine. Die Menschen in Deutschland fürchten einen weiteren bitteren Corona-Winter mit vielen Toten. Es gibt Impfstoffe, aber die Logistik entpuppt sich im Wirrwarr zwischen Bund, Ländern und Kommunen als Albtraum. Der Glaube an die Fähigkeiten des Staates hat gelitten. Scholz will mehr Führung vom Kanzleramt aus.

Schon im November, noch vor seinem Amtsantritt, hatte Scholz den Bundeswehr-General gefragt, ob er die Aufgabe übernehmen würde. Scholz schätzt Breuer als Logistikexperten, der sein Kommando zu einer effizienten Truppe für Katastrophenfälle aufgebaut hat. In den Nullerjahren hat Breuer das Panzerflugabwehrkanonenbataillon 12 in Hardheim kommandiert. So kennt er sich bestens aus mit dem Flugabwehrkanonenpanzer Gepard. Zu diesem Zeitpunkt ahnt der spätere Generalinspekteur noch nicht, dass auch diese Expertise beim Kanzler bald auf großes Interesse stoßen wird. Sein Auftrag um den Jahreswechsel herum ist es, das Land auf die Omikron-Welle der Corona-Epidemie vorzubereiten. Soldaten seien »geschult, in Krisen zu reagieren, aber viel mehr noch, in Krisen agieren zu können«, sagt er in einem Interview mit der *Süddeutschen Zeitung*. Sie stellten sich darauf ein, »einem Worst Case noch etwas entgegensetzen zu können«. An einer Wand seiner improvisierten Operationszentrale hat jemand einen Dilbert-Comicstrip aufgehängt. In der Episode sagt

Wally, der Angestellte einer Softwarefirma, er liebäugle damit, in die strategische Planung einzusteigen. »Wenn ich die Jobbeschreibung richtig verstehe«, sagt Wally, »halluzinierst Du von der Zukunft, und dann passiert etwas anderes.«

Oben, im siebten Stock, hat Olaf Scholz noch nicht viel Zeit gehabt, sich in seinem neuen Büro einzurichten. Aus dem Finanzministerium hat er seine Architekturbilder herbringen lassen. Es sind Schwarz-Weiß-Aufnahmen mit klaren Linien. Über seinem Schreibtisch, von wo aus noch vor Kurzem Kokoschkas Adenauer auf Angela Merkel herabblickte, hängt nun die Aufnahme eines quadratischen Glasbaus. Es ist der von Egon Eiermann und Sep Ruf entworfene bundesrepublikanische Pavillon bei der Weltausstellung 1958 in Brüssel. Er steht, 13 Jahre nach dem Untergang des Nazi-Reiches, für »Bescheidenheit und Zurückhaltung«. Die Bilder begleiten Scholz seit seiner Zeit als Chef des Arbeitsministeriums, das im früheren Propagandaministerium von Joseph Goebbels untergebracht ist, und sie hingen auch in seinem Büro im Finanzministerium, dem Nazi-Monumentalbau. Scholz sah in den Bildern einen Kontrapunkt. Nun, findet der Kanzler, sind sie angekommen in einem offenen, demokratischen Gebäude. So wie er.

Noch ist der Koalitionsvertrag frisch. Die drei Parteien haben versprochen, »das Vertrauen der Bürgerinnen und Bürger in die Handlungsfähigkeit von Politik wieder zu stärken«, indem sie »Erneuerung und Zusammenhalt in den Mittelpunkt« stellen. Scholz und seine »Fortschrittskoalition« haben sich viel vorgenommen. Die verschleppte Digitalisierung soll nachgeholt, die Umstellung auf klimaneutrale Energie rasant beschleunigt und der soziale Friede gesichert werden. Das alles soll gelingen ohne höhere Steuern und trotz der Rückkehr zur Schuldenbremse. Geld scheint dabei kein Problem zu sein. Dafür hat Scholz, der frühere Finanzminister, gesorgt. 60 Milliarden Euro nicht genutzter Mittel aus dem Corona-Fonds wandern per Koalitionsvertrag in den Klima- und Transformationsfonds (KTF).

Nach wie vor wird die Welt und das Land allerdings beherrscht von der Pandemie. Omikron, eine neue Virusvariante, breitet sich aus. »Viele fragen sich, was das für uns nun wieder heißt. Wie es nun weitergeht. Ich verspreche Ihnen, dass wir schnell und entschlossen reagieren werden«, sagt der Kanzler in seiner ersten Neujahrsansprache. Im Hintergrund leuchten ein Weihnachtsbaum und das Gebäude des Reichstags. Ausführlich appelliert der Kanzler an die Menschen, sich impfen zu lassen. »Tun wir miteinander alles – aber auch wirklich alles – dafür, dass wir Corona im neuen Jahr endlich besiegen können«, bittet er. Dann schwärmt Scholz von einem Jahrzehnt des Aufbruchs und von deutschen Technologien, die immer noch Weltspitze seien. Erst am Ende kommt er in zwei Sätzen auf das zu sprechen, was sich im Osten des Kontinents zusammenbraut. Sie klingen eher technisch und konterkarieren den feierlichen Ton der bisherigen Ansprache. »Mit Blick auf die Ukraine stellen sich uns hier aktuell neue Herausforderungen. Die Unverletzlichkeit der Grenzen ist ein hohes Gut – und nicht verhandelbar«, sagt Scholz. Fürs neue Jahr wünscht er danach alles Gute.

Das neue Jahr 2022 beginnt so, wie das alte Jahr zu Ende gegangen ist. Im Land grassiert die Angst vor der »Wand«, einer sich auftürmenden Infektionswelle aufgrund der sehr ansteckenden Omikron-Variante des Corona-Virus. In einer Videoschaltkonferenz berät Olaf Scholz darüber am 7. Januar mit den Ministerpräsidentinnen und Ministerpräsidenten der Länder. Entschieden wird, die Kontaktbeschränkungen aufrechtzuerhalten, sie allerdings für Geimpfte und Genesene zu lockern. Nach der knapp dreistündigen Schaltkonferenz ist

Franziska Giffey, die Regierende Bürgermeisterin von Berlin, voll des Lobes. Während einer gemeinsamen Pressekonferenz mit Scholz und dem nordrhein-westfälischen Ministerpräsidenten Hendrik Wüst würdigt die Sozialdemokratin die »sehr, sehr gute Vorbereitung« der Konferenz und die zügige Beschlussfassung. Scholz, seit einem Monat Kanzler, hängt sein Diktum nach, wer bei ihm Führung bestelle, bekomme sie auch. Seiner solidarischen Genossin Giffey ist daran gelegen, jetzt schon Zweifeln entgegenzutreten, ob Scholz diesen Anspruch einlösen kann. In hoher Tonlage schwärmt sie von »der stringenten Führung und der guten Vorarbeit aus dem Bundeskanzleramt«. Der Meinung, bereits jetzt, auf dem Höhepunkt der Pandemie, entscheide sich das Schicksal der jungen Kanzlerschaft, sind viele.

Putins Vision von Groß-Russland

Scholz erhält in dieser Zeit einen nicht mehr ganz neuen, aber trotzdem brandaktuellen Aufsatz zur Lektüre. Sein Titel lautet »Über die historische Einheit von Russen und Ukrainern« und ist am 12. Juli 2021 auf der Webseite des Kremls veröffentlicht worden. Als Autor firmiert Wladimir Putin. Der Text beginnt mit langen historischen Ausführungen, die vom 9. Jahrhundert durch das Mittelalter bis in die Sowjetzeit und über sie hinaus führen. Die Darstellung Putins gipfelt in der Schlussfolgerung, dass es eine ukrainische Nation eigentlich nie gegeben habe. Sie sei eine sowjetische Erfindung. Die »große russische Nation, das dreieinige Volk der Großrussen, Kleinrussen und Belorussen« sei künstlich getrennt worden. Im wütenden Schlussteil widmet sich Putin der Gegenwart, in der die Ukraine vom

Westen in ein »Anti-Russland« verwandelt werde und Russen von »ethnischen Säuberungen« bedroht seien. »Es ist nicht übertrieben zu sagen, dass die gegenwärtige Politik einer gewaltsamen Assimilation, der Schaffung eines ethnisch sauberen ukrainischen Staates, die sich aggressiv gegen Russland richtet, in ihren Folgen vergleichbar ist mit dem Einsatz von Massenvernichtungswaffen gegen uns«, schreibt der russische Präsident. Im Ergebnis könne das russische Volk »um Hunderttausende, ja um Millionen abnehmen«.

Im Westen wird der Text nach seiner Veröffentlichung zunächst vor allem von Fachleuten wahrgenommen. Historiker weisen auf Verzerrungen, Halbwahrheiten und Weglassungen hin. Putin unterschlägt alles, was nicht in seine imperialistische Erzählung von der »dreieinigen« russischen Nation passt, etwa dass die Moskowiter auf dem Gebiet des heutigen Russlands gar nicht zur historischen Rus zählten. Besonders alarmiert Experten aber der hasserfüllte Schlussteil. »Solche Äußerungen verstärken die Sorge, dass Russland die angebliche Verfolgung und Diskriminierung der ethnischen Russen und Russischsprachigen in der Ukraine zum Vorwand für indirekte oder gar direkte Interventionen nehmen könnte«, schreibt der Historiker Andreas Kappeler im Sommer 2021 in der Fachzeitschrift *Osteuropa*. Die Sprache des emotionalen Schlussabschnittes gebe einen Einblick in Putins Gedankenwelt, »in der sich Sowjetpatriotismus, imperialer und ethnischer Nationalismus und ein Blut-und-Boden-Pathos vermischen«. Kappelers Schlussfolgerung lautet: »Seine Drohungen sind ernst zu nehmen.«

Auch Scholz ist nach der Lektüre beunruhigt. Russland-Experten werden ins Kanzleramt gebeten. Der Kanzler will hören, für wie gefährlich sie die Lage halten. Mittlerweile sind mehr als 100.000 russische Soldaten an der Grenze zur Ukraine aufmarschiert. Unter den Fachleuten, die Scholz eingeladen hat, ist Ivan Krastev. Scholz schätzt die unromantischen Europa-Analysen des stets etwas zerknautscht wirkenden Bulgaren. Einmal hat er ihn engagiert für einen Vortrag vor den EU-Finanzministern. Krastev ist es, der einen Satz ausspricht, der Scholz zu denken gibt: »Vielleicht sollten wir Putin wörtlich nehmen.«

Die Berichte, die in dieser Zeit auf dem Schreibtisch des Kanzlers landen, lassen keine so klaren Schlüsse zu. Auch der Bundesnachrichtendienst beobachtet die Truppenkonzentration, aber in ihrer Bewertung sind die deutschen Geheimdienstleute deutlich verhaltener als die Kollegen in den USA und Großbritannien. Sie halten es für wahrscheinlich, dass sich das Oster-Szenario des Vorjahres wiederholt und die Soldaten nach einer gewissen Zeit wieder in ihre Stützpunkte zurückverlegt werden. Nach dieser Annahme würden sie vor allem einer Machtdemonstration dienen, um Zugeständnisse zu erpressen. Das ist in den ersten Januarwochen die gängige Annahme in Berlin. Im »Keller«, dem Krisenreaktionszentrum im Untergeschoss des Auswärtigen Amtes, finden in immer schnellerer Folge Sitzungen zur Lage an der russisch-ukrainischen Grenze statt. Die Diplomaten beginnen sich auch mit der Frage zu beschäftigen, wie im Ernstfall die Botschaft in Kiew und das Konsulat in Dnipro evakuiert werden können. Für wahrscheinlich halten sie diesen Ernstfall aber nicht.

Was will Putin wirklich?

In der ersten Januarwoche reist ein Abgesandter von Olaf Scholz nach Moskau. Jens Plötner, der außenpolitische Berater des Kanzlers, soll zusammen mit seinem französischen Kollegen Emmanuel Bonne ausloten, ob eine Möglichkeit besteht, die Verhandlungen im Normandie-Format wiederzubeleben. Die Chancen dafür stehen schlecht. Sieben Jahre nach seiner Unterzeichnung gilt das Abkommen von Minsk als so gut wie tot.

Das Konstrukt aus 13 Punkten sollte den faktisch von Russland kontrollierten Separatistengebieten Donezk und Luhansk einen Sonderstatus sichern, ohne dass die Ukraine an Souveränität einbüßt. Tatsächlich hat es einen Teufelskreis kreiert, denn Russland müsste seine Waffen und seine inoffiziellen Truppen zurückziehen, die Ukraine müsste den beiden Regionen Sonderrechte einräumen. Aber was passiert zuerst? Wer macht den ersten Schritt? Die Umsetzung des Abkommens scheitert an diametral entgegengesetzten Interessen. Die Ukraine will den Donbass wieder vollständig zu dem machen, was er völkerrechtlich ist – ein Teil der Ukraine. Russland aber denkt nicht daran, den Krieg zu beenden und die Kontrolle über die faktisch besetzten Gebiete aufzugeben. Es will diese auch künftig als Hebel nutzen, um Einfluss auf die Ukraine insgesamt zu nehmen.

Als Plötner in Moskau eintrifft, liegt die Stadt im friedlichen Feiertagsdämmer. Zwischen dem 1. Januar und dem Neujahr nach altem julianischem Kalender steht das Leben in Russland traditionell still. Am 6. Januar, dem Tag vor dem russischen Weihnachtsfest, werden Plötner und Bonne in ein Jagdschloss außerhalb von Moskau gebracht. Dort erwartet sie Dmitrij Kosak, der Ukraine-Beauftragte von Präsident Putin. Kosak ist schon seit Langem Putins Mann für besondere Fälle, 2014 organisierte er für ihn die Olympischen Winterspiele in Sotschi. Stundenlang sitzen Plötner und Bonne mit Kosak zusammen. Nach seiner Rückkehr berichtet Plötner dem Kanzler, die Sache sei schwierig, aber nicht aussichtslos.

Tatsächlich aber wird zu diesem Zeitpunkt längst ein deutlich größeres Rad gedreht. Der russische Präsident hat den USA und der NATO seine Forderungen schriftlich gegeben. Seit Mitte Dezember liegen zwei Vertragsentwürfe vor, die den Verzicht des westlichen Militärbündnisses auf neue Erweiterungen in Richtung Osten verlangen, den Rückzug der militärischen Infrastruktur hinter die Grenzen des früheren Machtbereichs der Sowjetunion, den Verzicht auf die Stationierung von US-Mittelstreckenraketen in Europa sowie den Abzug amerikanischer Atomwaffen. Wladimir Putin will nichts weniger als die Zeit zurückdrehen. Die Welt soll im Prinzip wieder sein, wie sie 1945 zwischen den Siegermächten des Zweiten Weltkriegs in Jalta aufgeteilt wurde. Die Regierungen des Westens sind sich einig, dass die Forderungen unannehmbar sind. Umstritten ist allenfalls, ob Putin übergeschnappt ist, hoch pokert oder einfach längst entschlossen ist zum Krieg. US-Präsident Joe Biden weiß, dass Putin ihm die Schuld an der Eskalation zuschieben will. Das möchte er ihm nicht zu leicht machen. In einem Telefonat bietet er dem russischen Präsidenten Verhandlungen über die europäische Sicherheitsarchitektur an. Vereinbart werden Gespräche zwischen den USA und Russland in Genf, bei der NATO und auch bei der Organisation für Sicherheit und Zusammenarbeit in Europa (OSZE).

Am 13. Januar sitzt ein Besucher bei Kanzleramtsminister Wolfgang Schmidt. Es ist CIA-Chef William Burns. Er kommt direkt aus Kiew, wo er versucht hat, dem ukrainischen Präsidenten Wolodymyr Selenskyj den Ernst der Lage vor Augen zu führen. Burns ist ein ausgewiesener Russland-Kenner, in den Nullerjahren war er amerikanischer Botschafter in Moskau. Er ist überzeugt, dass Putin zum Krieg entschlossen ist. Der Amerikaner kennt Putin seit Jahren und hatte zuletzt im

November unter kuriosen äußeren Umständen die Gelegenheit, mit ihm zu sprechen. Im Auftrag von Außenminister Antony Blinken war Burns nach Moskau gereist, um klarzumachen, dass die USA über Russlands Angriffspläne im Bilde sind. Burns wollte mit Putin sprechen, doch das erwies sich als schwierig. Seit Beginn der Pandemie lebte der Herrscher über Russland in permanenter Angst vor einer Infektion mit dem Corona-Virus. Nur wenige Ausgewählte durften sich ihm nach ausgiebiger Quarantäne nähern. Schließlich wurde Burns in den Kreml vorgelassen und – in einen Raum mit Telefon geleitet. Am Apparat war Putin.

So wie Franklin Foer in seinem Buch über die Biden-Präsidentschaft das Gespräch schildert, konnte Burns danach so gut wie keinen Zweifel an den Absichten des Kremlchefs mehr haben. Burns legte demnach die umfassenden Geheimdiensterkenntnisse über Russlands Angriffspläne dar, warnte Putin vor schwerwiegenden westlichen Sanktionen und musste dann feststellen, dass der frühere KGB-Mann aus seinen Absichten kein großes Geheimnis machte. Stattdessen erläuterte er, warum er die Zeit für gekommen sah, die Ukraine Russland einzuverleiben. Selenskyj hielt er ohnehin für schwach, nun aber glaubte er, der Moment sei günstig. Zum einen, weil Angela Merkel die Bühne verlassen hatte und durch einen relativen Neuling ersetzt worden sei. Zum anderen hätten die Wahlen in Frankreich die schwache Position von Präsident Emmanuel Macron offenbart. Und selbst wenn die Europäische Union sich auf harte Sanktionen einige, soll Putin argumentiert haben, sei die russische Wirtschaft mittlerweile stark genug, um standzuhalten.

Was die Kriegsvorbereitungen betrifft, hat Burns nun in Berlin nichts wirklich Neues zu berichten. Scholz und seine Leute sind über den letzten Stand der Truppenkonzentration ebenso informiert wie über das, was amerikanische und britische Geheimdienste aus dem Moskauer Machtzentrum erfahren haben wollen. Die Amerikaner gehen davon aus, dass Putin mit einer Operation unter falscher Flagge einen Kriegsgrund inszenieren will. Der bedrohliche Truppenaufmarsch ist ebenso wenig wegzudiskutieren wie Putins ungehemmter Imperialismus, aber würde er wirklich eine groß angelegte Invasion und die darauf sicher folgenden Sanktionen riskieren? Scholz' Berater sind sich einig, dass das Wahnsinn wäre. Zumal nicht einmal der ukrainische Präsident glaubt, dass Putin den Einmarsch wagt. Burns ist in Kiew gerade wieder daran verzweifelt, dass Selenskyj die Gefahr nicht sehen will. Erfolglos hat der CIA-Chef versucht, ihm klarzumachen, dass die Russen die Einnahme Kiews planen und er selbst in Lebensgefahr schwebt.

Der Zwischenstopp in Berlin bietet Burns die Gelegenheit, sich einen Eindruck von der neuen Mannschaft in Deutschland zu machen. Putin glaubt wegen des deutschen Regierungswechsels an einen europäischen Moment der Schwäche. Die USA bräuchten Gewissheit, dass er sich irrt. Umgekehrt ist auch der deutsche Kanzleramtschef, der zugleich Geheimdienst-Koordinator ist, daran interessiert, dass der CIA-Chef mit dem Kanzler spricht. Die Vorbereitungen für eine Reise nach Moskau haben begonnen, die Scholz allerdings unter keinen Umständen unternehmen will, bevor er zum Antrittsbesuch bei US-Präsident Biden in Washington gewesen ist. Schmidt weiß, dass Burns Russland-Experte ist und kürzlich erst mit Putin gesprochen hat. Er möchte, dass er dem Kanzler seine Eindrücke schildert. Eine Weile wird im größeren Kreis ohne Scholz gesprochen, dann führt der Kanzleramtschef den Gast ins Kanzlerbüro.

Und immer wieder Nord Stream 2

Der Besuch des CIA-Chefs bleibt nicht lange geheim. Burns habe Scholz ermahnt, im Falle eines russischen Einmarschs in die Ukraine die Pipeline Nord Stream 2 nicht in Betrieb gehen zu lassen, berichtet das *Wall Street Journal* nur wenige Tage später. Das klingt zumindest plausibel, denn spätestens seit seinem ersten EU-Gipfel steht Scholz wegen Nord Stream 2 im Feuer. In Polen, aber auch in anderen östlichen EU-Ländern herrscht Empörung darüber, dass der neue Kanzler partout nicht mit dem Stopp des Projekts drohen will und die Pipeline als rein »privatwirtschaftliches Vorhaben« verharmlost. Die Osteuropäer sehen ihre Vorbehalte gegen den Sozialdemokraten bestätigt. Der neue Kanzler scheint sich in der Tradition seiner Partei als unverbesserlicher Russland-Freund zu entpuppen. Scholz ärgert die Kritik, aber er muss sich auch über sich selbst ärgern. Sein Versuch, in der Causa Nord Stream 2 abzuwiegeln, ist gründlich missglückt.

Es stört ihn, dass die Verlängerung des Gas-Transitvertrages Russlands mit der Ukraine, auf die er gedrungen hatte, ihm nicht gutgeschrieben wird. Hatte nicht vielmehr sein Konkurrent Armin Laschet im Wahlkampf-Triell Nord Stream 2 als »reines Wirtschaftsprojekt« bezeichnet? Scholz ist sich im Klaren darüber, dass ein russischer Einmarsch in die Ukraine das Ende von Nord Stream 2 bedeuten müsste. Die Vorstellung, etwas anderes sei außen- oder innenpolitisch durchsetzbar, hält er für absurd. Darüber spricht Scholz mehrfach auch mit Robert Habeck und anderen in der Bundesregierung. Im Wirtschaftsministerium beginnen konkrete Planungen, wie der fertigen Pipeline bei Bedarf noch die Betriebsgenehmigung versagt werden kann. Das soll möglichst so geschehen, dass

Gazprom nicht auch noch große Summen an Schadensersatz kassieren kann. Gleichzeitig trifft Scholz eine Entscheidung. Öffentlich will er nicht mit dem Aus von Nord Stream 2 drohen. Er will am liebsten gar nicht darüber sprechen. Daran wird er sich über Wochen stur halten und in Kauf nehmen, wie sehr dieses Schweigen den Beginn und den Stil seiner Kanzlerschaft prägt.

Scholz mokiert sich über Journalisten, die ihn unablässig nach einem Stopp von Nord Stream 2 fragen, obwohl sie die Antwort seiner Meinung nach längst kennen müssten. Schon Angela Merkel hatte während ihres Abschiedsbesuchs in Washington im Juli 2021 versucht, diese Sache zu Ende zu bringen. Nach dem gescheiterten Versuch eines Deals mit Trump wollte Merkel einen Kompromiss finden, um den Streit über Nord Stream 2 nun mit dessen demokratischen Nachfolger Joe Biden beizulegen. Die Chancen dafür standen nicht schlecht, denn Bidens erklärtes Ziel war es, die in den Jahren der Trump-Präsidentschaft ramponierten Beziehungen zu den europäischen Verbündeten zu reparieren. Im Falle Deutschlands bedeutete das allerdings ein Dilemma. Die Deutschen wollten ein Ende der Sanktionen gegen Nord Stream 2, und Biden war nicht abgeneigt, ihnen entgegenzukommen. Was er aber fürchten musste, war der innenpolitische Preis in den USA. In Nord Stream 2 sahen schließlich nicht nur viele Republikaner, sondern auch Demokraten einen Skandal. Merkel musste schließlich eine Reihe von Zusagen machen, die das Problem für Biden zumindest entschärfen sollten. Sie versprach weitere Hilfen für die Ukraine und Energieprojekte der Mitteleuropäer, vor allem aber stellte sie klar, dass neue Aggressionen Russlands das Ende für Nord Stream 2 bedeuten würden.

Veröffentlicht wurde eine »Gemeinsame Erklärung der USA

und Deutschlands zur Unterstützung der Ukraine, der europäischen Energiesicherheit und unserer Klimaziele«, in der es vor allem auf zwei diplomatisch-verschachtelte Sätze ankam. »Sollte Russland versuchen, Energie als Waffe zu benutzen, oder weitere aggressive Handlungen gegen die Ukraine begehen, wird Deutschland auf nationaler Ebene handeln und in der Europäischen Union auf effektive Maßnahmen einschließlich Sanktionen drängen, um die russischen Kapazitäten für Exporte nach Europa im Energiesektor, auch in Bezug auf Gas, zu beschränken, bzw. auf effektive Maßnahmen auf anderen wirtschaftlich relevanten Gebieten«, lautete der eine. »Diese Zusage zielt darauf ab sicherzustellen, dass Russland keine Pipeline, einschließlich Nord Stream 2, zur Erreichung aggressiver politischer Ziele einsetzt, indem es Energie als Waffe nutzt«, lautete der andere. Das war das klare Versprechen, das Biden brauchte: Im Fall der Fälle ist Nord Stream 2 tot.

Scholz findet, dass die Sache damit eigentlich klar ist, aber öffentlich äußert er sich nebulös. An dem Tag, an dem er im Kanzleramt CIA-Chef Burns kennenlernt, empfängt Scholz auch den niederländischen Ministerpräsidenten Mark Rutte. In der gemeinsamen Pressekonferenz spricht er davon, dass es »schwerwiegende Konsequenzen« geben und Russland einen »hohen Preis« für den Fall einer militärischen Aggression zahlen werde. Auch Rutte, einer der nach Angela Merkel am längsten amtierenden Regierungschefs in der Europäischen Union, bleibt im Ungefähren. Deeskalation sei wichtig, sagt er. Wichtig sei aber auch, »gleichzeitig über Sanktionen nachzudenken, wenn die Lage dort eben nicht deeskaliert«. Prinzipiell sind sich die westlichen Verbündeten einig darin, Putin möglichst im Unklaren zu lassen über Ausmaß und genaue Art der Sanktionen. Das soll die Vorbereitung von Gegenmaßnahmen erschweren. Im Falle von Nord Stream 2 ergibt das aber nicht wirklich Sinn. Wenn die Merkel-Biden-Vereinbarung so eindeutig ist, warum es nicht aussprechen?

Scholz schweigt und schweigt – warum nur?

Scholz hat dafür zwei Gründe, von denen er keinen öffentlich ausbreiten will. Grund Nummer eins ist ein partielles Schweigegelübde, das der Politiker Scholz für überlebensnotwendig hält. Es ist seine tiefe Überzeugung, dass Worte ein unkontrollierbares Eigenleben entfalten, sobald sie den Mund eines Politikers verlassen haben. Im Falle von Nord Stream 2 wäre die Pipeline seiner Meinung nach bereits dann verloren, wenn er ihr Ende allzu offen in Aussicht stellt – unabhängig davon, ob die russische Invasion kommt oder sie ausbleibt. Das wäre das Gegenteil von dem, was Scholz erreichen will. Er möchte, dass die russischen Soldaten sich auf den Rückweg in ihre Kasernen machen. Und dass bald Gas durch Nord Stream 2 fließt, ist ebenfalls in seinem Sinn. Nun, da die Pipeline einmal da ist und Milliarden gekostet hat, sollte Deutschland davon profitieren, findet Scholz. Das Gas wird nach Jahren des verschleppten Ausbaus erneuerbarer Energien gebraucht.

Der zweite Grund seiner verbalen Zurückhaltung heißt Wladimir Putin. Der Mann ist ihm in vielerlei Hinsicht fremd, nun versucht er sich auf ihn einzustellen. Scholz redet mit Angela Merkel, die Putin seit vielen Jahren kennt, und auch mit Frank-Walter Steinmeier. Per Video lässt sich Scholz mit der amerikanischen Russland-Kennerin Fiona Hill verbinden. Von ihr und dem Wirtschaftswissenschaftler Clifford Gaddy stammt das Buch »Mr. Putin. Der Agent im Kreml«, eine Art Standardwerk über die komplexe Persönlichkeit des russi-

schen Präsidenten. Für entscheidender als Putins Jugend in
einem Leningrader Hinterhof hält Hill die Tatsache, dass Putin
größten Wert auf sein Image als Halbstarker legt. Oder auch
als »Gopnik«, wie der Schriftsteller Viktor Jerofejew es beschrieben hat. Als Gopnik bezeichnet das sowjetische Akronym einen jugendlichen Kriminellen, dem weniger an der
persönlichen Bereicherung als an der Wahrung seiner Autorität in der Gruppe gelegen ist. Einem Gopnik ist es wichtig,
seinem Gegner Angst zu machen.

Fiona Hill sieht dieses Muster auch in Putins Politik. In der
Innen- wie in der Außenpolitik teste er Gegner stets auf mögliche physische oder mentale Schwächen. »Sie denken, dass ich
gefährlich und unberechenbar bin. Wie reagieren sie darauf?«,
beschreibt sie Putins Gedankengänge, »kann ich sie aus dem
Gleichgewicht bringen oder auf dem falschen Fuß erwischen?«
Putin teste seine Gegenspieler darauf, ob sie zum Kampf bereit
seien, zu einem Kampf bis zum Ende. Scholz erinnert sich an
sein Gespräch mit dem durchtrainierten Oppositionspolitiker
Nawalny, das liegt im Januar 2022 nur ein paar Monate zurück. Ihm ist bewusst, dass Putin auf seine Schwäche spekuliert. Er soll wissen, dass er Nord Stream 2 vergessen kann,
sollte er die Ukraine überfallen. Aber das, glaubt Scholz, muss
er ihm ins Gesicht sagen. Von Mann zu Mann.

Scholz' Weigerung, öffentlich klare Worte zu Nord Stream 2
zu wählen, provoziert indes immer neue Fragen und vergrö-
ßert das Misstrauen in östlichen EU-Ländern und der Ukraine.
Scholz sucht die direkte Auseinandersetzung mit dem russischen Präsidenten. Doch sein Wunsch, gegenüber Putin Stärke
zu zeigen, lässt ihn vor den Partnern schwach aussehen. Während seines Antrittsbesuchs beim spanischen Ministerpräsidenten Pedro Sánchez sucht Scholz einen Ausweg. Erwar-
tungsgemäß wird er während der Pressekonferenz wieder nach

Nord Stream 2 gefragt. Ob er auch bei einer weiteren Zuspitzung daran festzuhalten gedenke, dass es sich um ein privatwirtschaftliches Projekt handele, soll er sagen. Scholz gibt eine lange, gewundene Antwort, in welcher er wieder vor einem »hohen Preis« warnt, aber auch klarstellt, das Ziel sei, eine Eskalation zu verhindern. »Ansonsten«, fügt er ganz am Schluss hinzu, »handelt die Regierung in dieser Frage sehr einheitlich, und dazu gehört auch, einheitlich in der Kontinuität dessen zu stehen, was deutsche Regierungen in dieser Frage in der Vergangenheit klug auf den Weg gebracht haben.« Der Kanzler findet, dass er nun aber wirklich für Klarheit gesorgt hat. Mit dieser Meinung steht er allein.

Inzwischen schwindet die Hoffnung, dass Putin besänftigt werden kann. Acht Stunden haben die amerikanische Vizeaußenministerin Wendy Sherman und ihr russischer Counterpart Sergej Rjabkow ergebnislos in Genf verhandelt. Auch eine Sitzung des NATO-Russland-Rates brachte keine Annäherung. An den Grenzen zur Ukraine stehen auf russischer und belarussischer Seite mittlerweile 120.000 Soldaten. Der deutsche Kanzler glaubt immer noch, dass ein Krieg verhindert werden kann, aber er erinnert sich auch daran, was Krastev gesagt hat: Vielleicht muss man Putin wörtlich nehmen.

Während Scholz darüber grübelt, macht er sich rar. Als Bundeskanzler will er es so halten wie seine Vorgängerin und seine Wortmeldungen dosieren. Die Abwesenheit fällt auf. Der neue Kanzler wird vermisst. Immer noch eher wegen Corona als wegen der russischen Soldaten an der ukrainischen Grenze. In den sozialen Netzwerken taucht eine Frage auf: »Wo ist Scholz?« Der Kanzler ist sechs Wochen im Amt, als er sich zu seinem ersten Zeitungsinterview überreden lässt.

Scholz bittet eine Korrespondentin und einen Korrespondenten der *Süddeutschen Zeitung* an den Besprechungstisch in seinem Büro. Er hat sich offenbar genau überlegt, was er sagen will zur Pandemie und zum drohenden Krieg. Scholz redet konzentriert – und wie gewohnt leise. Auf die Frage, ob er seinen knappen Kommunikationsstil noch für angemessen hält im neuen Amt, im Kanzleramt, antwortet Scholz mit Ja, auch wenn er es nicht einfach sagt, sondern umschreibt. Er sei überzeugt, dass die »Bürgerinnen und Bürger genau hinhören, was wir sagen. Und auch, was ich sage.« Er gebe sich deshalb sehr viel Mühe, »klare Aussagen« zu treffen. Dann zählt er auf: die Regierungserklärung, die Neujahrsansprache, die Pressekonferenzen im Anschluss an die Ländertreffen. Scholz findet, dass er genug redet.

Am 20. Januar sitzt der Kanzler im »Bunker«. Ebenso wie BND-Chef Bruno Kahl, Kanzleramtsminister Wolfgang Schmidt, Wirtschaftsberater Jörg Kukies, sein außenpolitischer Berater Jens Plötner und etliche andere. Der »Bunker« befindet sich in der Mitte des vierten Stocks im Kanzleramt und wird so genannt, weil er keine Fenster hat. Es ist der abhörsichere Raum, in dem der für Nachrichtendienste zuständige Schmidt dienstags seine geheime »ND-Runde« mit den Nachrichtendiensten zur Sicherheitslage abhält. Nun tagt hier regelmäßig auch die »Bunkerrunde«. Ihre einzige Aufgabe ist es, Deutschland für den Fall zu wappnen, dass plötzlich das Gas aus Russland – also etwas mehr als die Hälfte aller Lieferungen – ausbleibt. Die Entdeckung, dass es für diesen Fall keinerlei Pläne gab, hatte Scholz im Dezember veranlasst, eine Taskforce einzurichten – die »Bunkerrunde«. Mit dabei sind auch Wirtschaftsminister Robert Habeck und Finanzminister Christian Lindner. Um Bevölkerung und Wirtschaft nicht in Panik zu versetzen, soll die »Bunkerrunde« streng geheim bleiben.

Es sind zwei Probleme, die gleichzeitig gelöst werden müssen. Wo bekommt Deutschland das Gas her? Und wie gelangt es nach Deutschland? Über die Firma Trading Hub Europe beginnt die Bundesregierung im großen Stil Gas aufzukaufen. Damit treibt sie den Preis mit nach oben, aber dazu sehen weder Scholz noch Habeck und Lindner eine Alternative. Das zweite Problem erweist sich noch als weit schwerer zu lösen. Im Unterschied zu anderen europäischen Ländern verfügt Deutschland über kein einziges Terminal für LNG, also für Flüssiggas. Es hat sich bisher immer auf seine Pipelines verlassen aus Norwegen, aus Belgien und vor allem aus Russland. Das teurere LNG überließ es gerne anderen. Der letzte gescheiterte Versuch, die alten Pläne für LNG-Terminals in Brunsbüttel und Wilhelmshaven im Zuge eines Deals mit US-Präsident Trump wiederzubeleben, sind Scholz noch in lebhafter Erinnerung. Doch nun ist er sich mit Robert Habeck einig. Diesmal muss es klappen. Nur wie?

In der Bunkerrunde schließt Scholz die Bekanntschaft mit Herrn M. aus dem Bundesnachrichtendienst. Herr M. ist ein Fachmann aus den Tiefen des BND. Sein Leben lang hat er sich mit dem internationalen Gasmarkt beschäftigt, mit Pipelines, mit Terminals, mit Tankschiffen und Reedereien. Nun schlägt seine Stunde. Herr M. weiß, wo noch Kapazitäten sein könnten, kennt sich aus mit den Transportrouten, und er hat Ideen, wie auf die Schnelle LNG-Terminals errichtet werden können. Herr M. referiert über Schiffe, die LNG nicht nur transportieren, sondern auch zurück in den gasförmigen Zustand bringen. Die Bundesregierung kauft nicht nur Gas, sondern fahndet auch nach Spezialschiffen.

Während Deutschland heimlich Vorkehrungen trifft für den Fall der Fälle, würde das die Ukraine auch gerne tun. Das Land braucht Waffen und hat auf verschiedenen Kanälen um deutsche Lieferungen gebeten. Schon Ende Dezember war eine Anfrage aus Estland im Verteidigungsministerium eingegan-

gen. Die Regierung des NATO-Landes bat um Erlaubnis, alte
Haubitzen aus DDR-Beständen an die Ukraine weitergeben
zu dürfen. Scholz findet die Idee abwegig, denn ihm ist erklärt
worden, dass die altertümlichen Geschütze am ehesten eine
Gefahr für die darstellen, die sie abfeuern wollen. Aber das ist
nicht der Grund für Scholz' ablehnende Haltung. In der Bundesregierung herrscht zu diesem Zeitpunkt noch der Konsens,
dass keine Waffen an die Ukraine geliefert werden sollen. Sie
folgt damit nicht nur dem Prinzip, bis auf wenige Ausnahmen
keine Waffen in Krisengebiete zu liefern. Es gilt zusätzlich
weiterhin ein Argument, das auch Angela Merkel gern bemüht
hatte: Deutschland helfe der Ukraine mehr, wenn es die Verhandlungen im Normandie-Format am Leben halte. Liefere es
Waffen an die Ukraine, werde es von Russland als Vermittler
nicht mehr akzeptiert.

Die Verhandlungen aber sind schon seit geraumer Zeit sowohl aus ukrainischer als auch aus russischer Sicht gescheitert,
und das Normandie-Format ist tot. Scholz dagegen sieht Ende
Januar Anzeichen dafür, dass die Gespräche wiederbelebt werden könnten. Für ihn sieht es so aus, als sei die Moskau-Reise
seines außenpolitischen Beraters zu Jahresbeginn nicht um-
sonst gewesen. Am 26. Januar kommt es in Paris tatsächlich
zu einem acht Stunden dauernden Treffen der Unterhändler
aus Deutschland und Frankreich mit denen aus der Ukraine
und Russland, zwei Wochen später soll in Berlin weitergeredet
werden. »Wer redet, der schießt nicht«, lobt Außenministerin
Annalena Baerbock am Tag darauf im Bundestag. Von der Re-
gierungsbank aus nickt Scholz wohlwollend. Etwas später in
der Debatte knöpft sich der CSU-Verteidigungspolitiker Flo-
rian Hahn weniger die Außenministerin als den Kanzler vor.
Er fühle sich an die legendäre Reportage vom Langlauf-Welt-
cup bei den Olympischen Winterspielen 1980 in Lake Placid

erinnert, als der ZDF-Reporter Bruno Morawetz den deutschen Skilangläufer Jochen Behle aus den Augen verlor: »Wo ist Behle? Behle haben wir noch nicht gesehen. Wir wissen nichts, wir sehen ihn nicht. Behle ist weg.« Mit Blick auf die Ukraine gelte heute: »Wo ist Scholz? Scholz haben wir noch nicht gesehen. Wir wissen nichts, wir sehen und hören ihn nicht. Scholz ist weg.« Scholz sitzt derweil »auf seinem Platz«, wie der FDP-Mann Alexander Graf Lambsdorff zutreffend dazwischenruft, und ärgert sich. Während er Deutschland heimlich vor einem möglicherweise drohenden Energienotstand bewahrt, wird ihm Untätigkeit vorgehalten. So sieht er das.

Scholz findet auch, dass seiner Verteidigungsministerin Unrecht geschieht. Nach einer Sitzung des Verteidigungsausschusses hatte die SPD-Politikerin Christine Lambrecht die Lieferung von 5000 Helmen an die Ukraine verkündet und dies als »deutliches Signal« bezeichnet. Die Ukrainer sollten wissen: »Wir stehen an Eurer Seite.« Tatsächlich hatte, wie Scholz weiß, die Ukraine um die Helme gebeten. Das angesichts der offenkundigen Diskrepanz zwischen der monströsen Gefahr und der kleinmütigen Geste deplatzierte Pathos seiner Ministerin trägt allerdings zum Eindruck bei, die neue Bundesregierung sei überfordert. Der Bürgermeister von Kiew, Vitali Klitschko, nennt die Helm-Lieferung einen »absoluten Witz«. SPD-Chef Lars Klingbeil ist zu diesem Zeitpunkt längst klar, dass seine Partei ein Problem hat, das sehr schnell auch zu seinem werden kann. Nicht nur, weil er in der Arbeitsteilung mit Saskia Esken an der SPD-Spitze die Zuständigkeit für internationale Politik übernommen hat. Regelmäßig wird ihm seine Nähe zu Gerhard Schröder vorgehalten, der gar nicht daran denkt, sich zu mäßigen. In einem Radiointerview wirft der Ex-Kanzler ausgerechnet der von einer riesigen russischen Kriegsmaschinerie bedrohten Ukraine »Säbelrasseln« vor. Das ist ein Wort, das auch aktive SPD-Politiker in ihrer Kritik am Westen gebrauchen, der Bundestagsabgeordnete und Parteilinke Ralf Stegner etwa. »Äußern können sich viele, aber entscheiden tun wir als aktuelle SPD-Führung gemeinsam mit Bundeskanzler Olaf Scholz«, sagt Klingbeil. Doch beide, der SPD-Vorsitzende ebenso wenig wie der Kanzler sind so weit, sich offen von Schröder zu distanzieren. Klingbeil weiß, wie heikel das Thema in der Partei ist. Der Umgang mit Heiko Maas ist ihm noch in lebhafter Erinnerung.

Ende Januar trommelt der Vorsitzende im Präsidiumssaal des Willy-Brandt-Hauses eine Sitzung zur Russland-Politik zusammen. Olaf Scholz ist nicht dabei, dafür aber sein Kanzleramtschef Wolfgang Schmidt. Scholz braucht jetzt den Rückhalt der SPD, und den soll er bekommen. Niemand widerspricht der Analyse, dass Russland die Verantwortung für die Eskalation trägt. Es wird auch über Nord Stream 2 gesprochen und darüber, dass die Pipeline im Kriegsfall nicht zu halten wäre. Über Waffenlieferungen wird gar nicht ausführlich geredet, das ist nicht nötig: Denn das geht nicht, da sind sich alle einig. Vielmehr gehe es um die Frage, »wie wir Krieg abwenden können mitten in Europa«, sagt Klingbeil im Anschluss an die Sitzung. Er wolle »nicht, dass wir jetzt durch Drohungen, durch Taten, in eine Situation hineingeraten, in der dann vielleicht ungewollt eine Kriegssituation mitten in Europa entsteht«.

Am späten Nachmittag des 6. Februar, einem Sonntag, stapft Scholz die Treppe zu einem großen Airbus der Flugbereitschaft hinauf. Seit seiner Wahl im Bundestag sind zwei Monate vergangen, die Umfragewerte rauschen abwärts, alle Welt redet von Vermittlungsbemühungen des französischen Präsidenten Emmanuel Macron, und auf Twitter liegt der Hashtag #WoIstScholz im Trend. Scholz ist jetzt jedenfalls öfter im Fernsehen. Auch vor dem heutigen Abflug in Richtung Washington hat er noch zwei Interviews gegeben. Mit seinen Beratern ist der Kanzler übereingekommen, dass er mehr Präsenz zeigen muss. Anders als Merkel wird Scholz seine medialen Auftritte nicht länger homöopathisch dosieren. Von nun an gilt: Viel hilft viel.

Schulterschluss mit Joe Biden

Als die Maschine auf Flughöhe ist, kommt Scholz zusammen mit seinem Sprecher Steffen Hebestreit in den hinteren Teil des Flugzeugs. Er trägt einen grauen Freizeitpulli, dazu verwaschene Bluejeans, und hat sich vorgenommen, die mitreisenden Journalistinnen und Journalisten ein bisschen zu beruhigen.

Alle Versuche, Putin von seinen Drohungen abzubringen, sind fehlgeschlagen, aber Scholz findet, es sei doch ein Fortschritt, dass man nun wenigstens wieder zusammensitze und einander beschimpfe. Er glaubt noch daran, dass die Mischung aus Verhandlungen und Sanktionsdrohungen Putin zur Räson bringen kann. Vor seiner Antrittsreise in die USA hat Scholz der *Washington Post* ein Interview gegeben und darin versucht zu erklären, warum er nicht klipp und klar mit dem Aus von Nord Stream 2 droht. Das gebiete die »notwendige strategische Ambiguität«. Die Russen sollten wissen, dass ein Angriff auf die Ukraine teuer werde, aber nicht mit einem Computer ausrechnen können, wie teuer genau. Er will absichtlich vage bleiben.

Am Nachmittag des 7. Februar sitzt Scholz auf einem Barhocker. Nach einem Termin bei Joe Biden im Weißen Haus stellt sich der Bundeskanzler im Washingtoner CNN-Studio den Fragen von Jake Tapper. Der Moderator versucht gleich am Anfang, einen Wirkungstreffer zu landen. Von einer »Quelle sehr nah an der ukrainischen Regierung« wisse er, dass Deutschland »von vielen in Osteuropa und in Kiew zunehmend eher als Verbündeter Russlands als des Westens gesehen« werde. »Was ist Ihre Antwort darauf?«, will Tapper wissen. »That's absolutely nonsense«, sagt Scholz, einfach Quatsch also. Das wüssten auch alle.

Da ist er wieder, der Verdacht, Deutschland sei unter seinem neuen sozialdemokratischen Kanzler ein unsicherer Kantonist. »Missing in action«, hatte der demokratische Senator Richard Blumenthal vor der Scholz-Reise über Deutschlands Verhalten in der Ukraine-Krise gesagt – im Einsatz verschollen. In einem Bericht schlug auch die deutsche Botschafterin in Washington, Emily Haber, Alarm. »Wir haben ein Problem«, schrieb sie über die wachsende Kritik an Deutschland. Scholz will seinen Besuch nutzen, um das Misstrauen zu zerstreuen, und er hat dabei einen mächtigen Verbündeten. Joe Biden braucht für seine Strategie gegenüber Wladimir Putin eine einheitliche Front des Westens. Nichts soll den russischen Präsidenten in seiner Annahme bestärken, der Westen sei schwach und gespalten. Der US-Präsident kennt Scholz bisher nur flüchtig von der Begegnung beim G20-Gipfel in Rom, die auf deutscher und amerikanischer Seite so seltsam unterschiedlich in Erinnerung geblieben ist. Das ist jetzt mehr als drei Monate her, und der Truppenaufmarsch, den die Geheimdienste damals beobachtet haben, ist abgeschlossen. Russland kann jederzeit mit der Invasion beginnen und Biden keine Missverständnisse mehr riskieren.

Als Scholz am Mittag, vor seinem Besuch bei CNN, zum ersten Mal in seinem Leben das Oval Office betritt, wird ihm warm. Im Kamin lodert ein Feuer. Man sei sich ja schon mal begegnet, sagt der US-Präsident, aber jetzt freue er sich, seinen Gast näher kennenzulernen. Über eine Stunde sitzen der 78 Jahre alte Präsident und der um 15 Jahre jüngere Kanzler zusammen. Scholz fällt auf, dass Biden während der Unterhaltung keinen Sprechzettel vorliest oder Stichpunkte abarbeitet. Er kommt zu der Überzeugung, dass der US-Präsident auch in seinem fortgeschrittenen Alter niemand ist, der sich von seinen Beratern steuern lässt. Das gefällt ihm. Und Scholz ist überzeugt, dass es jetzt vor allem auf Biden ankommt. Seit Monaten versucht der amerikanische Präsident, Putins Kriegspläne zu durchkreuzen. Er hat entschieden, Erkenntnisse seiner Geheimdienste öffentlich zu machen. Er hat Verhandlungen zugestimmt trotz des erpresserischen Aufmarschs russischer Truppen, und versucht so, dem Mann im Kreml jeden erdenklichen Vorwand zum Angriff aus der Hand zu schlagen.

Angefangen vom Misstrauen des alten Konrad Adenauer gegen den jungen John F. Kennedy, der zuweilen gönnerhaften Überheblichkeit Helmut Schmidts gegenüber Jimmy Carter über die ungeschminkte Feindseligkeit zwischen Gerhard Schröder und George W. Bush bis zum Leiden Angela Merkels an Donald Trump war das Verhältnis deutscher Bundeskanzler zu amerikanischen Präsidenten häufiger kompliziert als harmonisch. Nun, vor dem Kamin im Oval Office, fällt es Scholz nicht schwer, dem Mann Respekt zu zollen, der 1972 – dem Jahr, in dem der Schüler Scholz im Radio verfolgte, wie Willy Brandt Kanzler blieb – zum ersten Mal für den US-Senat kandidiert hat. Scholz findet, dass Biden in der Ukraine-Krise alles richtig gemacht hat, und jetzt hat er das Gefühl, dass er mit dem alten und erfahrenen Mann gut reden kann. Auch über Nord Stream 2 wird gesprochen. Schon vorab hatten die Amerikaner signalisiert, dass Biden in der Pressekonferenz dazu nicht werde schweigen können. Scholz stellt klar, dass im Falle eines russischen Angriffs kein Gas durch die Pipeline fließen werde und dafür bereits die Vorbereitungen liefen. Öffentlich werde er aber bei seiner Linie bleiben. Biden scheint damit einverstanden zu sein. So wie Scholz das sieht, ist das Problem aus der Welt.

Während der Pressekonferenz im East Room gilt dann wenig überraschend gleich die erste Frage der Pipeline. Ob er Zusicherungen von Bundeskanzler Scholz erhalten habe, dass Deutschland dieses Projekt stoppen werde, wenn Russland in die Ukraine eimarschiere, wird Biden gefragt. Der Präsident antwortet ohne Zögern. »Wenn Russland zum Beispiel mit Panzern und Truppen die Grenze zur Ukraine überquert, wird es Nord Stream 2 nicht mehr geben«, sagt er. Wie er das denn machen wolle, will eine Reporterin wissen, das Projekt stehe doch unter der Kontrolle Deutschlands. Biden bleibt unbeirrt. »Ich verspreche Ihnen«, sagt er, »das werden wir schaffen.« Dann ist Scholz an der Reihe. »Schönen Dank für Ihre Frage«, sagt er zunächst.

Der deutsche Kanzler hat jetzt zwei Möglichkeiten. Er kann bei seiner Linie der »strategischen Ambiguität« bleiben, oder er kann sein Problem außerplanmäßig aus der Welt schaffen. Wenn er ehrlich mit sich ist, hat sich die »strategische Ambiguität« allerdings längst erledigt. Sosehr Putin in seiner eigenen Wirklichkeit leben mag, wird ihm nicht entgangen sein, dass er sich entscheiden muss zwischen Pipeline und Krieg. Nach den Worten Bidens müsste Scholz eigentlich fürchten, einmal mehr als Getriebener dazustehen. Die Formulierung des amerikanischen Präsidenten ist jedenfalls schillernd. Wer sorgt dafür, dass es Nord Stream 2 nicht mehr gibt? Deutschland oder doch die USA?

»Ich will sehr klar sagen«, beginnt Scholz schließlich, nachdem er noch einmal Luft geholt hat. Es folgen neun zum Teil sehr lange Sätze auf Deutsch und dann drei auf Englisch. In keinem von diesen Sätzen kommt der Begriff Nord Stream 2 vor. Stur spricht Scholz nur davon, dass man gut vorbereitet sei, um im Falle einer Aggression Sanktionen zu verhängen, darunter auch »harte, weitreichende«. Vernünftigerweise lege man noch nicht alle Karten auf den Tisch. Sicher sei aber, dass man alles »einheitlich und zusammen« tun werde. Die Nachfrage folgt prompt: Wenn er nicht einmal Nord Stream 2 beim Namen zu nennen bereit sei, wie er dann das Vertrauen der Osteuropäer und der USA zurückgewinnen wolle? Da wird es Biden zu bunt: »Es gibt keinen Grund, Vertrauen zurückzugewinnen. Er hat das Vertrauen der Vereinigten Staaten«, springt er dem Kanzler bei. Deutschland sei für die USA einer der »wichtigsten Alliierten und Verbündeten auf der ganzen Welt«. Im Übrigen sei Deutschland einer »der größten Geldgeber, Unterstützer und Förderer der Ukraine seit 2014«. Der Bundeskanzler hätte es nicht besser sagen können. Im Saal sitzt Steffen Hebestreit, der deutsche Regierungssprecher, neben Bidens Sicherheitsberater Jake Sullivan. Im Anschluss gehe es zu Jake Tapper von CNN, erzählt Hebestreit. Sullivan ist überrascht. »Der frisst euch mit Haut und Haaren«, sagt er.

Und tatsächlich fackelt Jake Tapper nicht lange. »Präsident Biden hat gesagt, die Pipeline wird es nicht mehr geben, wenn Russland einmarschiert. Sie wollen das nicht sagen«, stellt er fest. Wie denn Biden das anstellen wolle und warum der Kanzler denn nicht einfach sage: »Russland, wenn ihr einmarschiert, canceln wir die Pipeline?«

Scholz will Nord Stream 2 immer noch nicht beim Namen nennen, aber er will klarstellen, dass er sich dennoch einig sei mit Biden. Man werde »alle Schritte zusammen unternehmen«, antwortet er.»Sie können verstehen und absolut sicher sein, dass Deutschland zusammen mit seinen Verbündeten sein wird, insbesondere mit den Vereinigten Staaten«, versichert Scholz. Tapper fragt dann noch nach Gerhard Schröder und seinen russischen Aufsichtsratsposten und was das denn für ein Signal aussende.»Er spricht nicht für die Regierung. Er arbeitet nicht für die Regierung. Er ist nicht die Regierung. Ich bin jetzt der Kanzler«, antwortet Scholz.»Right«, sagt Tapper. Die mitreisenden Journalisten verfolgen das Interview am Bildschirm und sind überrascht. Scholz spricht in kurzen, klaren Sätzen und wirkt souverän wie selten. Sein Englisch ist gut, aber nicht so gut, dass er sich endlos in rhetorischen Vorbehalten und Absicherungen ergehen könnte. Fluchtwege stehen ihm nicht zur Verfügung.»Ab jetzt«, wird gescherzt, »sollte er nur noch Interviews auf Englisch geben.« Nach dem Termin bei CNN hat der Kanzler dann noch eine Verabredung zum Abendessen. Die deutsche Botschafterin, Emily Haber, hat elf Senatoren in ihre Residenz eingeladen. Der demokratische Mehrheitsführer Chuck Schumer und der republikanische Minderheitsführer Mitch McConnell sind dabei sowie mehrere einflussreiche Senatoren aus beiden Parteien. Das ist ungewöhnlich, in der vergifteten politischen Atmosphäre Washingtons verbringen Republikaner und Demokraten keine Zeit miteinander, wenn sie es vermeiden können. An diesem Abend sind sie vereint in ihrer Neugier. Haber hat sie eingeladen zum Dinner mit dem neuen Kanzler, und sie wollen wissen: Wer zum Teufel ist der Mann?

Scholz traut sich zu, die einflussreichen Senatoren auf seine Seite zu ziehen. Überzeugungsgespräche im kleineren Kreis liegen ihm. Er vertraut auf das Talent, das einst auch sein österreichischer Genosse aus Juso-Tagen an ihm bemerkt hatte.

Beim Dreigängemenü präsentiert er sich als formvollendeter, in der Wolle gefärbter Transatlantiker und betont noch mal, wie einig er sich mit Präsident Biden sei. Ob es stimme, dass Deutschland den Überflug für den Transport britischer Waffen in die Ukraine verweigere, wird Scholz gefragt. Frei erfunden, sagt er. Zu Nord Stream 2 erklärt er, was er auch schon Biden gesagt hat. Er erklärt auch noch mal, wie er das mit der »strategischen Ambiguität« meint. Am Ende des Abendessens ist der Kanzler überzeugt, die einflussreichen Senatoren für sich eingenommen zu haben.

Auf dem Rückflug ist Scholz auch sicher, einen verlässlichen und belastbaren Draht zu Biden gefunden zu haben. Das wird sich als zutreffend erweisen. Von diesem Tag an ist aber auch ein Irrglaube nicht mehr aus der Welt zu schaffen. Jener, der amerikanische Präsident habe die Zerstörung von Nord Stream 2 angekündigt.

Als Olaf Scholz am Vormittag des 8. Februar wieder in Berlin landet, bleiben bis zum russischen Überfall auf die Ukraine noch 16 Tage. Das kann er nicht wissen. Niemand weiß es. In Peking laufen noch bis zum 20. Februar die Olympischen Winterspiele. Es ist unwahrscheinlich, dass Putin vorher den Befehl zum Angriff gibt, denn damit stieße er den chinesischen Staats- und Parteichef Xi Jinping vor den Kopf. Aber auch das ist Spekulation. Sicher weiß Scholz nur, dass die Zeit abläuft. Es bleiben eher Wochen als Monate und eher Tage als Wochen. Am Abend empfängt der Bundeskanzler die Präsidenten Frankreichs und Polens, Emmanuel Macron und Andrzej Duda. Das Krisentreffen wird als Sitzung des »Weimarer Dreiecks« deklariert. Das Format, das in den Neunzigerjahren Deutschland, Frankreich und Polen zusammenbringen sollte, passt den in Warschau regierenden Nationalkonservativen schon lange nicht mehr ins Konzept und gilt eigentlich längst als tot. Nun, in höchster Kriegsgefahr, wird es nach elf Jahren

Pause wiederbelebt. »Ein wenig historisch«, nennt Scholz das. Tatsächlich geht es dem Trio darum, den Lauf der Geschichte aufzuhalten. Macron kommt direkt aus Kiew. Davor war er in Moskau. Mehr als fünf Stunden lang hat er im Kreml an einem sechs Meter langen Tisch gesessen und mit Putin gerungen. Der Russe gab ihm das Gefühl, dass noch nicht alles verloren ist. »Es ist noch Zeit, den Frieden zu retten«, sagte Macron danach. In der kommenden Woche will Scholz dieselbe Reise unternehmen, nur in umgekehrter Reihenfolge. Zuerst nach Kiew, dann nach Moskau. Die Frage ist, was er mitbringen kann.

Letzte Versuche

Von der Villa Borsig aus haben Besucher einen schönen Blick auf den Tegeler See. Das mitten im Wald gelegene Anwesen steht dem Auswärtigen Amt seit 2006 als Gästehaus zur Verfügung. Jens Plötner hat hier im Laufe seiner Diplomatenkarriere schon etliche verschwiegene Verhandlungen erlebt. 2020 trafen sich hier die Außenminister Deutschlands, Frankreichs und Großbritanniens, um das Atomabkommen mit dem Iran zu retten. 2015 fanden in der einstigen Industriellenvilla auch Verhandlungen zum Minsker Abkommen statt. Hierher lädt Plötner zwei Tage nach der Rückkehr der Kanzlerdelegation aus Washington die Normandie-Unterhändler. Seit dem Treffen in Paris hat es in keinem der verschiedenen Verhandlungsformate nennenswerte Fortschritte gegeben. Scholz braucht vor seiner Reise dringend einen kleinen Erfolg. Irgendetwas, das zu weiteren Verhandlungen führt, denn es geht darum, Zeit zu gewinnen.

Das Treffen am Tegeler See dauert neun Stunden und erweist sich als Pleite. Putins Abgesandter Dmitrij Kosak macht
keinerlei Zugeständnisse und verlangt direkte Verhandlungen
zwischen der ukrainischen Regierung und den Pseudo-Regie-
rungen der Separatisten. Kosak weiß genau, dass das für den
Ukrainer Andrij Jermak unannehmbar ist. Schließlich reicht
es nicht einmal mehr, wie noch in Paris, für eine unverbind-
liche Abschlusserklärung. Als Kosak nach dem Scheitern der
Verhandlung plötzlich wieder einen freundschaftlichen Ton
anschlägt, so als sei nichts geschehen, verliert Plötner kurz die
diplomatische Contenance. Er solle doch nicht so tun, herrscht
er den Russen an, »du hast hier alles verhindert. Du reist mit
schwerer Verantwortung auf deinen Schultern ab.«

Frank-Walter Steinmeier wird am 13. Februar 2022 zum
zweiten Mal zum Bundespräsidenten gewählt, aber er war
auch lange genug Außenminister. Er kann einschätzen, wie
schlecht die Chancen stehen, den Krieg noch zu verhindern,
und er weiß auch, was das für ihn selbst bedeutet. Der Aus-
gleich mit Russland, die »Modernisierungspartnerschaft«, war
sein großes Projekt. Er muss sich vorwerfen lassen, sich in den
Absichten Wladimir Putins getäuscht, seine Gefährlichkeit
unterschätzt zu haben. Noch als Bundespräsident machte er
sich für Nord Stream 2 stark. Der drohende Krieg wirft nun
einen Schatten auf seine zweite Amtszeit, noch bevor sie begonnen hat. »Wir sind inmitten der Gefahr eines militärischen
Konflikts, eines Krieges in Osteuropa. Dafür trägt Russland
die Verantwortung«, sagt Steinmeier nach seiner Wahl durch
die Bundesversammlung. An Putin appelliert er: »Lösen Sie
die Schlinge um den Hals der Ukraine!«

Scholz in Kiew ...

Am Tag darauf fliegt Scholz nach Kiew. Von Plötner weiß er, dass die Normandie-Verhandlungen feststecken. Sein außenpolitischer Berater sagt ihm aber auch, dass es russische Blockaden auch in der Vergangenheit immer wieder gegeben habe. Immer noch sieht Scholz zwei Möglichkeiten. Entweder sind der Truppenaufmarsch, die aberwitzigen Vertragsentwürfe und die ins Leere laufenden Verhandlungen Teile einer gigantischen Drohkulisse, um Zugeständnisse zu erzwingen. Oder das andere: Vorbereitungen für den Krieg. Scholz glaubt dennoch, dass seine Reise nicht sinnlos ist. Er hält sich nicht nur selbst für einen überdurchschnittlichen Verhandler. Es ist ihm, wenn es um die Bund-Länder-Finanzen oder die globale Mindeststeuer ging, auch von anderen oft genug bescheinigt worden. Jetzt geht es um Krieg und Frieden. Das ist etwas anderes. Das weiß auch Scholz, aber er ist überzeugt, dass es in Verhandlungen immer einen braucht, der im richtigen Moment eine Chance erkennt und ergreift. Olaf Scholz glaubt, dass er das sein könnte.

Die Aussichten, Russen und Ukrainer noch in lange Verhandlungen über Details des Minsker Abkommen verwickeln zu können, stehen inzwischen allerdings schlecht. Mit seinem Berater Plötner hat der Kanzler deshalb ausführlich über eine Forderung Putins gesprochen, die von den Regierungen des Westens bereits als unerfüllbar zurückgewiesen worden ist. Putin verlangt eine Garantie, dass die Ukraine niemals der NATO beitreten dürfe. Das widerspricht jedoch der Politik der offenen Tür der NATO. Keinem europäischen Land, das die Bedingungen erfüllt, soll der Beitritt grundsätzlich verwehrt werden. Überdies genießt das Ziel eines NATO-Beitritts seit

2019 in der Ukraine Verfassungsrang. Elf Jahre zuvor, 2008 in Bukarest, war der Ukraine zusammen mit Georgien auf einem NATO-Gipfel die Mitgliedschaft sogar in Aussicht gestellt worden. Man sei sich einig, wurde damals im Kommuniqué festgeschrieben, dass beide Länder »NATO-Mitglieder werden«. Offen blieb dabei allerdings, wann und unter welchen Umständen. Der schillernde Satz war das Ergebnis eines Ringens zwischen Angela Merkel und George W. Bush. Der amerikanische Präsident wollte ein konkretes Beitrittsversprechen, die deutsche Kanzlerin lehnte es mit Rücksicht auf Russland strikt ab. Der Satz im Kommuniqué glich einem ungedeckten Scheck. Einzulösen in ferner Zukunft oder auch nie.

Damit, so sieht es im Februar 2022 Merkels Nachfolger Olaf Scholz, kann man im Gespräch mit Putin arbeiten. Es könne keine Einflusszonen geben, »in denen Länder nicht selbst über ihre eigene Entwicklung bestimmen dürfen«, hatte er schon im Interview mit der *Süddeutschen Zeitung* gesagt. Einerseits. Andererseits sei es doch so, »dass der Beitritt weiterer Länder im Osten Europas zur NATO gar nicht auf der Tagesordnung steht«. Daher stelle sich die Frage: »Was sollen da Garantien?« Was Putin zu einer Angelegenheit von Krieg und Frieden erklärt hat, hält Scholz für ein künstlich geschaffenes Problem. Tatsächlich gehen die Chancen der Ukraine auf einen Beitritt zur westlichen Allianz gegen null. Einer Aufnahme müssten alle Mitglieder zustimmen. Im Falle der Ukraine ist das ausgeschlossen. Nicht nur Deutschland, auch etliche andere Staaten der Allianz würden keinesfalls dafür stimmen – schon gar nicht, solange sie damit die Gefahr verbunden sehen, das Bündnis in einen Krieg mit Russland zu verwickeln. Scholz schließt nicht aus, dass Putin möglicherweise wirklich an die eigene Propaganda und die unmittelbare Gefahr eines NATO-Beitritts der Ukraine glaubt. Dieses Missverständnis, findet er, ließe sich aufklären. Sehr viel wahrscheinlicher ist, dass das alles nur ein Vorwand ist. Den will Scholz dann wenigstens entlarven.

Am Tag bevor die Maschine der Bundeswehr mit dem deutschen Kanzler auf dem Flughafen Boryspil bei Kiew landet, sind von dort aus 30 Chartermaschinen in Richtung Westen gestartet. An Bord waren, so berichten es die Kiewer Zeitungen, prominente und wohlhabende Ukrainer. Die amerikanischen Diplomaten sind umgezogen in den Westen des Landes, nach Lwiw. Etliche Botschaften wurden geschlossen. Wer diese Nachrichten kennt, erwartet eine Stadt in Angst. Aus dem Fenster seiner dunklen Limousine, die sich in Richtung des Marienpalasts bewegt, bemerkt Olaf Scholz nichts davon. Die Menschen gehen ihren Einkäufen nach, genießen die winterliche Mittagssonne. Manche zücken ihre Handys, machen Aufnahmen von der Wagenkolonne, die auf dem Weg ist zu ihrem Präsidenten. In Kiew herrscht ganz offensichtlich Frieden.

Im Hof des barocken Palastes begrüßt Wolodymyr Selenskyj seinen Gast mit dem vorsichtigen Faustgruß der Coronazeit. Wie der Bundeskanzler trägt auch der ukrainische Präsident einen schwarzen Mund-Nasen-Schutz. Im Blauen Salon sitzen sich der Präsident und der Kanzler dann an einem vergleichsweise kleinen runden Tisch gegenüber, in der Mitte ein rot-gelbes Blumengesteck aus Rosen und Mimosen. Das Bild steht in offenkundigem Kontrast zur grotesken Distanz am langen Tisch im Kreml, an dem Scholz und Putin Tage später sprechen werden. Für das Vier-Augen-Gespräch vor dem Treffen beider Delegationen sind 30 Minuten veranschlagt. Es werden zwei Stunden. Zum Leidwesen von Scholz wird das Gespräch gedolmetscht. Selenskyjs Englisch ist – noch – holprig.

Seit der Bundeskanzler dem ukrainischen Präsidenten beim EU-Gipfel in Brüssel begegnet ist, sind zwei Monate vergan-

gen. Die westlichen Geheimdienste sind sich inzwischen einig
darin, dass Russland seinen Truppenaufmarsch abgeschlossen
hat. Die Ukraine wird von drei Seiten von einer riesigen Streit-
macht bedroht, im Norden von Belarus, im Osten von Russland und im Süden von der besetzten Krim und dem Schwarzen Meer aus. Schnell stellt Scholz fest, dass das an der
Einschätzung seines Gesprächspartners nichts verändert hat.
Selenskyj glaubt immer noch nicht an eine kurz bevorstehende
russische Invasion. Er hält den Truppenaufmarsch immer noch
für eine Drohkulisse, für den Versuch, Zugeständnisse zu erpressen. Putin wolle, glaubt Selenskyj, die Ukraine in Panik
versetzen und so wirtschaftlich in die Knie zwingen.

In seinen noch nicht ganz drei Jahren im Amt hat sich Selenskyj unter westlichen Regierungschefs einen speziellen Ruf
erworben. Der frühere Comedian und Fernsehproduzent ist
kein leicht auszurechnender Gesprächspartner, mal entgegen-
kommend, mal überbordend in seinen Forderungen. Sein Verhältnis zu US-Präsident Joe Biden gilt als schwierig, seit er ihn
Anfang September im Weißen Haus mit der Forderung nach
einer raschen Aufnahme in die NATO verärgerte. Selenskyj ist
nicht der erste Schauspieler, der Präsident geworden ist, aber
der Erste, der schon als Schauspieler einen Präsidenten gegeben hat. Der »Diener des Volkes« in Selenskyjs erfolgreicher
Comedyserie war ein Kämpfer gegen die Korruption. Mit diesem Versprechen und einer gleichnamigen Partei wurde er
2019 ins Amt gewählt. Anfangs traute er sich zu, eine Lösung
zu finden für den Konflikt im Donbass, einen Kompromiss zu
schließen mit Putin und endlich für Frieden zu sorgen. Es kam
zu einem Gipfeltreffen in Paris, aber danach verliefen die Nor-
mandie-Gespräche im Sande. Putin geht es gar nicht um eine
Lösung für den Donbass. Ihn stört der ukrainische Weg in
Richtung Westen, und den treibt Selenskyj entschlossener

voran als sein Vorgänger Petro Poroschenko. Der Mann, der
Scholz nun im Kiewer Marienpalast gegenübersitzt, steht
unter enormem Druck. Die wirtschaftliche Lage seines Landes
ist – zumal nach Jahren der Pandemie – düster, der Kampf
gegen die Korruption stockt, und an den Grenzen steht der
Feind.

Scholz ist nicht mit leeren Händen gekommen. Er sagt Selenskyj die beschleunigte Auszahlung von 150 Millionen Euro
aus einem laufenden Kredit zu sowie einen neuen ungebun-
denen Finanzkredit in Höhe von weiteren 150 Millionen Euro.
Deutschland ist neben den USA der wichtigste Geldgeber der
Ukraine, und der frühere Finanzminister scheut sich nicht,
vorzurechnen, was frühere Bundesregierungen getan haben,
um die ukrainische Wirtschaft zu stützen. In den vergangenen
acht Jahren habe sich das auf zwei Milliarden US-Dollar sum-
miert. Auch hier steht der Kanzler in der Tradition seiner Vorgängerin. Auf Kritik an mangelnder Unterstützung oder an
der Weigerung, Waffen zu liefern, hat auch Angela Merkel
stets mit Zahlen geantwortet.

Ein wenig anders läuft es diesmal, zumal Scholz die unmittelbare Kriegsgefahr tatsächlich für realer hält als sein bela-
gerter Gastgeber. Ihm ist klar, dass es mit 5000 Schutzhelmen
nicht getan sein kann. Aus Kiew liegt der Bundesregierung
bereits eine offizielle Wunschliste vor, in der um »unverzüg-
liche Hilfeleistung bei der dringenden Anschaffung« von Flugabwehr-Raketensystemen mittlerer Reichweite, tragbaren
Flugabwehr-Raketensystemen und Anti-Drohnen-Gewehren
gebeten wird. So weit ist Scholz noch lange nicht, das will er
nicht liefern. Auf der Liste stehen aber auch elektronische
Ortungssysteme, Nachtsichtgeräte, Überwachungskameras,
Fahrzeuge mit erhöhtem Minenschutz und Roboter zur Ent-
schärfung von Sprengkörpern, also keine eigentlichen Waffen.

Der Kanzler sagt zu, prüfen zu lassen, was aus Beständen der
Bundeswehr abgegeben werden kann. Er kommt aber auch auf
sein Anliegen zu sprechen. Er wolle Putin klarmachen, sagt er,
dass ein Beitritt der Ukraine zur NATO nicht anstehe, also
auch kein Kriegsgrund sein könne. Selenskyj bringt das in Be-
drängnis. Er kann und will das Ziel eines NATO-Beitritts nicht
aufgeben. Doch er weiß, Scholz hat recht: Einen Krieg riskieren wegen eines Beitritts zur NATO, auf den ihm Joe Biden
gerade erst nicht die geringsten Hoffnungen gemacht hat?

Während der anschließenden Pressekonferenz ist das auch
die erste Frage, die der ukrainische Präsident beantworten soll.
Der ukrainische Botschafter in London hat Andeutungen gemacht, wonach die Ukraine um des Friedens willen auf einen
NATO-Beitritt verzichten könnte. Was er dazu sage? Während
Scholz der Übersetzung lauscht, quält Selenskyj sich. Er beginnt damit, dass eben nicht alles von der Ukraine abhänge.
»Wir wollen eine NATO-Mitgliedschaft. Das würde unsere
Integrität und unsere Sicherheit gewährleisten, und das steht
auch in der Verfassung unseres Landes«, sagt er. Dann gibt er,
gewissermaßen sich selbst, zu bedenken, »dass die Ukraine
vielleicht kein Risiko eingehen sollte«. Vielleicht, fährt er fort,
»sollte sie nicht so viel über die Mitgliedschaft in der NATO
sprechen«. Das habe mit der Reaktion der Russischen Föderation zu tun.

Es mag sein, dass Selenskyj die unmittelbare Kriegsgefahr
leugnet. Aber in diesem Moment kann jeder im Saal die Last
auf den Schultern des ukrainischen Präsidenten spüren. An
den Grenzen seines Landes stehen die russischen Soldaten.
Neben ihm wartet der deutsche Kanzler darauf, dass er jetzt
das Richtige sagt. Dass er etwas sagt, das die Gefahr bannen
könnte. Selenskyj ist ständig umgeben von Beratern, aber hier
und jetzt ist er ein einsamer Mann. Während er eine Antwort

sucht, stellt der Präsident, so als wolle er Zeit gewinnen, erst einmal Fragen. »Wie lange kann die Ukraine diesen Weg gehen? Mit wem soll sie diesen Weg zurücklegen? Wer ist unser Partner? Wer unterstützt uns auf diesem Wege?« Dann sagt er es doch: »Vielleicht ist die Frage der offenen Tür für uns sozusagen doch eine Geschichte oder ein Traum. Niemand weiß, wann wir unser Ziel erreichen können.«

Es sind die Worte, die Olaf Scholz hören wollte. Er schildert jetzt, bevor er auf die NATO-Frage zu sprechen kommt, erst einmal die Lage. »Da stehen sehr, sehr viele Soldaten Russlands und viel militärisches Gerät. Wir sehen das auch von der See aus, und wir sehen das im Hinblick auf die Übungen, die in Belarus durchgeführt werden«, sagt er. Die »herausragende Aufgabe« sei nun, dafür zu sorgen, dass die Truppen sich zurückzögen, »ohne dass es zu einem Krieg gegen die Ukraine kommt«. Erst danach präsentiert auch er die Botschaft, die er am nächsten Tag mit in den Kreml nehmen will. »Die Frage von Mitgliedschaften in Bündnissen«, sagt er, »steht ja praktisch gar nicht an. Deshalb ist es schon etwas eigenwillig zu beobachten, dass die russische Regierung etwas, das praktisch nicht auf der Tagesordnung steht, zum Gegenstand großer politischer Problematiken macht.«

Es ist bereits dunkel, als der Kanzler sich auf den Rückweg zum Flughafen macht. Zwei Mal stoppt seine Kolonne. In der Nähe des Maidan stellt Scholz eine Kerze vor das Denkmal der Himmlischen Hundertschaft. Kurz verneigt er sich. Auf dem Denkmal sind Fotos jener mehr als hundert Demonstranten zu sehen, die im Februar 2014 im Kugelhagel von Heckenschützen starben. Ihr Tod hatte zum Sturz des moskautreuen Präsidenten Wiktor Janukowitsch geführt und zum Sieg der Protestbewegung des »Euromaidan«. Danach legt Scholz noch einen Kranz nieder am Grabmal des Unbekannten Soldaten.

Am Abend erhält Anka Feldhusen, die deutsche Botschafterin in der Ukraine, die Anweisung aus Berlin, ihr Personal zu reduzieren. Nur ein Kernteam soll in Kiew die Stellung halten.

... und in Moskau

Zu den Klängen eines Trauermarschs folgt Olaf Scholz am nächsten Mittag drei Soldaten der russischen Armee. Zwei von ihnen tragen einen übergroßen Kranz. Jeder seiner Schritte durch den Alexandergarten an der Kremlmauer scheint den Bundeskanzler Kraft zu kosten. Als die Soldaten die fünf Treppenstufen zum Grabmal des Unbekannten Soldaten hinaufsteigen, verharrt Scholz. Sein Platz wäre jetzt näher am Mahnmal und am ewigen Feuer. Der Protokollchef versucht ihm ein Zeichen zu geben, aber der Kanzler bemerkt ihn nicht. Nach einer kurzen Weile steigt Scholz schließlich empor, richtet die schwarz-rot-goldene Schleife. Danach erklingen die Schläge eines Metronoms. Es ist kalt.

Scholz ist, obwohl das die kürzere Route gewesen wäre, nicht von Kiew aus nach Moskau geflogen. Er hat abends noch mit Emmanuel Macron telefoniert, in Potsdam im eigenen Bett geschlafen und ist am frühen Morgen wieder in Richtung Osten aufgebrochen. Der naheliegende Gedanke, von Kiew nach Moskau als zweiter Station weiterzureisen, ist verworfen worden. Wladimir Putin hat sich schon wegen weniger gekränkt gefühlt. Vor einer Woche hat Scholz noch einmal mit Angela Merkel über den russischen Präsidenten gesprochen. Der Kanzler fühlt sich vorbereitet. Aber was heißt das schon?

Westliche Geheimdienste, auch der BND, haben sich eingehend mit Putin und seiner Gemütsverfassung beschäftigt.

Verbreitet ist die Vermutung, dass die Jahre der Pandemie tiefe Spuren hinterlassen haben. Misstrauisch ist Putin, der frühere KGB-Mann, immer gewesen, aber nun lebt er offenbar in panischer Angst vor Ansteckung in weitgehender Selbstisolation. Wer sich ihm nähern will, muss zuvor in eine zweiwöchige Quarantäne. Für ausländische Staatsgäste macht Putin Ausnahmen, aber dafür verlangt er einen PCR-Test durch russische Mediziner. Das lehnt Scholz wie zuvor auch Macron ab, dafür hat eine Ärztin der deutschen Botschaft nach der Landung noch im Flugzeug einen Abstrich genommen.

Im grünen Salon im ersten Stockwerk des Kremls darf Scholz Platz nehmen an einem weißen, sechs Meter langen Tisch, einer auf drei Säulen ruhenden und mit Blattgold verzierten italienischen Sonderanfertigung. Ein paar Tage zuvor hat auf demselben Stuhl der französische Präsident Macron gesessen. Die Aufnahmen davon sind um die Welt gegangen. Putins Angst vor dem Virus sorgte für Heiterkeit. Der lange Tisch ist aber auch ein Sinnbild für die Distanz zwischen Russland und dem Westen am Vorabend eines drohenden Krieges.

Putin beginnt seine Ausführungen einer festen Routine folgend, die Scholz persönlich noch nicht erlebt, von der er aber gehört hat. Am Anfang solcher Gespräche rühmt der Präsident gern die wirtschaftlichen Beziehungen und referiert dabei für gewöhnlich ein paar Zahlen. Allen Schwierigkeiten der Pandemiezeit zum Trotz sei der deutsch-russische Handel zuletzt um 36 Prozent gestiegen, hebt Putin hervor. Das sei ein gutes Zeichen. »Traditionell und auf natürliche Weise ist es so, dass der Energiebereich zu den Prioritäten gehört. Die Zahlen haben Sie ja, die sind bekannt«, fährt er dann fort. Jedenfalls sei Russland schon lange ein sicherer Energielieferant, seit Jahrzehnten habe es keine Unterbrechung bei der Lieferung von Energieträgern gegeben. »Alles basiert auf guten Prinzipien. Hier gibt es gar keine Zweifel und Fragen«, stellt Putin fest. Scholz, der aus einem Kopfhörer die Stimme der Dolmetscherin hört, fallen allerdings schon ein paar Fragen ein. Er hat auch Zweifel. Sonst gäbe es nicht seit bald einem Monat im Kanzleramt die »Bunkerrunde«. Natürlich werde man heute vor allem über die Sicherheit in Europa und die Ukraine reden, beendet Putin seine Einleitung. Neulich habe er bereits mit Macron darüber gesprochen, nun finde er es »nützlich zu hören, was Sie mir sagen«.

Scholz nennt in seiner ersten Entgegnung die Wirtschaftsbeziehungen etwas weniger euphorisch »sehr ordentlich«. Natürlich sei klar, fährt er fort, »dass wir in dieser Zeit über die schwierige Situation, was Frieden und Sicherheit in Europa betrifft, zu sprechen haben«. Danach werden Kameraleute und Fotografen aus dem Saal gebeten. Was nun folgt, überrascht Scholz dann doch. Putin setzt seine historischen Traktate offenbar nicht als gelesen voraus. Der Kanzler muss sich lange Ausführungen anhören über die Verfehlungen des Westens, die angebliche Bedrohung Russlands durch die NATO und bittere Klagen über die Ukraine. Großen Wert legt Putin auf die Feststellung, dass Russland auch künftig ein zuverlässiger Energielieferant sein werde.

Der Kanzler seinerseits führt Putin die drohenden Konsequenzen eines Angriffskrieges vor Augen, stellt klar, dass dies auch das Ende für Nord Stream 2 bedeuten würde. Knapp vier Stunden reden Kanzler und Kremlchef, zwischendurch gibt es auch etwas zu essen. Am Ende hat Scholz nicht das Gefühl, dass es für weitere Verhandlungen gar keine Chance mehr gibt. Aber sicher ist er sich nicht. Immerhin kursieren Spekulationen, dass Putin am 16. Februar den Befehl zur Invasion geben könnte. Es ist der 15. Februar. Ob er gleich bei der Rückreise aus seinem Flugzeugfenster beobachten müsse, dass rus-

sische Kampfjets in Richtung Ukraine aufstiegen, fragt Scholz
den russischen Präsidenten. Putin lässt diese Frage unbeant-
wortet.

Während der Pressekonferenz unternimmt Scholz noch
einen Versuch. »Für meine Generation ist Krieg in Europa undenkbar geworden, und wir müssen dafür sorgen, dass das so
bleibt«, sagt er. Dann nennt er es »unsere verdammte Pflicht
und Aufgabe als Staats- und Regierungschefs, zu verhindern,
dass es in Europa zu einer kriegerischen Eskalation kommt«.
Kanzler und Kremlchef trennt nun kein sechs Meter langer
Tisch mehr. Die Pulte im säulengesäumten Katharinensaal
stehen etwas näher beisammen, aber Putin denkt nicht daran,
auch nur die Illusion von Nähe zuzulassen. Als er wieder das
Wort hat, möchte er etwas »zum Stichwort Krieg in Europa«
sagen. Der »Herr Bundeskanzler« habe gerade gesagt, dass
sich die Menschen seiner Generation nur schwer vorstellen
könnten, dass es in Europa wieder Krieg gebe. Er selbst gehöre
ja auch zu dieser Generation. Daher wisse er: »Wir haben doch
bereits Krieg in Europa erlebt.«

Dieser Krieg sei von der NATO gegen Jugoslawien entfes-
selt worden. »Das war eine groß angelegte militärische Operation mit Raketen- und Bombenangriffen gegen eine der
europäischen Hauptstädte, gegen Belgrad. Das gab es doch
schon, und zwar ohne dass der Sicherheitsrat der Vereinten
Nationen das irgendwie genehmigt hat«, sagt Putin. In den
folgenden Minuten liefern sich Gastgeber und Gast ein Schar-
mützel. Scholz ist klar, dass er jetzt seinen Mann stehen muss,
wenn er von Putin noch ernst genommen werden will. Als er
wieder an der Reihe ist, erinnert er daran, dass es damals auf
dem Balkan die Gefahr eines Völkermordes gegeben habe.
»Gestatten Sie mir, Folgendes nachzuschieben«, bittet Putin
daraufhin, »nach unserer Einschätzung ist es so, dass das, was

im Donbass geschieht, heute Völkermord ist.« Scholz weiß,
dass diese Behauptung Teil der russischen Propaganda und
durch nichts belegt ist. Trotzdem lässt er Putin jetzt das letzte
Wort.

Am Morgen hat es Berichte gegeben, wonach einige der
russischen Soldaten in ihre Kasernen zurückgekehrt sind. Das
nennt Scholz ein »gutes Zeichen«. Der angebliche Teilrückzug,
von der SPD-Co-Vorsitzenden Saskia Esken später auf Twitter
mit den Worten »Well done, Olaf Scholz« als Verdienst des
Kanzlers gefeiert, wird sich schon bald als Finte herausstellen.
Scholz selbst weiß während der Pressekonferenz am besten,
dass er in Moskau nichts Entscheidendes erreicht hat. Auch
der Versuch, Putin in der Frage des ukrainischen NATO-Beitritts zu beruhigen, hat nicht funktioniert. Während der Pressekonferenz klagt Scholz noch einmal über die »etwas eigenwillige Situation«, dass da etwas zum Problem gemacht werde,
das gar nicht anstehe. Um das zu verdeutlichen, stellt er klar,
dass das lange und auch über die Amtszeit jetzt Regierender
so bleiben werde. Er wisse nicht, wie lange der Präsident vor-
habe, im Amt zu bleiben. Diese Spitze kann er sich nicht ver-
kneifen. »Ich habe jedenfalls das Gefühl, das könnte länger
dauern«, sagt Scholz, »aber nicht ewig.«

Doch auch in diesem Punkt kommen der deutsche Kanzler
und der russische Präsident nicht zusammen. Putin lebt längst
in einem ausdauernden Rendezvous mit der Geschichte. Er
denkt nicht in Amtszeiten. Für ihn zählen Epochen. Der
NATO-Beitritt solle also »nicht morgen kommen«, erläutert
er kühl. »Wann soll das dann kommen? Übermorgen? Was
würde das für uns – historisch gesehen – ändern? Das ändert
nichts für uns.«

Trügerische Ruhe: Der Countdown läuft

Der 16. Februar ist ein guter Tag. Es steigen keine russischen Kampfjets in Richtung der Ukraine auf, keine Panzer rollen auf Kiew. Stattdessen sieht Olaf Scholz, zurück in Berlin, Licht am Ende des Tunnels. Die Omikronwelle flaut ab, soeben hat er mit den Länderchefs Lockerungen der Corona-Beschränkungen beschlossen. Der Kanzler wirkt erleichtert. »Irgendwie haben wir nach diesen langen zwei Jahren auch mal verdient, dass es irgendwie besser wird, und es sieht ein bisschen danach aus, dass wir genau auch das vor uns haben«, verkündet er. Nach der Rückkehr von Olaf Scholz beginnen seltsame Tage. Noch herrscht Frieden in Europa, und es fällt nicht nur Scholz schwer, sich vorzustellen, dass das schon bald anders sein könnte. Der Kanzler reagiert gereizt auf Meldungen, wonach der russische Angriffskrieg nicht mehr abzuwenden sei, dass er kommen werde. Wenn nicht heute, dann vielleicht nächste Woche.

Die Amerikaner sind sicher, dass der Countdown läuft. Niemand sollte sich die Ohren zuhalten, um ihn nicht zu hören, findet Jake Sullivan. Am allerwenigsten der ukrainische Präsident Wolodymyr Selenskyj. Hinter der unauffälligen Fassade der deutschen Vertretung im Brüsseler Europaviertel hat der Sicherheitsberater von Joe Biden seinen Kollegen aus Deutschland, Frankreich und Großbritannien noch einmal den letzten Stand der »Intel«, der amerikanischen Geheimdiensterkenntnisse, präsentiert. Die USA hegen nun keinen Zweifel mehr, dass die russische Invasion kurz bevorsteht. Gleich soll Selenskyjs Berater Andrij Jermak dazustoßen. Das Quartett kommt überein, dem Ukrainer die Lage drastisch vor Augen zu führen. Wenn ihr noch irgendeine Idee habt, noch irgendeine Initiative ergreifen wollt, dann tut es jetzt, soll die Botschaft sein, die

Jermak Selenskyj übermittelt. Jermak hört sich das an. Dann sagt er sinngemäß: Wir glauben nicht, dass die Russen angreifen. Aber wenn sie angreifen, werden wir kämpfen. Was sollen wir sonst machen?

Einmal im Jahr, immer im Februar, zwängen sich Außenminister, Generäle, Präsidenten, Abgeordnete und Senatoren durch die engen Hotelgänge des Bayerischen Hofs in München. Die Sicherheitskonferenz, zu Zeiten des Kalten Kriegs auch Wehrkundetagung genannt, ist eine eigenwillige Mischung aus außenpolitischer Messe und Familientreffen. Im Februar 2022 gleicht sie einem Dampfkochtopf. Keiner im Bayerischen Hof kann sich dem Druck und der aufgeheizten Atmosphäre entziehen, auch der deutsche Kanzler nicht. US-Präsident Joe Biden hat inzwischen auch öffentlich gesagt, dass seiner Einschätzung nach Wladimir Putin seine Entscheidung getroffen habe, dass er Krieg wolle. Auf der Bühne im großen Hotelsaal will der Konferenzchef Wolfgang Ischinger nun vom Kanzler wissen, ob Scholz nach seinem Gespräch mit Putin denn glaube, »dass es tatsächlich noch Spielräume diplomatischer Art, Spielräume zur Deeskalation gibt, und es zu einer Annäherung der Positionen zwischen uns, dem Westen, und Russland kommen könnte«. Zunächst dosiert Scholz seine Antwort. »Wir dürfen nicht naiv sein«, sagt er. Der Truppenaufmarsch entlang der ukrainischen Grenze sei eindeutig, Russland verfüge dort mittlerweile über alle Fähigkeiten für eine militärische Aggression gegen die Ukraine. Gleichzeitig bleibe es aber »immer unsere Aufgabe, alle Türen, und seien sie noch so klein, zu nutzen, durch die möglicherweise der Spielraum für Verhandlungen geöffnet werden kann«. Dann zeigt Scholz Nerven, lässt Druck ab. »Jeder, der hier sich hinstellt und sagt, er könne das prognostizieren, wie es sein wird, der ist mit irgendeinem Hybris-Virus infiziert worden. Das

sollte man nicht tun«, fordert er. Das steht im Widerspruch zu
dem, was Joe Biden gesagt hat, aber es entspricht der Gefühlslage des Kanzlers. Er klammert sich an die Hoffnung, dass
Putin nicht so irrwitzig sein werde, seinen Drohungen Taten
folgen zu lassen.

Auch Wolodymyr Selenskyj kommt nach München. Noch
weiß er nicht, dass es seine letzte Auslandsreise für lange Zeit
sein wird. Seine Meinung hat der ukrainische Präsident nicht
geändert, er glaubt immer noch nicht an die russische Invasion.
Mit dabei in der ukrainischen Delegation ist Geheimdienst-
chef Oleksandr Lytvynenko. Bei einem Essen, das Wolfgang
Schmidt für die in München versammelte Geheimdienstge-
meinde gibt, sitzt Lytvynenko am Tisch des deutschen Kanzler-
amtschefs. Zwei Stunden wird diskutiert. Danach hat Schmidt
nicht das Gefühl, dass Lytvynenko die Lage grundlegend anders einschätzt als sein Präsident. Lytvynenko nutzt die Gelegenheit noch für eine Einladung. BND-Chef Bruno Kahl solle
doch baldmöglichst nach Kiew zu Besuch kommen.

Am Nachmittag des 21. Februar ruft Wladimir Putin in Berlin an. Er will dem Bundeskanzler persönlich mitteilen, dass
er in den nächsten Stunden eine Rede zur Lage der Nation zu
halten gedenke. Was Scholz nun vorab vom russischen Präsidenten erfährt, kann ihn nicht mehr überraschen. Am Vortag
hatte Putin eine im Fernsehen übertragene Sitzung seines
Nationalen Sicherheitsrates inszeniert und seine Berater vor
laufender Kamera für eine Anerkennung der Separatisten-
republiken im Donbass votieren lassen. Scholz stellt im Gespräch mit Putin noch einmal klar, dass damit das Minsker
Abkommen hinfällig ist, und droht mit den Putin bereits bekannten Konsequenzen. Zu verhandeln, das weiß jetzt auch
Scholz, gibt es jetzt nichts mehr.

Die Ansprache, die Scholz von seinem Schreibtisch aus am

Fernsehschirm verfolgt, übertrifft dann die ohnehin schlimmen Erwartungen. Putin beginnt mit der Feststellung, die Ukraine sei »für uns nicht einfach ein Nachbarland«, sie sei integraler »Bestandteil unserer eigenen Geschichte, unserer Kultur, unseres geistigen Raums«. Es folgt ein langer im 17. Jahrhundert beginnender Exkurs, in dem sich Putin besonders ausführlich den frühen Jahren der Sowjetunion widmet. Die Ukraine besitze keine eigene Geschichte der Staatlichkeit, behauptet Putin, sie sei »voll und ganz und ohne jede Einschränkung« vom »bolschewistischen, kommunistischen Russland« geschaffen worden.

Im Leugnen einer eigenen jahrhundertealten ukrainischen Geschichte, einer eigenen Sprache und Kultur weiß er sich mit vielen Russen, aber nicht nur Russen einig. Auch von einflussreichen Deutschen wie Helmut Schmidt ist die Ukraine nie als vollwertige Nation akzeptiert worden. Putin treibt das jetzt auf die Spitze, hält ukrainischen Politikern mangelnde Dankbarkeit für russische Wohltaten vor, beklagt »Schmarotzertum, das bei den offiziellen Kiewer Machthabern manchmal absolut schamlose Züge annahm«, geißelt den »Staatsstreich« der Maidan-Revolution und behauptet wahrheitswidrig, die Ukraine beabsichtige den Bau von Atomwaffen. Die USA und die NATO hätten begonnen, sich die Ukraine als »potenziellen Kriegsschauplatz« anzueignen, fabuliert er. Die Entscheidung über den NATO-Beitritt sei bereits gefallen, im Donbass plane die ukrainische Führung einen »Blitzkrieg«. Am Ende der Wutrede folgt der logische Schluss. Es bleibe nur eine Lösung der »Donbass-Frage«, die militärische. Er halte es für unumgänglich, die »längst überfällige« Entscheidung zu treffen und die »Volksrepubliken« Donezk und Lugansk anzuerkennen. Sodann sollten Verträge »über Freundschaft und wechselseitige Hilfe« unterzeichnet werden.

Das ist eine ungeschminkte, wenn auch nicht formelle Kriegserklärung an die Ukraine. Am ehesten erinnert Putins Drehbuch an die 30er-Jahre des 20. Jahrhunderts, an den Anschluss Österreichs an Nazi-Deutschland oder die Zerschlagung der demokratischen Tschechoslowakei durch Adolf Hitler. Der Mann, der diese hasserfüllte und mit Halbwahrheiten und Lügen gespickte Ansprache von seinem Berliner Kanzlerbüro aus verfolgt, empfindet keine besonderen emotionalen Bindungen an die Ukraine. In seiner Zeit als Finanzminister hat Scholz in den Verhandlungen um den Gastransit und um Kredite eher eine gewisse Skepsis entwickelt. Er teilt die in Berlin verbreitete Auffassung, in der Ukraine sei die Korruption endemisch und der Einfluss von Oligarchen übergroß. Trotzdem ist Scholz empört. Er empfindet Wut darüber, dass Putin sich das Recht herausnimmt, sich ein anderes Land anzueignen, sei es teilweise oder sogar ganz. Ihm ist klar, dass dies das Ende der europäischen Nachkriegsordnung bedeutet.

Am nächsten Tag, es ist der 22. Februar, hat Scholz den irischen Ministerpräsidenten Micheál Martin zu Gast. Den gemeinsamen Auftritt nutzt er, um die deutsche Bevölkerung auf die Lage einzustimmen. »Es sind sehr schwere Tage und Stunden für Europa. Achtzig Jahre nach dem Ende des Zweiten Weltkrieges droht ein Krieg im Osten Europas. Es ist unsere Aufgabe, eine solche Katastrophe abzuwenden«, sagt er. Die Entscheidung Putins, Luhansk und Donezk als eigenständige Republiken anzuerkennen, sei nicht nur ein schwerwiegender Bruch des Völkerrechts. Putin breche damit auch das Abkommen von Minsk von 2014 und 2015, das er selbst unterzeichnet habe, und die »Grundprinzipien, wie sie in der Charta der Vereinten Nationen zum friedlichen Zusammenleben der Völker verankert sind«. Scholz setzt damit einen Schlusspunkt unter acht Jahre deutscher Diplomatie, es ist ein klarer Kurswechsel.

Scholz sagt das noch nicht, aber das »Normandie-Format« ist Geschichte. Und nun nennt der Kanzler Nord Stream 2 endlich beim Namen. Er habe »das Bundeswirtschaftsministerium heute gebeten, den bestehenden Bericht zur Analyse der Versorgungssicherheit bei der Bundesnetzagentur zurückzuziehen«, sagt er. Das ist der Bericht, den der scheidende Wirtschaftsminister Peter Altmaier auf Bitten von Wolfgang Schmidt noch vor Antritt der neuen Regierung durchgewunken hatte. Mit Altmaiers Nachfolger Robert Habeck, der den rosig gehaltenen Bericht über die Weihnachtsferien gelesen hatte, ist besprochen, dass durch diesen Rückzug das Zertifizierungsverfahren gestoppt wird. »Das klingt zwar technisch, ist aber der nötige verwaltungsrechtliche Schritt, damit jetzt keine Zertifizierung der Pipeline erfolgen kann«, erläutert Scholz. Und ohne diese Zertifizierung könne Nord Stream 2 »ja nicht in Betrieb gehen«. Ein Jahrzehnt lang hatten ein Ex-Kanzler, wechselnde deutsche Regierungen, führende SPD-Politiker, mehrere Energiekonzerne, zahllose Anwälte und Diplomaten und zuletzt sogar eine halbseidene Stiftung in Mecklenburg-Vorpommern das Projekt gegen jeglichen Widerstand und selbst gegen schwere US-Sanktionen vorangetrieben. Nun ist es ein sozialdemokratischer Kanzler, der dem ein Ende bereitet. Nord Stream 2 ist nur noch eine zehn Milliarden Euro teure Investitionsruine am Grund der Ostsee. Die Art des Vorgehens soll verhindern, dass Gazprom nun Schadensersatz kassiert.

Am 23. Februar geht das Leben weiter. Im Kanzleramt tagt das Sicherheitskabinett. Der Kanzler und die Minister hören einen Lagebericht vom BND, aber keine Warnung, dass der russische Einmarsch unmittelbar bevorstehen würde. Gesprochen wird über die Botschaft in Kiew. Etliche diplomatische Vertretungen wurden schon aus der ukrainischen Hauptstadt evakuiert. Außenministerin Annalena Baerbock zögert, will auch jetzt noch nichts überstürzen. Danach tagt der Koalitionsausschuss. Die Vertreter der Ampelparteien treffen sich bereits mittags. Das ist ungewöhnlich früh, aber dafür gibt es einen privaten Grund. Olaf Scholz möchte heute keine Sitzung bis spät in die Nacht, seine Frau Britta hat Geburtstag. Das kommt SPD-Chef Lars Klingbeil entgegen. Auch er hat Geburtstag und ist abends mit seiner Familie zum Essen verabredet. Im Ausschuss werden »zehn Entlastungsschritte für unser Land« verabredet. Steuerzahler sollen durch einen höheren Grundfreibetrag entlastet werden, und auch die Pendlerpauschale soll steigen. Als die Frauen und Männer der Ampelkoalition auseinandergehen, hat keiner das Gefühl, dass bereits am nächsten Tag Krieg sein wird.

Am Abend erreichen Kanzleramtschef Wolfgang Schmidt per SMS Fragen von Journalisten. Meldungen machen die Runde, dass der russische Angriff in der Nacht beginnt. Vom BND hört Schmidt nichts. Dabei ist BND-Chef Bruno Kahl in Kiew. Er hat die Einladung seines ukrainischen Kollegen sofort angenommen.

ZEITENWENDE

Gegen 4.30 Uhr am Morgen klingelt in der Potsdamer Woh-
nung des Ehepaars Scholz das Telefon. Es meldet sich der
diensthabende Beamte aus dem Lagezentrum des Kanzleramtes. »Es geht los«, sagt er. Die neue Welt, in der Scholz nun
wach wird, ist bereits eine Stunde alt. Der Kanzler erfährt,
dass an mehreren Orten in der Ukraine Raketen eingeschlagen sind und russische Truppen auf die Hauptstadt Kiew vor-
rücken. Um 3.30 Uhr deutscher Zeit hatte sich Russlands
Präsident Wladimir Putin in einer düsteren Fernsehansprache
an sein Volk gewandt und den Beginn dessen verkündet, was
er »Spezialoperation« nennt. »Für unser Land geht es um
Leben und Tod. Es geht um unsere Zukunft, um unsere historische Zukunft, um unsere Zukunft als Volk«, beschwor er
die Russen.

Olaf Scholz ist jetzt seit elf Wochen Bundeskanzler. Seither
ist die Möglichkeit eines Krieges Woche für Woche, Tag für
Tag näher gerückt. Aber der Krieg blieb immer nur das: eine
Möglichkeit. Die Ablösung der Möglichkeit durch die Wirklichkeit trifft Olaf Scholz an diesem Morgen wie ein Schlag. Er
bittet um eine Verbindung nach Kiew. Er will mit dem Mann
sprechen, der zehn Tage zuvor in seinem barocken Präsidentenpalast und auch neulich in München noch abgewiegelt
hatte. Die Gefahr des großen Krieges hatte auch der ukrainische Präsident, wie viele, nicht wahrhaben wollen. Scholz
kennt die Geheimdienstberichte über russische Todeslisten,
ganz oben steht der Name Wolodymyr Selenskyjs. Um
6.14 Uhr soll Scholz durchgestellt werden, aber die Verbindung
kommt nicht zustande. 18 Minuten später klappt es. Scholz
hört die Stimme des ukrainischen Präsidenten.

»Ein Krieg im großen Stil«

Er fragt, wie es ihm geht und ob er in Sicherheit ist. Selenskyj
geht darauf nicht weiter ein. Stattdessen schildert er kurz die
Lage. »It's a full scale aggression«, sagt er, ein Krieg im großen
Stil. Scholz und Selenskyj sprechen Englisch miteinander,
ohne Übersetzer. Zugeschaltet sind die wichtigsten Mitarbeiter von Scholz, sein Amtschef Schmidt, sein außenpolitischer
Berater Plötner, auch Regierungssprecher Hebestreit. Russland setze Flugzeuge ein und Schiffe, berichtet Selenskyj, und
er bittet den Kanzler, mit Putin zu sprechen. »Das ist der
schlimmste Fall, den wir immer befürchtet und erwartet
haben«, antwortet Scholz. Der überfallenen Ukraine sichert er
»volle Solidarität« zu. Nach nicht einmal acht Minuten ist das
Telefonat beendet.

Volle Solidarität. Nach dem Gespräch weiß Selenskyj nicht,
welche Bedeutung er diesen Worten beimessen kann. In der
alten Welt, in jener der Abkommen von Minsk, wusste Selenskyj immer genau, woran er war bei Scholz' Vorgängerin Angela Merkel. Finanzielle Unterstützung? Ja. Diplomatische
Schützenhilfe? Durchaus. Waffen? Niemals. Diese Welt existiert nicht mehr, die neue aber ist noch völlig unklar. Wird
Deutschland Waffen liefern? Und wenn ja, wie schnell? Selenskyj kann nur hoffen. So wie Scholz. Der weiß nicht, wie
lange Selenskyj noch Präsident sein wird. Er muss hoffen, dass
Selenskyj die nächsten Tage überlebt.

In den ersten Stunden nach dem Überfall gleicht Olaf Scholz
einem Flugkapitän, der mit verbundenen Augen fliegt. Fürs
Erste funktioniert noch der Autopilot. Es zahlt sich aus, dass
zwischen den Hauptstädten des Westens Sanktionspläne
gegen Russland bereits ausgefeilt wurden. Das hilft für den

Anfang. Scholz macht sich auf den Weg ins Kanzleramt, telefoniert von seinem Büro aus erst einmal mit dem französischen Präsidenten Emmanuel Macron. Beide sind sich einig, dass es zunächst beim vereinbarten Sanktionspaket bleiben soll. Um große Strategien geht es jetzt nicht. Es geht darum, diesen Tag zu überstehen.

Um 7.50 Uhr versuchen die wichtigsten Scholz-Berater sich im Büro von Kanzleramtschef Wolfgang Schmidt einen ersten Überblick zu verschaffen, sich über die nächsten Schritte klar zu werden. Der Kanzler muss möglichst schnell zu den Deutschen sprechen, darüber herrscht Einigkeit. Am Abend soll es eine Fernsehansprache geben. Als das geklärt ist, macht sich die Gruppe auf den Weg zum Chef. Um acht Uhr morgens, die neue Welt ist immer noch jung, schaut Olaf Scholz in fünf vertraute Gesichter. Auf den weißen Sesseln seiner Sitzecke haben Platz genommen: Kanzleramtschef Wolfgang Schmidt, Wirtschafts-Staatssekretär Jörg Kukies, Scholz' außenpolitischer Berater Jens Plötner, Regierungssprecher Steffen Hebestreit und die Büroleiterin des Bundeskanzlers, Jeanette Schwamberger. Mit Ausnahme von Plötner sind alle hier schon seit Jahren an Scholz' Seite. Zusammen spielt das Quintett eine ähnliche Rolle wie das Duo aus Sabine Christiansen und Beate Baumann, der Beraterin und der Büroleiterin von Angela Merkel, ohne das ihre Kanzlerschaft nicht denkbar gewesen wäre.

Das Scholz-Quintett ist eines mit erster Geige. Der Spielführer heißt Wolfgang Schmidt, Scholz' Alter Ego. Wer häufiger mit Scholz und Schmidt zu tun hat, kann die Gedanken der beiden nach einiger Zeit kaum auseinanderhalten. Oft ist schwer zu sagen, wer von beiden eine bestimmte Formulierung, eine Idee, eine unerschütterliche Meinung zuerst geäußert hat. Identisch sind sie fast immer. Zwischen Scholz und

Schmidt gibt es auch biografische Parallelen. Schmidt, zwölf
Jahre jünger als Scholz, ist in Hamburg geboren, ging als
Schüler zu den Jusos, studierte Jura, war sogar wie Scholz
Vizepräsident der Internationalen Union der Sozialistischen
Jugend (IUSY). In den Dienst von Scholz trat er 2002 in dessen
Zeit als Generalsekretär der SPD. Leutselig stürzte sich
Schmidt in den Berliner Politikbetrieb, wurde als hingebungs-
voller Netzwerker unersetzlich für den distanzierten, ja eigen-
brötlerischen Scholz und blieb es in dessen Zeit als Hamburger
Bürgermeister und Finanzminister. Schmidt war zwar immer
Innenpolitiker, aber seine Neigung galt den internationalen
Beziehungen. 2009 durchlief er einen halbjährigen Lehrgang
bei der Bundesakademie für Sicherheitspolitik (BAKS). Das
Selbstbild von Schmidt ist das eines außenpolitischen Exper-
ten. Zwar holt er Rat ein, aber noch lieber erteilt er ihn.

Der originellste Kopf im Quintett heißt Jörg Kukies. Ihn
umgibt die Aura eines ebenso rastlosen wie genialen Profes-
sors. Er war Juso wie Scholz und Schmidt, studierte allerdings
nicht Jura, sondern Wirtschaftswissenschaften, war an der Sorbonne und in Harvard, verdiente als Investmentbanker bei
Goldman Sachs ein Vermögen und ließ sich 2017 von Scholz
ins Finanzministerium holen. Kukies ist der Mann, der sich für
Scholz maßgeblich um die Vorbereitung der Sanktionen gegen
Russland gekümmert hat. Nun muss er für Scholz in den Abgrund schauen. Die ökonomischen Folgen des Angriffskriegs
sind unabsehbar. Nicht nur die deutsche Russland-Politik liegt
in Trümmern, auch der Glaube ans deutsche Wirtschaftsmo-
dell gerät ins Wanken. Über Jahrzehnte hat die deutsche Industrie aus der billigen und scheinbar unendlich sprudelnden
russischen Energiequelle geschöpft und vergleichsweise billig
produziert. Jetzt ist klar: Früher oder später wird diese Quelle
versiegen. Kukies will, dass das später passiert.

Der Außenseiter im Quintett ist Jens Plötner. Er ist der einzige Neuling im Team und keiner, den Scholz seit vielen Jahren kennt. Der Karrierediplomat war zuletzt Politischer Direktor im Auswärtigen Amt. Seine Laufbahn ist, wie die etlicher deutscher Spitzendiplomaten, eng mit Frank-Walter Steinmeier verbunden. Während dessen erster Amtszeit als Außenminister in der zweiten Hälfte der Nullerjahre war Plötner zunächst stellvertretender Leiter im Ministerbüro, dann Sprecher des Ministers. Das war die Zeit, in der Steinmeier von einer Modernisierungspartnerschaft mit Russland träumte. Von 2014 bis 2017, in Steinmeiers zweiter Amtszeit, leitete Plötner das Ministerbüro. Nach der Annexion der Krim und dem Beginn des Krieges im Donbass assistierte er Steinmeier in den Verhandlungen um die Abkommen von Minsk. Wie Steinmeier blieb er bis zum Schluss überzeugt, dass die Politik einer »Einbindung« Russlands jede Mühe wert sei. Nun ist es Jens Plötner, der die Scherben dieser Politik auflesen soll.

Steffen Hebestreit und Jeanette Schwamberger schließlich bilden im Quintett ein Gegensatzpaar. Äußerlich, denn neben dem hochgewachsenen Regierungssprecher wirkt die Büroleiterin noch einmal zierlicher. Aber mehr noch gilt das für die Jobbeschreibungen der beiden. Hebestreit ist ausgebildeter Journalist, was ihm seine Aufgabe erleichtert. Er war bis 2014 Hauptstadt-Korrespondent und danach Sprecher des Bundesfinanzministers Scholz. Öffentlich spricht er für Scholz, weniger öffentlich ist er von früh bis spät damit beschäftigt, Scholz zu erklären. Hebestreit arbeitet seit 2015 für Scholz und hat eine gewisse Kunstfertigkeit darin entwickelt, Scholz nicht immer so ernst zu nehmen wie der sich selbst, ohne dabei den geringsten Zweifel an seiner Loyalität aufkommen zu lassen. Im Quintett ist er dadurch auch maßgeblich für die Stimmung zuständig, gerade jetzt.

Jeanette Schwamberger ist im Gegensatz zu Steffen Hebestreit nach außen fast unsichtbar, obwohl sie Scholz auf fast
jeder Reise begleitet. Die Ökonomin ist Scholz aus dem Finanzministerium ins Kanzleramt gefolgt, sie kennt seine Eigenheiten und Bedürfnisse. Wenn er eine Akte braucht, kommt es
vor, dass sie es weiß, bevor er es weiß. So bilden die beiden ein
eingespieltes Team. Scholz will fünf Sachen gleichzeitig machen, sie hilft ihm dabei. Der Kanzler verlässt sich auf Schwamberger, und er schätzt ihr Urteil. Die einzige Frau im engeren
Scholz-Kreis verspürt nicht das Bedürfnis, ihre Bedeutung permanent unter Beweis zu stellen. Alle Fäden laufen ohnehin bei
ihr zusammen. Ihr Job ist es, im Chaos den Überblick zu behalten. Gerade ist nichts wichtiger als das. Kurz wird über die
Ansprache geredet, die Scholz halten soll, und über die nächsten Termine.

Für zehn Uhr hat Scholz im Kanzleramt das Sicherheitskabinett zusammengetrommelt, dem unter anderen die Außenministerin, die Innenministerin, die Verteidigungsministerin sowie hochrangige Beamte angehören. So war es schon
am Vortag besprochen worden für den Fall, dass der Krieg
beginnt. Scholz sagt ein paar Worte zur Lage, dann erstatten
einzelne Ressorts Bericht. Es geht vor allem um Sicherheits-
fragen. Die Erinnerung an die Fluchtszenen aus Kabul ist
frisch, doch Evakuierungsoperationen aus der Ukraine stehen
nicht zur Debatte – mit einer grotesken Ausnahme. Noch am
Vortag hat BND-Chef Bruno Kahl die Mitglieder des Sicherheitskabinetts persönlich über die Lage unterrichtet, nun
steckt er selbst in der Ukraine fest. Kahl war am Vorabend mit
seiner BND-Maschine nach Kiew geflogen, am Morgen wurde
er in seinem Hotel vom Kriegsbeginn überrascht. In einem
gepanzerten Konvoi macht er sich über verstopfte Straßen auf
den Weg Richtung Polen. Einer seiner Leute legt sich derweil

im Sicherheitskabinett fest: 48 Stunden werde die Ukraine der russischen Übermacht standhalten, länger nicht. Es ist eine Einschätzung, die die Stimmung prägen wird an diesem Tag in Berlin.

Das ist auch die Gefühlslage, in der Scholz nach der Sitzung des Sicherheitskabinetts auf der ersten Etage des Kanzleramts vor die Kameras tritt. Nur eine kleine Gruppe von Journalistinnen und Journalisten wartet auf ihn. Es gelten immer noch die strengen Corona-Regeln. Zugelassen sind nur acht Reporter, sie müssen die Mund-Nasen-Masken aufbehalten. »Dieser 24. Februar ist ein furchtbarer Tag für die Ukraine und ein düsterer Tag für Europa«, beginnt der Kanzler. Er trägt einen dunklen Anzug. Putin verletze die »Souveränität und die Grenzen der Ukraine«, er gefährde das Leben unzähliger Unschuldiger in der Ukraine, »dem Brudervolk Russlands«. Brudervolk Russlands? Eine seltsame Formulierung ist das an einem solchen Tag. Die Ukrainer sehen in den Russen lange schon kein Brudervolk mehr und spätestens seit dem Morgen einen todbringenden Feind. »Das ist Putins Krieg«, sagt Scholz noch. Auch das ein Versuch, dem Grauen Grenzen zu setzen. Der Angst zu begegnen. Der Kanzler wird noch lange versuchen, die Illusion aufrechtzuerhalten, es gebe keinen Konflikt mit dem russischen Volk, nur einen mit dem russischen Präsidenten.

Scholz weiß, dass er der Furcht begegnen muss. Womöglich ist es das Einzige, das er sicher weiß an diesem Tag. Die Alten in Deutschland haben den Krieg, die Nächte im Bunker, noch als Kinder erlebt. Scholz' eigene Eltern gehören dazu. Noch besser kennt der Kanzler die Gefühle seiner eigenen, der Boomer-Generation. Er weiß um die langlebigen Ängste jener, die mit ihm im Bonner Hofgarten demonstrierten. Und ihm ist klar, welchen Schock der Krieg für viele der Jüngeren bedeuten

muss, die nach dem Mauerfall im vereinten Europa aufgewachsen sind, ohne einen ernsthaften Gedanken an die Möglichkeit eines großen Krieges auf ihrem eigenen Kontinent. Für
sie war »Nie wieder Krieg« kein Appell, sondern eine Gewissheit.

Eine Situation, wie sie noch keiner erlebt hat

Zu dieser Generation gehört Christian Doktor, der drahtige
Redenschreiber des Bundeskanzlers. Von Beruf ist Doktor Di-
plomat, 2007 hat der Jurist im Auswärtigen Amt seine Atta-
ché-Ausbildung begonnen. Als die Mauer fiel, war er zehn.
Am Abend soll eine Fernsehansprache des Kanzlers gesendet
werden. Doktor und Regierungssprecher Hebestreit bleiben
nur ein paar Stunden, um die Solidarität mit der Ukraine, klare
Botschaften an Putin und die Beruhigung der eigenen Bevölkerung in Worte zu fassen. Es müssen Worte sein, die zum
Kanzler passen. Gleichzeitig muss die Aufzeichnung organisiert werden, zwischendurch verschwindet Scholz in einer
Schalte mit den Staats- und Regierungschefs der G7-Staaten.

Um 16.30 Uhr kann sich der Kanzler endlich vor das Fenster
im Bankettsaal im ersten Stock des Kanzleramtes stellen. Kameras und Scheinwerfer sind vorbereitet. Scholz trägt den
dunklen Anzug, in dem er am frühen Morgen ins Büro gekommen ist. Hinter ihm ist das Reichstagsgebäude zu sehen,
nur in den oberen Turmfenstern brennt Licht. »Heute ist ein
furchtbarer Tag für die Ukraine. Und ein düsterer Tag für Europa«, wiederholt Scholz zunächst die Sätze aus seiner ersten
Erklärung am Vormittag. »Wir alle sorgen uns um den Frieden«, fährt er fort. »Ich kann mir gut vorstellen, welche Fragen

Sie sich heute Abend stellen. Mir geht es da nicht anders als Ihnen. Die Lage ist sehr ernst.« Drei Mal, nicht öfter als sonst, liest Scholz den Text vom Teleprompter.

Der Kanzler gebraucht in seiner Fernsehansprache Worte, die für die Deutschen ungewohnt klingen müssen. Er spricht von den »tapferen Bürgerinnen und Bürgern der Ukraine«. Von Putin verlangt er: »Stellen Sie die Kampfhandlungen unverzüglich ein. Ziehen Sie die russischen Truppen aus der Ukraine zurück.« Scholz kündigt nie da gewesene Sanktionen an, droht Russland mit einem schweren Schaden für seine Wirtschaft. »Deutschland und seine Verbündeten wissen sich zu schützen«, verspricht er. Es sind Worte, die keiner seiner Vorgänger sprechen musste, denn noch nie war ein bundesdeutscher Regierungschef in einer solchen Situation. Noch während der Aufzeichnung wird am Regierungsterminal des Willy-Brandt-Flughafens ein Airbus der Flugbereitschaft der Bundeswehr startklar gemacht, damit Scholz nach Brüssel fliegen kann. Schon am Vortag hatte EU-Ratspräsident Charles Michel einen Sondergipfel einberufen, damit »zügig« ein Sanktionspaket verabschiedet werden kann.

Am frühen Abend läuft Scholz im Brüsseler Ratsgebäude über den roten Teppich. Er wirkt unsicher. Ihm ist anzumerken, dass er diesen einsamen Weg im Fokus der Kameras noch nicht sehr oft gegangen ist. Der schwarze Mund-Nasen-Schutz, den er erst abnimmt, als er die wartenden Journalisten erreicht, macht die Sache nicht einfacher. Scholz spricht von einem »schwierigen Tag für den Frieden in Europa« und davon, dass es eine »geschlossene und entschlossene« Reaktion auf die »flagrante Verletzung des Völkerrechts durch Russland« geben müsse. »Das ist gut vorbereitet, und deshalb hoffe ich, dass wir schnell zu einem guten Ergebnis miteinander kommen«, führt er aus. Das ist nicht mehr der Sound der Fernsehansprache, das klingt nach Steuerreform. Scholz sucht Halt in einer Geschäftsmäßigkeit, die zu diesem Tag passt wie eine Daunenjacke im Hochsommer.

Ob denn auch ein Ausschluss russischer Banken aus dem Zahlungssystem Swift beschlossen werde, fragt eine Journalistin und stört so die bemühte Ruhe des Kanzlers. Wochenlang haben er und seine Leute genau diesen Schritt zu verhindern versucht. Zu weitreichend sind aus ihrer Sicht die Folgen für die Weltwirtschaft, vor allem aber auch für die deutsche. Wenn weiterhin Gas aus Russland strömen soll, muss eben auch Geld in die andere Richtung fließen können, findet Scholz. »Im Hinblick auf Geschlossenheit und Entschlossenheit«, wiegelt er nun ab, solle man doch erst einmal beschließen, was über viele Wochen vorbereitet worden sei.

Ganz anders klingt der polnische Ministerpräsident Mateusz Morawiecki. Energisch läuft er den roten Teppich entlang. Als er die Kameras und Journalisten erreicht, seufzt er kurz. Dann legt Morawiecki los: »Reden ist billig. Genug des billigen Redens. Genug von dieser Naivität um uns herum, genug von dieser Trivialität. Ich bin überzeugt, wir müssen handeln.« Immer noch kauften die Europäer viel russisches Gas und Öl. »Präsident Putin nimmt dieses Geld von uns, von den Europäern, und verwandelt es in Aggression und Invasion«, klagt der polnische Regierungschef. Das müsse aufhören. Die Spitze richtet sich gegen Scholz, das ist deutlich. Eine Journalistin will wissen, ob Polen eine von Russland eingesetzte ukrainische Regierung anerkennen würde. Der Ministerpräsident verneint das, aber schon die Frage spricht Bände. Am Abend des ersten Kriegstages herrscht in Brüssel Untergangsstimmung.

Dieses Gefühl wird verstärkt durch die Pandemie. Im Sitzungssaal, wo sie von Ratspräsident Charles Michel und Kommissionspräsidentin Ursula von der Leyen begrüßt werden, sind die Staats- und Regierungschefs ganz auf sich allein gestellt. Aus Infektionsschutzgründen sind keine Mitarbeiter zugelassen. Die meisten der Regierungschefs sind dunkel gekleidet und begrüßen einander nach Corona-Art vorsichtig mit der Faust. Vor Sitzungsbeginn stehen sie in kleinen Gruppen zusammen, unterhalten sich gedämpft. Der Saal ist freundlich in Pastellfarben dekoriert, doch das kann die Stimmung nicht heben. Alles wirkt so, als warte die kleine Gästeschar auf den Beginn einer Beerdigung.

In der Sitzung präsentiert Ursula von der Leyen noch einmal das mit den USA und anderen westlichen Staaten vorab abgestimmte Sanktionspaket. Es ist wochenlang vorbereitet worden, die im Saal Versammelten kennen längst die Einzelheiten. Die Debatte dreht sich deshalb schnell um etwas anderes: Reicht das? Nein, finden Morawiecki und die anderen Osteuropäer. Erst einmal aber kann sich Scholz durchsetzen: Beschlossen wird nur, was vorbereitet ist. In der anschließenden Pressekonferenz preisen Ratspräsident Michel, Kommissionschefin von der Leyen und der Franzose Emmanuel Macron, dessen Land die rotierende EU-Präsidentschaft innehat, die europäische Einheit. »Wir werden den Kreml zur Rechenschaft ziehen«, sagt von der Leyen. Das Sanktionspaket werde einen »maximalen Effekt auf die russische Wirtschaft und die politische Elite haben«. Tatsächlich übertreffen die Sanktionen alles, was die EU bisher an Strafmaßnahmen verhängt hat. Sie zielen vor allem auf den russischen Finanzsektor, die Energiebranche und den Transport. Russland soll der Zugang zu den internationalen Finanzmärkten und zu westlicher Hochtechnologie weitgehend abgeschnitten werden. Die Inflation werde in Russland in die Höhe schnellen und die industrielle Basis erodieren, verkündet von der Leyen selbstbewusst. Aufhorchen lässt danach ein Satz von Macron. Der Franzose nennt die Sanktionen »eine erste Antwort«. Weitere müssten folgen. Lange nach Mitternacht hebt der Airbus der Flugbereitschaft vom Brüsseler Flughafen Richtung Berlin ab. Scholz ist todmüde. An Bord herrscht Schweigen.

In jener Nacht verlässt Wolodymyr Selenskyj zusammen mit vier seiner wichtigsten Mitstreiter kurz das spärlich beleuchtete Präsidialamt in Kiew. Sein Berater Michailo Podoljak ist dabei und der mächtige Chef der Präsidialverwaltung, Andrij Jermak. Alle fünf tragen olivgrüne T-Shirts, darüber Anoraks in derselben Farbe. In der rechten Hand hält Selenskyj seine wichtigste Waffe, ein Mobiltelefon. Selenskyj drückt auf Aufnahme, dann beginnt er zu sprechen: »Der Fraktionschef ist hier, der Chef des Präsidialamtes ist hier, Ministerpräsident Schmyhal ist hier, Podoljak ist hier, der Präsident ist hier. Wir alle sind hier. Unser Militär ist hier, die Bürger sind hier.« Als es hell wird in den westlichen Hauptstädten, gehen die 40 Sekunden Lebenszeichen per Selfie-Video bereits viral. Selenskyj, der frühere Schauspieler, hat den wahrscheinlich wichtigsten Film seines Lebens produziert.

In dem Video wendet sich der ukrainische Präsident an die eigenen Landsleute. Er macht ihnen Mut, zeigt ihnen, dass ihr Staat nicht zusammenbricht unter der Übermacht der russischen Militärmaschinerie. Vor allem sollen die Menschen wissen, dass ihr Präsident nicht davonläuft. Die Botschaft gilt aber auch denen, die sich am Abend in Brüssel versammelt hatten und sich heute, am zweiten Tag des Krieges, in einer Videokonferenz der NATO mit US-Präsident Joe Biden beraten wollen. »Ich bin hier«, ist Selenskyjs Botschaft an die Welt. In Berlin verfehlt sie nicht ihre Wirkung.

Zwei Tage. Vielleicht drei. So lange würde die Ukraine der russischen Übermacht im Falle eines Angriffs standhalten. Das ist die Einschätzung, die in den Tagen vor dem Überfall hört, wer im Kanzleramt nachfragt. Sie hat auch in den ersten Stunden nach dem Überfall, in der Phase des Blindflugs, noch Bestand. Nach der Sitzung des Sicherheitskabinetts und dem ersten Statement des Kanzlers stehen noch ein paar Journalisten mit Regierungssprecher Steffen Hebestreit zusammen. Ob die Bundesregierung ihr Nein zu Waffenlieferungen überdenke, wird Hebestreit gefragt. Hebestreit wirkt erschüttert, aber die Frage hält er für akademisch. Wem soll man noch Waffen liefern? Wann? Wohin?

»Ich bin hier«, lautet die Antwort des ukrainischen Präsidenten. Natürlich ist es nicht nur das eine Video. BND-Chef Bruno Kahl, nach seiner chaotischen Rückreise eben erst zurück aus Kiew, liefert erste Einschätzungen. Lageberichte befreundeter Geheimdienste treffen ein. Putin, das zeichnet sich bereits ab, hat sich verrechnet. Weder bricht die ukrainische Verteidigung über Nacht zusammen noch der Staat. Die Ukraine hält stand, aber tut es der Westen? Die Zweifel mehren sich. Aus Warschau meldet sich der frühere EU-Ratspräsident, der Pole Donald Tusk. »Diejenigen EU-Regierungen, die harte Entscheidungen blockiert haben, haben Schande über sich selbst gebracht«, twittert er. Der Grüne Anton Hofreiter, von dem in den nächsten Monaten noch viel zur Ukraine zu hören sein wird, fordert den Ausschluss Russlands aus Swift und einen Importboykott fossiler Rohstoffe aus Russland als »nächsten Schritt«. Von Waffenlieferungen ist noch wenig die Rede. Die grüne Bundestagsabgeordnete Agnieszka Brugger fordert Solidarität, meint aber auch, die Lieferung von »Defensivwaffen« sei »unter diesen Bedingungen nicht einfach möglich«.

Die Zeitenwende wird ausgerufen

Mittags macht sich Scholz auf den Weg in den Bendlerblock,
den Berliner Sitz des Verteidigungsministeriums. Der virtuelle
NATO-Gipfel mit US-Präsident Joe Biden ist eingestuft als
»NATO Secret«. Die Teilnahme ist in Berlin nur von einem
einzigen Raum aus möglich, und der befindet sich im Verteidigungsministerium. Scholz muss sein Handy abgeben. An-
derthalb Stunden lang ist er abgeschnitten von der Außenwelt.
Im Kanzleramt ist sein Redenschreiber derweil auf der Suche.
Er sucht nach einem Wort. Am Morgen hatte ihn der Kanzler
zu sich bestellt. Scholz will am Sonntag eine Regierungserklärung abgeben über, ja über was eigentlich? Christian Doktor
sucht nach dem einen Begriff, der den russischen Überfall auf
die Ukraine, die Rückkehr des Krieges nach Europa mit allen
seinen Folgen auf den Punkt bringt. Wende, Zeitenwende,
Umbruch, Zäsur, Epochenwechsel? WhatsApp-Nachrichten
werden ausgetauscht unter Kollegen, die Vorauswahl fällt auf:
Zeitenwende.

Eine gute Wahl, findet Scholz, als er den ersten Redeentwurf
liest. Es ist ein Begriff, den er ja schon mal gebraucht und sogar
mit seiner eigenen Definition versehen hat. »Die Welt erlebt
gerade eine Zeitenwende«, schrieb er in seinem 2017 erschienen Buch »Hoffnungsland«. Damals meinte er damit vor allem
Fluchtbewegungen aus Nahost, Nationalismus in Europa
und Abstiegsängste des Mittelstands. Für eine Zeitenwende
machte Scholz zwei Merkmale aus. »Politische Gewissheiten
verblassen, und die Politik ist mit den täglichen Reaktionen
auf die Veränderungen so beschäftigt, dass ihr kaum Zeit
bleibt, den Kopf zu heben und das große Ganze zu betrachten.«
Diesmal will Scholz das Ganze betrachten. Das war der Ar-

beitsauftrag für die Rede, die er am Sonntag im Bundestag halten will.

Den Freitag über entstehen dafür Versatzstücke. Christian Doktor schreibt Passagen, aber er weiß so wenig wie die anderen im Kanzleramt, worin das »Ganze« am Ende bestehen wird. Zu viele Fragen sind offen. Sollen russische Banken doch noch aus dem Swift-System geworfen werden? Was bedeutet die neue Lage für die Bundeswehr? Der Inspekteur des Heeres, Generalleutnant Alfons Mais, hat soeben auf LinkedIn zugegeben, seine Truppe stehe »mehr oder weniger blank da«. Vor allem aber: Soll die überfallene Ukraine doch noch Waffen aus Deutschland bekommen? Das alles ist unklar. Im Regierungsalltag ist es nicht ungewöhnlich, Texte ins Ungewisse hinein zu verfassen. Was noch einer politischen Entscheidung harrt, landet in Klammern. Der erste Entwurf der wichtigsten Rede von Olaf Scholz besteht am Freitagabend noch aus vielen Klammern. Sicher ist nur: Die Bundeswehr bekommt sehr viel mehr Geld.

Darüber hat Scholz bereits mit seinem Nachfolger im Finanzministerium gesprochen, mit Christian Lindner. Der Koalitionsvertrag ist noch keine drei Monate alt, mit ihm das Postulat, dass es keine neuen Schulden geben dürfe und keine höheren Steuern. Für den FDP-Chef gilt das auch am Tag nach dem russischen Überfall noch. Lindner sieht ein, dass die heruntergewirtschaftete Bundeswehr viel Geld benötigt, aber eine Sonderabgabe, ein »Kriegssoli«, kommt für ihn nicht infrage. Scholz und Lindner verständigen sich auf einen kreditfinanzierten Nebenhaushalt, das »Sondervermögen«. Ohne Risiko ist das nicht, denn dafür muss das Grundgesetz geändert werden. Scholz wird nicht nur seine Sozialdemokraten und die Grünen von der Aufrüstung überzeugen müssen. Er braucht auch noch die oppositionelle Union.

Der dritte Tag nach dem russischen Überfall auf die Ukraine beginnt mit einer Erkenntnis und ein paar unangenehmen Überraschungen. Es ist Samstag, der Kanzler hat den Vormittag über keine Termine und kommt zum vermutlich ersten Mal seit dem nächtlichen Anruf aus dem Lagezentrum zur Besinnung. Die wichtigste Erkenntnis ist: Die Ukraine steht unter erbarmungslosem Beschuss. Entsetzliche Bilder gehen um die Welt. Aber anders als vorhergesagt, steht das Land nicht kurz vor dem Zusammenbruch. In der Nacht hat sich Präsident Selenskyj per Twitter gemeldet mit einem Dank an Emmanuel Macron. Der sei ein »wahrer Freund der Ukraine«. Der französische Präsident liefere Verteidigungswaffen und befürworte die Abkoppelung Russlands von Swift. Dazu kommt eine Meldung aus den Niederlanden. Die Regierung in Den Haag will der Ukraine 400 Panzerfäuste aus deutscher Produktion liefern. Dem müsste die Bundesregierung zustimmen. Wenn sie das aber täte, kann sie dann selbst noch Waffenlieferungen verweigern? Der Tag, der mit einem grundstürzenden Wandel in der deutschen Sicherheitspolitik enden wird, beginnt mit vielen Fragen, vor allem der: Steht Deutschland plötzlich allein?

Olaf Scholz weiß, dass er heute noch Antworten geben muss. Noch dazu setzen ihn Polens Ministerpräsident Mateusz Morawiecki und der litauische Präsident Gitanas Nausėda unter Druck. Sie haben sich selbst eingeladen und sind auf dem Weg nach Berlin. Beide hatten dringend um ein Treffen mit dem deutschen Kanzler ersucht, und es wäre unmöglich gewesen, ihnen die Bitte abzuschlagen. Scholz ist genervt. Schon am Morgen hatte ein Regierungssprecher in Warschau den Zweck der Begegnung verkündet. Die Europäische Union müsse »sofort ein Paket von schonungslosen, harten Sanktionen gegen Russland verabschieden«. Scholz steht nun als derjenige da, dessen Widerstand gebrochen werden muss. Das ärgert ihn. Er will sich nicht drängen, nicht unter Druck setzen lassen. Noch weniger will er als ein Kanzler dastehen, der unter Druck handelt.

Er will sich auf keinen Fall hetzen lassen. Es ist bereits nach zwölf Uhr, als Scholz im Kanzleramt eintrifft. Äußerlich kommt er als Privatmann. Scholz trägt Jeans, dazu ein schwarzes Polohemd, und zieht sich erst in der Kanzlerwohnung um. Danach empfängt er seine Gäste aus Polen und Litauen zu einem winterlichen Mittagessen. Serviert werden Rinderrouladen. Einen gemeinsamen Auftritt vor der Presse verwehrt Scholz dem Besuch. Morawiecki hatte auf dem Weg ins Kanzleramt angekündigt, er wolle Scholz ins Gewissen reden. Diesen Eindruck will der Kanzler nicht auch noch durch eine gemeinsame Pressekonferenz verstärken. Zumal sich in ihm alles sträubt gegen die Vorstellung, ausgerechnet ein Rechtspopulist wie Morawiecki müsse ihn nun vom Ernst der Lage überzeugen.

Tatsächlich liegen im Kanzleramt schon Stunden vor Ankunft der Emissäre aus dem Osten weitreichende Entscheidungen in der Luft. Journalisten, die nach Swift und Waffenlieferungen fragen, erhalten eine ebenso vieldeutige wie nichtssagende Antwort: »Alles im Fluss.« Ein treffenderes Bild wäre vielleicht: Alles fliegt. Einen Tag lang scheinen in der Regierungszentrale die Gesetze der bürokratischen Schwerkraft ihre Geltung verloren zu haben. Einen Tag lang regiert das kreative Chaos. Das Hauptquartier liegt im siebten Stock, wo auch der Kanzler sein Büro hat, allerdings ein paar Türen weiter. Das geräumige Büro von Jeanette Schwamberger verwandelt sich an diesem Tag in eine Art Schreibstube. Der Redenschreiber Doktor hackt hier auf die Tastatur ein. Immer wieder schauen Wolfgang Schmidt, Jens Plötner und Steffen

Hebestreit herein. Auch die Europa-Beraterin Undine Ruge ist
da. Jörg Kukies, ihr Chef, ist übers Wochenende nach Hause
in den Taunus gefahren und hängt dort den ganzen Tag am
Telefon.

Gegen 15 Uhr sitzt Scholz dann in seinem Büro, den unge-
betenen Besuch hat er verabschiedet. Um ihn herum versammelt sich das Quintett mit Ausnahme von Kukies, der sich
vom Taunus aus um den Umschwung in Sachen Swift kümmert. Scholz will ein Meinungsbild. Seine Leute wissen, dass
das jetzt ein heikler Moment ist. Scholz möchte wissen, was
seine Leute von Waffenlieferungen an die Ukraine halten, aber
er will sich von niemandem gedrängt fühlen. Nicht einmal von
seinen eigenen Leuten. Der Eindruck, den Scholz gewinnen
muss, ist trotzdem klar. Die Skepsis und die erheblichen Vorbehalte, bis zuletzt besonders ausgeprägt beim Diplomaten
Plötner, sind geschrumpft. Die meisten waren schon am Morgen ins Büro gekommen mit dem Gefühl, dass sich der Widerstand gegen Waffenlieferungen nicht länger würde halten
lassen.

Scholz hört sich die Einschätzungen seiner Berater an, sagt
aber erst einmal nichts. Als die vier das Kanzlerbüro nach der
kurzen Besprechung verlassen, ahnen sie trotzdem, dass
Scholz sich bewegt. Verabredet wird, sich in einer Dreiviertel-
stunde wieder zusammenzusetzen. Scholz braucht jetzt erst
einmal ein paar Minuten für sich. Es sind die Minuten, in
denen er entscheidet, dass die Bundesrepublik mit einem Prinzip bricht, das sie über Jahrzehnte als Ausweis dafür hochge-
halten hat, dass Deutschland aus der Geschichte gelernt hat.
Scholz entscheidet, dass Deutschland Waffen liefern wird, mit
denen sich die Ukraine gegen die Invasoren wehren kann,
gegen eine russische Armee. In diesem Augenblick ist Scholz
allein.

Die nächste Sitzung ist kurz. Scholz verkündet seine Entscheidung. Die Arbeitsaufträge ergeben sich daraus so gut wie von selbst. Kanzleramtschef Schmidt, der zuständig ist für die Koordinierung der Koalition, setzt Anja Hajduk und Steffen Saebisch ins Bild. Die Grüne ist Staatssekretärin im Wirtschaftsministerium von Vizekanzler Robert Habeck, der FDP-Mann bekleidet denselben Posten im Finanzministerium von Christian Lindner. Zusammen mit Hajduk und Saebisch bildet Schmidt so etwas wie den Ruhepol der noch jungen und chaotisch anmutenden Ampelkoalition. Er muss jetzt dafür sorgen, dass die Entscheidungen seines Kanzlers keine einsamen bleiben. Auch Scholz telefoniert. Er spricht noch mal mit Lindner, mit seinem Vizekanzler Robert Habeck und mit Außenministerin Annalena Baerbock. Außerdem auch mit Verteidigungsministerin Christine Lambrecht. Die SPD-Politikerin hatte für ihre triumphale Verkündung der Lieferung von 5000 Helmen viel Häme kassiert, die Lieferung von Waffen würde sie eigentlich gerne selbst vermelden.

Scholz hat eine andere Sorge. Er möchte keine Ankündigungen machen, die ihn in die Bredouille bringen, also keine Waffen versprechen, die nicht schnell geliefert werden können. Dafür ist Jens Plötner zuständig. Er organisiert eine Konferenzschaltung mit dem Generalinspekteur der Bundeswehr, Eberhard Zorn, und Verteidigungs-Staatssekretär Benedikt Zimmer. Plötner will wissen, was die Bundeswehr schnell aus eigenen Beständen liefern kann. Die Ausbeute sind schließlich 1000 Panzerabwehrwaffen und 500 Boden-Luft-Raketen vom Typ Stinger. Für die ukrainische Verteidigung ist das wichtig, aber der symbolische Wert ist noch größer als der militärische. Deutschland bricht mit dem Tabu, Waffen in Kriegsgebiete zu liefern. Ebenso gravierend ist, dass mit den Waffen russische Soldaten getötet werden, weil sie todbringende Invasoren sind.

Zum ersten Mal seit 1945 richten sich deutsche Waffen auf
Russen. Kein Importstopp, kein Einreiseverbot und auch sonst
keine Entscheidung markiert so dramatisch den Abschied von
einer gescheiterten deutschen Russland-Politik.

An keinem Tag vorher und womöglich an keinem mehr
seitdem ist Scholz so mächtig wie an diesem Samstag. Die
Wucht der historischen Ereignisse lässt ihm immensen politischen Spielraum. Einfach so beschließen kann er die Wende
aber trotzdem nicht. Waffenlieferungen müssen genehmigt
werden vom Bundessicherheitsrat, einem geheim tagenden
Ausschuss der Bundesregierung. Ihm gehören neben dem
Kanzler, dem Kanzleramtschef auch die Chefinnen und Chefs
der Ressorts für Auswärtiges, Verteidigung, Inneres, Wirtschaft, Finanzen, Justiz und für wirtschaftliche Zusammenarbeit an. Neun Regierungsmitglieder müssten nun eigentlich
zusammengetrommelt werden. An einem Samstag ist das illusorisch. Auch das ist ein Problem, mit dem nun Jens Plötner
fertigwerden muss. Er ist nicht nur außenpolitischer Berater,
sondern bekleidet auch den Posten des »geschäftsführenden
Beamten« des Bundessicherheitsrates. Er braucht jetzt schnell
eine Lösung. Schließlich greift er zum Telefon und bittet jedes
einzelne Ressort um Zustimmung. Dann wartet er. Im Laufe
einer Stunde kommen die Rückrufe. Plötner kann melden,
dass es keine Schwierigkeiten geben wird. Um 17.15 Uhr sitzt
Kanzleramtschef Schmidt an seinem Schreibtisch. Über sichere Verbindungen zugeschaltet sind die Staatssekretäre aus
allen im Bundessicherheitsrat vertretenen Ressorts. Schmidt
fragt jeden einzelnen, ob sie zustimmen. Die Antwort ist
immer dieselbe: »Ja.«

Im Büro von Jeanette Schwamberger, der Textwerkstatt, fallen nun nach und nach die letzten Klammern im Entwurf für
die Regierungserklärung am nächsten Tag. Dafür kommen

neue Formulierungen hinzu. Mehrfach versammelt, sich der engste Scholz-Kreis zum *table read*. Wie Schauspieler ein neues Drehbuch, lesen sie die Worte, die Scholz am nächsten Tag im Bundestag vortragen soll. Einzelne Passagen werden verändert, verworfen, neu zusammengesetzt. Manchmal kommt Scholz aus seinem Büro, setzt seine Brille auf und beugt sich über den Bildschirm, auf dem die Regierungserklärung Gestalt annimmt. Gegen seine Gewohnheit mahnt er eher Klarstellungen an, will er keine Ausflüchte ins Ungefähre. Der Kanzler sieht in der Rede vor allem auch eine Chance. Er will die geschichtliche Gelegenheit ergreifen, die Macht des Moments nutzen, um unter jahrelange Streitigkeiten einen Schlussstrich zu setzen. Das Zwei-Prozent-Ziel der NATO, US-Atomwaffen in Deutschland, auf das alles will Scholz die deutsche Politik und nicht zuletzt seine eigene Partei nun festlegen. Der Eurofighter solle zu »Electronic Warfare befähigt werden«, lässt Scholz in die Rede schreiben. Außerdem kämen US-amerikanische F-35 für Atomwaffen »als Trägerflugzeug in Betracht«. An manchen Stellen kann Scholz die Rede gar nicht konkret genug sein. Es ist nach 21 Uhr am Samstagabend, als der Kanzler seine Regierungserklärung zum ersten Mal selbst vorträgt. Im Büro von Olaf Scholz haben sich seine engsten Mitarbeiter versammelt. Scholz liest weder laut noch besonders betont, und doch entfaltet die Rede ihre erste Wirkung. Den ganzen Tag über ist an dem Text gefeilt worden, aber erst in diesem Moment wird den Leuten des Kanzlers ihre ganze Bedeutung klar. Langsam kehrt Ruhe ein. Um 23.23 Uhr setzt Wolfgang Schmidt einen Tweet ab. Zu sehen ist das erleuchtete Kanzleramt. Dazu schreibt Schmidt drei Worte. »What a day.«

Um 11 Uhr am nächsten Vormittag eröffnet Bundestagspräsidentin Bärbel Bas die Sondersitzung. Es ist die erste Sitzung an einem Sonntag in der Geschichte dieses Parlaments. Olaf Scholz bleiben nun noch sechs Minuten Zeit. Vor ihm steht ein weißer Plastikbecher mit Wasser. Daneben liegt die blaue Mappe mit dem eingeprägten Bundesadler in Gold, darin 19 Seiten Papier. Zwischen den Zeilen ist Luft, so als bräuchte jeder Satz hier Platz zum Atmen. Viele Worte sind gefettet, andere unterstrichen. Das Wort »Zeitenwende« im ersten Satz nach der Anrede ist unterstrichen und gefettet. Bärbel Bas beginnt mit den Worten: »Was der Westen mit vereinten Kräften zu verhindern versucht hat, ist doch eingetreten: Wir haben Krieg in Europa.« Dann begrüßt sie ihn. Oben auf der Tribüne, in der ersten Reihe, sitzt ein freundlicher Herr mit ergrauendem Haar, der ukrainische Botschafter Andrij Melnyk. »In Gedanken sind wir bei Ihren Landsleuten, die in diesen Tagen ihre Freiheit und die Demokratie verteidigen«, sagt Bas. Der Botschafter steht auf, legt die Hand aufs Herz, verbeugt sich, drückt immer wieder beide Hände zum Dank zusammen. Nun, in den Applaus hinein, erhebt sich Olaf Scholz. Erst folgt das ganze Kabinett, bald stehen auch fast alle Abgeordneten. Sie werden es noch oft tun an diesem Tag, sich erheben, um Entschlossenheit zu zeigen, Mitgefühl, Trauer, vielleicht auch Scham. Neben Melnyk auf der Tribüne des Bundestages sitzt Altbundespräsident Joachim Gauck. Auch er hat früh gewarnt vor dem, was nun eingetreten ist. Zunächst reicht Gauck Melnyk die Hand. Dann umarmen beide einander.

Melnyk hatte in den Monaten bis zum russischen Überfall keinen leichten Stand in Berlin. Seine Rufe nach Waffenlieferungen verhallten, mit Gaucks Nachfolger Frank-Walter Steinmeier lag er über Kreuz, vom Kanzler wurde er ignoriert. Die Umarmung des ukrainischen Botschafters und des früheren Staatsoberhauptes wirkt nun befreiend, fast wie ein Akt der

Versöhnung. Für Scholz ist das ein Glück. Die einleitenden
Worte von Bas, die Geste von Gauck und Melnyk schaffen eine
Stimmung, in der seine Rede noch stärker wirken wird. Durch
die Reichstagskuppel scheint die Wintersonne in einen Plenar-
saal, in dem die Wucht der Geschichte heute stärker zu spüren
ist als anderswo in Deutschland. Als der Bundestag 1999 von
Bonn nach Berlin umzog, lag der Gedanke an einen neuen
Krieg in Europa fern. Die Mauer war Geschichte, ebenso die
Teilung Deutschlands und Europas. In dieser Gewissheit
zogen die Abgeordneten des deutschen Parlaments in dieses
Haus, das bis heute Zeugnis ablegt von der Schlacht um Berlin
1945. An den Botschaften, die in kyrillischer Schrift auf die
Sandsteinwände des Reichstages gekritzelt sind, laufen die
Abgeordneten jeden Tag vorbei auf ihrem Weg in den Plenar-
saal. In schwarzem Graffito wird da der »ruhmreiche Stalin«
besungen.

»Das Wort zur Abgabe einer Regierungserklärung hat der
Bundeskanzler, Herr Olaf Scholz«, sagt die Bundestagspräsidentin, nachdem sie ihre Eröffnungsrede beendet hat. Scholz
greift seine blaue Mappe, geht die nicht einmal zehn Schritte
zum Rednerpult, nimmt die schwarze Maske ab und lässt Jahrzehnte deutscher Gewissheiten hinter sich. »Der 24. Februar 2022 markiert eine Zeitenwende in der Geschichte unseres Kontinents. Mit dem Überfall auf die Ukraine hat der
russische Präsident Putin kaltblütig einen Angriffskrieg vom
Zaun gebrochen«, sagt er. Der einzige Grund dafür sei: »Die
Freiheit der Ukrainerinnen und Ukrainer stellt sein eigenes
Unterdrückungsregime infrage.«

Knapp eine halbe Stunde wird Olaf Scholz sprechen. Er wird
die Stimme kaum erheben in diesen Minuten, seine Hände
zumeist auf dem Pult ruhen lassen. Keine Fettung, keine Un-
terstreichung im Manuskript lockt den Kanzler aus der Re-

serve. Scholz scheint jegliches Talent zu fehlen, um einen Auftritt wie diesen in Szene zu setzen. Er war nie ein mitreißender Redner, er ist es auch diesmal nicht. Nur erweist sich das heute nicht als Nachteil. Sein Vortrag, sonst häufig ermüdend und monoton, wirkt ruhig und dadurch angemessen. Die Beschreibung der Lage, die Scholz referiert, ist dramatisch genug. »Wer Putins historisierende Abhandlungen liest, wer seine öffentliche Kriegserklärung an die Ukraine im Fernsehen gesehen hat oder wer – wie ich – kürzlich persönlich mit ihm gesprochen hat, der kann keinen Zweifel mehr haben«, sagt er, »Putin will ein russisches Imperium errichten.«

Scholz beschreibt die »Zertrümmerung« der europäischen Nachkriegsordnung, bekundet Solidarität mit der Ukraine, erwähnt eher knapp die Entscheidung, dem überfallenen Land auch mit Waffen zur Seite zu stehen, präsentiert das gegen Russland verhängte »Sanktionspaket von bisher ungekanntem Ausmaß«. Vor allem aber konfrontiert er das Parlament und die Bevölkerung mit den Folgen dieser Zeitenwende für Deutschland. Der Kanzler spricht von einer »nationalen Kraftanstrengung«, davon, dass wir »deutlich mehr investieren müssen in die Sicherheit unseres Landes, um auf diese Weise unsere Freiheit und unsere Demokratie zu schützen«. Er gibt das Ziel aus, »eine leistungsfähige, hochmoderne, fortschrittliche Bundeswehr, die uns zuverlässig schützt, aufzubauen«. Es ist die Antwort auf das Eingeständnis des Heeresinspekteurs Mais und sein Bekenntnis, das Heer stehe »mehr oder weniger blank da«. Ein Land von der Größe und Bedeutung Deutschlands werde das ja wohl hinkriegen, bemerkt Scholz. Erstmals erfahren nun nicht nur die Öffentlichkeit, sondern auch die meisten im Parlament vom Plan eines »Sondervermögens« in Höhe von hundert Milliarden Euro.

Das gilt auch für Scholz' Bekenntnis zum von seiner Partei

noch vor der Bundestagswahl bekämpften Zwei-Prozent-Ziel der NATO. »Wir werden von nun an – Jahr für Jahr – mehr als zwei Prozent des Bruttoinlandsprodukts in unsere Verteidigung investieren«, sagt Scholz. Es sind die Abgeordneten auf den hinteren Sitzen der Union, die jetzt als Erste aufspringen. Noch vor den Abgeordneten der FDP. Sozialdemokraten und Grüne bleiben sitzen. Rolf Mützenich, der Fraktionschef der SPD, schaut sich um. Er ist irritiert. Die Rede des Kanzlers enthält für ihn keine wirklichen Überraschungen, aber der stehende Applaus für höhere Verteidigungsausgaben missfällt ihm zutiefst. Olaf Scholz hat den Fraktionsvorsitzenden eingeweiht, wenn auch eher in groben Zügen. Mützenich soll sich nicht in Mithaftung genommen fühlen. Sein Thema war immer die Abrüstung, der Kampf gegen nukleare Abschreckung, die er für einen Trugschluss hielt. Zu den schärfsten Kritikern Russlands gehörte er nie, seine Bindung an die sozialdemokratische Ostpolitik ist emotional. Über weite Teile dieser Sitzung wirkt Mützenich wie erstarrt.

Als Scholz seinen Platz wieder einnimmt und nach einer Ermahnung der Parlamentspräsidentin seine Maske wieder aufsetzt, schickt ihm sein zwei Reihen weiter hinten sitzender Regierungssprecher eine SMS. Sie enthält nur ein Wort. »Historisch«. Auch am Montagmorgen, an seinem Arbeitsplatz, wird der Kanzler mit Lob überhäuft. Im Quintett ist man der Meinung, dass Scholz seine Sache gut gemacht hat, auch das Presseecho ist wohlwollend. Scholz bezweifelt nicht, dass seine Rede gut war, aber vollkommen zufrieden ist er nicht. Eine wichtige Sache habe er nicht angesprochen, sagt er, das sei die Angst.

Die Bundeswehr und der Krieg

Östlich von Potsdam, nahe der Havel, führt ein 150 Meter langer, von drei Meter hohen erdfarbenen Stelen gesäumter Waldweg einen kleinen Hügel hinauf. Wer den Stelen näher kommt, entdeckt in grünlich bronzenen Lettern Namen, Jahreszahlen und Abkürzungen: 2005 Andreas Heine ISAF. 2006 Norbert Schalm EUFOR. 2007 Alexander Ebel KFOR. Es sind die Namen von Soldatinnen und Soldaten, die in diesen Einsätzen der Bundeswehr ums Leben gekommen sind.

Acht Tage nach dem russischen Überfall auf die Ukraine schreitet Olaf Scholz durch diesen »Wald der Erinnerung« auf dem Gelände des Einsatzführungskommandos der Bundeswehr in der brandenburgischen Gemeinde Schwielowsee. Scholz wird an diesem Morgen begleitet von Generalinspekteur Eberhard Zorn und Generalleutnant Bernd Schütt, dem Kommandeur des Einsatzführungskommandos. Vor vielen Jahren ist Scholz unweit von hier Teilnehmer des FDJ-Camps »Europa darf kein Euroshima werden« gewesen. Nun absolviert er in Schwielowsee seinen ersten Besuch als Kanzler bei der Bundeswehr.

Der Termin steht schon länger in Scholz' Kalender, und eigentlich ist das Timing günstig. Gerade erst hat der Kanzler im Bundestag versprochen, dass die über lange Zeit vernachlässigte Bundeswehr endlich bekommt, was sie braucht. Der Besuch beim Einsatzführungskommando liefert die passenden Bilder zu diesem Bekenntnis. Für den Geschmack von Scholz sind sie etwas zu passend. Im Fernsehen haben die Menschen die lange russische Panzerkolonne auf dem Weg nach Kiew gesehen und den Beschuss des ukrainischen Atomkraftwerkes Saporischschja. Der Brand war erst am Morgen gelöscht worden. »Wir haben die Nacht überlebt, die das Ende der Geschichte der Ukraine und das Ende der Geschichte Europas hätte bedeuten können«, hat Wolodymyr Selenskyj den Angriff in einer Fernsehansprache kommentiert. Scholz meint, dass die Nervosität groß genug ist in der Bevölkerung. Er will sie nicht noch steigern. Das sei ein »lange, lange geplanter Besuch«, betont er. Routine also.

Eine Woche nach seiner allseits gelobten Rede im Bundestag beschäftigt den Kanzler ein kommunikatives Problem. Er geht davon aus, dass die Menschen in Deutschland, besonders die Älteren unter ihnen, durch die Nachrichten und Bilder aus der Ukraine in hohem Maße verunsichert sind. Er ahnt, dass ein vergessen geglaubtes Gefühl zurückkehrt, die Angst vor dem Krieg. In seiner Bundestagsrede ging es Scholz darum, den Menschen den Ernst der Lage und die Konsequenzen für Deutschland vor Augen zu führen. Nun verspürt er das Bedürfnis, diese Botschaft zu justieren. Das Wort Krieg solle man »nicht leichtfertig in den Mund nehmen«, hatte er am Abend vor seinem Besuch in Schwielowsee bei Maybrit Illner in einem seiner nun häufigeren Talkshow-Auftritte gesagt. Er betont noch einmal, der Krieg in der Ukraine »mit all seinen schrecklichen Konsequenzen« sei nicht der Anlass seines Besuches beim Einsatzführungskommando. »Wir sind nicht Teil der militärischen Auseinandersetzungen, die dort stattfinden, und werden es auch nicht werden«, versichert er. »Es ist für uns völlig klar«, wiederholt Scholz, »dass sich die NATO und ihre Mitgliedstaaten nicht an dem Krieg beteiligen.«

Es geht darum, Zeit zu gewinnen

Wenig später sitzt der Kanzler wieder an seinem Schreibtisch.
Um ihn herum haben sich die engsten Mitarbeiter versammelt. Jens Plötner, Steffen Hebestreit, Jeanette Schwamberger
und Jörg Kukies warten mit Olaf Scholz darauf, dass eine Verbindung nach Moskau hergestellt wird. Um 12.57 Uhr ist über
die Freisprechanlage die Stimme des Mannes zu hören, der
den Krieg befohlen hat. »Guten Tag, Herr Bundeskanzler«,
sagt Wladimir Putin. Der Präsident spricht fast durchgängig
Russisch. Während aller Telefonate lässt er seine Worte von
der immer gleichen, erfahrenen Dolmetscherin übersetzen. Sie
hat einen heiklen Job. Putin reagiert unwirsch, wenn er sich
falsch ins Deutsche übertragen fühlt. Auf eine Übersetzung
von Scholz ins Russische verzichtet er. Gelegentlich sagt er
auch ein paar Worte auf Deutsch. Seit seiner Zeit als KGB-
Agent in Dresden spricht er es fließend.

Er sei bedrückt, dass es zum Krieg gekommen sei, sagt
Scholz. Je länger das Blutvergießen dauere, desto schwieriger
werde es sein, eine Lösung zu finden. Putin antwortet zunächst
mit seiner bekannten Litanei. Seit 30 Jahren rücke die NATO
immer näher an Russland heran. Er habe gewarnt, aber niemand habe auf ihn gehört. Es seien respektvolle Gespräche
versprochen worden, aber die habe es nie gegeben. Die Erweiterung des westlichen Bündnisses stellt Putin immer noch
als eigentlichen Kriegsgrund dar. Den Vorwurf, die NATO
habe sich entgegen ursprünglicher Zusagen nach Osten aus-
gebreitet, hat Scholz schon oft gehört. Auch von Helmut
Schmidt.

Tatsächlich hat es das Versprechen, die NATO nach der Wie-
dervereinigung Deutschlands nicht um die Staaten des einsti-

gen Ostblocks zu erweitern, nie gegeben. Auch Michail Gorbatschow, dem es gegolten haben soll, hat das nie behauptet. Der damalige US-Präsident George Bush habe solche Überlegungen schon im Februar 1990 verworfen, schreibt die Historikerin Mary Elise Sarotte in ihrer »wahren Geschichte der NATO-Osterweiterung«. Einzig der langjährige deutsche Außenminister Hans-Dietrich Genscher habe diesen Gedanken noch eine Weile weiterverfolgt. In Zusagen oder in Verträgen mit der sowjetischen Führung taucht er dagegen nicht auf. Gorbatschow selbst bestätigte das 2014 in einem Interview mit dem Internet-Portal *Russia Beyond*. Tatsächlich gelang es beiden Seiten, ein partnerschaftliches Verhältnis aufzubauen. 1997 verständigten sie sich auf die NATO-Russland-Grundakte. 2002 war es Wladimir Putin höchstselbst, der auf den italienischen Luftwaffenstützpunkt Pratica di Mare kam, um einen NATO-Russland-Rat zu gründen. »Was uns eint, ist stärker als das, was uns trennt«, sagte er damals. Die Aufnahme Polens, Tschechiens und Ungarns in die NATO lag da schon drei Jahre zurück.

Doch davon will der russische Präsident schon lange nichts mehr wissen. Im Telefonat mit Scholz beharrt er auf seinen Forderungen. Putin verlangt eine »Denazifizierung« der Ukraine, womit er die Einsetzung eines moskautreuen Regimes meint, eine Demilitarisierung und einen neutralen Status des Landes. Russland sei bereit, alle Kampfhandlungen einzustellen, sobald alle Punkte erfüllt seien, sagt er. Putin dürfte zu diesem Zeitpunkt erkannt haben, dass sein Überfall weder nach Plan läuft, noch seine Soldaten in der Ukraine als Befreier bejubelt werden. Dennoch ist er davon überzeugt, die Bedingungen eines Waffenstillstands diktieren zu können. An der ukrainisch-belarussischen Grenze haben bereits Verhandlungen beider Seiten begonnen, in denen Vertreter von Präsident

Selenskyj Putins Emissären zumindest beim dritten Punkt, der Neutralität, weit entgegenkommen.

Darüber sprechen nun auch Scholz und Putin. Der russische Präsident bringt Österreich als Beispiel ins Spiel. Das Land sei ja auch neutral. Scholz wird hellhörig. Er wüsste gern, wie Putin sich das vorstellt. Immerhin verfügt Österreich über ein Heer, das müsste er der Ukraine ja auch zugestehen. Putin bleibt im Ungefähren. So genau scheint er sich das noch nicht überlegt zu haben. Vereinbart wird, darauf zurückzukommen. Kanzler und Kremlchef sprechen dann noch über die Energielieferungen. Russland werde seine Verpflichtungen zu »hundert Prozent« erfüllen, versichert Putin. Das habe es immer getan.

Vor acht Tagen hat Scholz von der Zeitenwende gesprochen, aber jetzt geht es ihm darum, Zeit zu gewinnen. Mit den Verhandlungen an der belarussisch-ukrainischen Grenze verbindet der Kanzler Hoffnungen. Er glaubt, dass sich noch verhindern lässt, dass der Krieg noch größer wird und lang dauert. Dafür müsste Putin erkennen, dass sein Vorhaben, die Ukraine zu überrollen, gescheitert ist − und Selenskyj sich auf einen Handel einlassen, der einen schweren, verlustreichen Krieg verhindert. Der Konflikt mit Russland wäre damit nicht aus der Welt, aber er wäre eingefroren. Auf Putins Beteuerungen, dass auf Russlands Energielieferungen Verlass sei, gibt Scholz allerdings nichts. Er ist überzeugt davon, dass der Kremlchef sie früher oder später als Waffe einsetzen wird. Scholz kennt die Zahlen. Er weiß, wie wirksam diese Waffe sein kann. Auch hier lautet Scholz' Ziel: Zeit gewinnen.

Energie als Waffe

Mit dem Beginn des russischen Angriffskriegs endet ein deutscher Selbstbetrug. »Es gibt keine Abhängigkeiten Deutschlands von Russland, schon gar nicht in Energiefragen«, hatte Außenminister Heiko Maas 2018 in New York gesagt. Deutschland werde nicht müde werden, den Behauptungen Donald Trumps »die echten Fakten entgegenzusetzen«. Spätestens seit Dezember kennt Scholz diese Fakten. Er weiß, wie abhängig Deutschland von russischer Energie ist. Und ihm ist klar, dass keine Notfallpläne in den Schubladen liegen. Deshalb hat er die »Bunkerrunde« ins Leben gerufen, doch schnelle Lösungen wird es nicht geben – auch das weiß Olaf Scholz.

Er weiß es nur zu gut. Zu Zeiten der großen Koalition ist nicht nur der Bau von Nord Stream 2 vorangetrieben worden. 2015, im Jahr nach der Annexion der Krim, hatte die Bundesregierung Russland auch noch die Kontrolle über den größten deutschen Gasspeicher überlassen. Gazprom durfte den Speicher Rehden mit einer Kapazität von vier Milliarden Kubikmetern der BASF-Tochter Wintershall abkaufen, die im Gegenzug Anteile an westsibirischen Erdgasfeldern erhielt. Wirtschaftsminister Sigmar Gabriel stufte das Geschäft damals als »unbedenklich« ein. In der Konsequenz muss die Bundesregierung nun nicht nur um die künftigen Lieferungen aus Russland fürchten, sie blickt auch in einen fast leeren Speicher.

Mit seinem Vizekanzler und Wirtschaftsminister Robert Habeck ist Scholz sich einig, dass Gas und Öl aus Russland fürs Erste unbedingt weiter fließen sollen. »Wir können nur Maßnahmen beschließen, von denen ich weiß, dass sie nicht zu schweren wirtschaftlichen Schäden in Deutschland führen, und das wäre der Fall, wenn wir jetzt sofort Öl, Kohle und Gas nicht mehr in dieses Land lassen würden«, sagt Habeck im *Heute-Journal*. Drastisch warnt der Grüne vor den Folgen eines schnellen Embargos auf Energielieferungen aus Russland. »Fünf Prozent wirtschaftlicher Einbruch – wenn es denn so käme – ist mehr als die Covid-Pandemie«, sagt er.

Der Kanzlerberater Jörg Kukies glaubt eher, dass es noch schlimmer wäre, käme es zu einem Lieferstopp. Seit er sein Büro im Kanzleramt bezogen hat, verbringt er einen erheblichen Teil seiner Zeit damit herauszufinden, wie groß das Gasproblem tatsächlich ist. Am 16. Dezember hat er das erste Mal bei Klaus-Dieter Maubach angerufen, dann noch zwei Mal kurz vor Weihnachten. Maubach ist der Chef von Uniper, dem größten deutschen Gasversorger. Insgesamt sieben Mal telefonieren Kukies und Maulbach bis zum russischen Überfall auf die Ukraine, wie die Bundesregierung später in der Antwort auf eine Anfrage der Linksfraktion auflistet. Und auch seitdem haben sie schon wieder drei Mal gesprochen. Nicht ein einziges dieser Telefonate kann Kukies beruhigen.

Das Geschäftsmodell von Uniper ist einfach. Es kauft mit langfristigen Verträgen günstig Gas in Russland und verkauft es profitabel weiter. Fast die Hälfte der deutschen Stadtwerke beziehen ihr Gas von Uniper. Ohne russisches Gas aus der Pipeline bräche das Geschäft zusammen. Uniper müsste zu viel höheren Kosten Gas anderswoher beschaffen, es aber zu den vereinbarten, dann viel zu niedrigen Preisen an die Kunden weitergeben. Falls Uniper denn überhaupt genug Gas beschaffen könnte. Das Problem kann Kukies auf seiner Landkarte betrachten. Im Unterschied zu Polen, Frankreich und praktisch allen europäischen Ländern mit einer Küste verfügt Deutschland über kein einziges LNG-Terminal, über das Flüssiggas ins Land geholt werden könnte.

Zwei Wochen nach dem Überfall, am 10. März, hat Scholz einen Termin in Versailles. Frankreichs Staatspräsident Emmanuel Macron hatte den barocken Palast für einen informellen Gipfel der Europäischen Union schon vor längerer Zeit ausgesucht. Nun wird die EU ausgerechnet an diesem geschichtsträchtigen Ort die europäische Antwort auf einen Angriffskrieg besprechen. Die Regierungschefs östlicher Mitgliedstaaten reisen mit einer unmissverständlichen Forderung an. Sie wollen, dass die Energieimporte aus Russland sofort gestoppt werden. Viele sind wie der lettische Ministerpräsident Krišjānis Kariņš der Meinung, dass nur das die Russen an den Verhandlungstisch bringen werde. Die Europäer müssten alles tun, »um Putin und seinen Neo-Imperialismus zu stoppen«, fordert er. Er hoffe auf ein Umdenken Deutschlands.

Niemand steht in Versailles deshalb so sehr unter Druck wie Olaf Scholz. Während die mit Schwertern bewaffneten Soldaten der Republikanischen Garde am roten Teppich Spalier stehen, erklärt der deutsche Kanzler den Journalisten seine Verteidigungslinie. Bei den Sanktionen habe man »sehr präzise bedacht«, wie die größte Wirkung in Russland entfaltet und gleichzeitig sichergestellt werden könne, »dass die Auswirkungen auf uns in Europa und auf die Staaten der Demokratien, die sich in der Welt an diesen Maßnahmen beteiligen, möglichst gering sind«. Das klingt einleuchtend, aber diese Auswirkungen sind sehr unterschiedlich verteilt. Nur wenige EU-Länder sind so abhängig von russischen Energielieferungen wie Deutschland. Im Schloss von Versailles versucht Scholz nun, die deutsche Schwäche in eine Stärke zu verwandeln. Er malt die Folgen eines wirtschaftlichen Niedergangs in Deutschland für ganz Europa an die Wand. Das wirkt. In einer »Erklärung von Versailles« versprechen die Europäer nur sehr allgemein, ihre Abhängigkeit von Gas, Öl und Kohle aus Russland »so bald wie möglich zu beenden«.

Ein Querschläger von Gerhard Schröder

Scholz steht nun in Europa zwar als Bremser da, aber er kann mit dem Ergebnis leben. Es sei, lobt er seinen eigenen Verhandlungserfolg, »eine bewusste, begründete und nachvollziehbare Entscheidung, dass wir jedenfalls von unserer Seite aus die Importe, die es heute in dem Bereich der Energie in Europa gibt, nicht einstellen werden«. Während der Pressekonferenz geht es allerdings nicht nur um die Beschlüsse von Versailles. Während Scholz sich auf dem Gipfel wegen der deutschen Abhängigkeit von russischem Gas rechtfertigen muss, ist Gerhard Schröder in die entgegengesetzte Richtung gereist – an die Quelle. Seit dem Vortag ist bekannt, dass Schröder zu einer Friedensmission nach Moskau aufgebrochen ist. Schröders Frau So-yeon Schröder-Kim postet ein Bild auf Instagram. Es zeigt sie mit geschlossenen Augen, die Hände zum Gebet gefaltet, vor einem Moskauer Hotelfenster. Im Hintergrund ist die erleuchtete Basilius-Kathedrale zu erkennen.

Ob er die Initiative Schröders unterstütze, wird der Kanzler in Versailles gefragt. »Das muss und kann ich zum jetzigen Zeitpunkt gar nicht kommentieren«, antwortet Scholz, sichtlich genervt – Schröder hat ihn nicht vorher informiert. Er werde »sicherlich die Ergebnisse zur Kenntnis nehmen können und auch in all das einbeziehen können, was wir an eigenen Anstrengungen unternommen haben«, sagt er. Scholz glaubt nicht, dass etwas bei dieser Reise herauskommt. Zusammen mit Emmanuel Macron hat er vor Beginn des Versailler Gipfels noch einmal mit Putin telefoniert. Scholz setzt immer noch auf die direkten russisch-ukrainischen Verhandlungen. Hinter dem Schröder-Trip vermutet er ein PR-Manöver. Als die Meldungen aus Moskau eintreffen, hat Lars Klingbeil seit bald drei Wochen nichts mehr von Gerhard Schröder gehört. Am Vorabend des ersten Kriegstages, Klingbeils Geburtstag, hatte Schröder dem SPD-Vorsitzenden auf die Mailbox gesprochen. Klingbeil nahm an, Schröder habe gratulieren wollen. Aber auf Band war dann weder ein Glückwunsch, noch deutete Schröder in seiner Sprachnachricht eine Abkehr von Putin an. Am Tag des Überfalls veröffentlichte der frühere Bundeskanzler eine Stellungnahme. Darin bezeichnete er es als »Verantwortung der russischen Regierung«, den Krieg zu beenden. Eine direkte Kritik an seinem Freund Wladimir Putin äußerte er nicht. In einem Brief forderte Klingbeil zusammen mit seiner Co-Vorsitzenden Saskia Esken und acht Vorgängern Schröder daraufhin auf, seine russischen Aufsichtsratsposten niederzulegen und sich von Putin abzuwenden. »Der Blick vieler Menschen richtet sich auf Dich. Und Du entscheidest in diesen Tagen selbst, lieber Gerhard, ob Du auch zukünftig ein geachteter Sozialdemokrat bleiben willst«, schrieben sie.

Eine Antwort erhält Klingbeil nicht. Stattdessen schaut er nun auf die betende So-yeon Schröder-Kim in Moskau. In den sozialen Netzwerken wird das Bild verspottet, Klingbeil bringt es in Verlegenheit. Einerseits will er zwischen sich, seiner SPD und Schröder die größtmögliche Distanz schaffen. Andererseits: So absurd dieses Andachtsbild anmutet: Der SPD-Vorsitzende kann nicht wissen, ob der frühere Kanzler seinem Freund nicht doch Zugeständnisse abringt. »Alles, was hilft gerade, um diesen furchtbaren Krieg zu beenden, ist ja willkommen«, sagt er im ZDF. Die Realität holt Klingbeil ein.

Schröders Vorhaben misslingt. Er gewinnt in Moskau weder
Frieden für die Ukraine noch Genugtuung für sich selbst.
Stattdessen wird er seine Partei weiter als Gespenst aus ihrer
Vergangenheit verfolgen. Klingbeil weiß, dass er mit der ost-
politischen Vergangenheit der SPD brechen muss. Kurz bevor
sein früherer Förderer nach Moskau gereist war, hatte sich der
SPD-Vorsitzende mit Russland-Experten aus Berliner Denk-
fabriken und Stiftungen getroffen. Er ist auf der Suche nach
einer neuen Ostpolitik.

Auch Rolf Mützenich durchlebt jetzt schwere Tage. Der
SPD-Fraktionsvorsitzende hat seine Dissertation zum Thema
»Atomwaffenfreie Zonen und internationale Politik – historische Erfahrungen, Rahmenbedingungen, Perspektiven« geschrieben. Sein großes politisches Thema war immer die Abrüstung. Als außenpolitischer Sprecher der SPD-Fraktion
kämpfte er viele Jahre lang gegen das Zwei-Prozent-Ziel der
NATO und für einen Abzug der amerikanischen Atomwaffen,
die noch immer auf dem Fliegerhorst Büchel in Rheinland-
Pfalz stationiert sind. Am langen Samstag vor seiner Zeitenwende-Rede hat Scholz auch mit Mützenich telefoniert. Man
muss sich dieses Gespräch als eigentümliche Konversation
vorstellen. Scholz konnte den Fraktionschef nicht übergehen,
wollte ihn aber auch nicht in Verlegenheit bringen. So sprach
er darüber, dass die Bundeswehr sehr viel mehr Geld brauche,
aber er nannte keine Zahl. Scholz redete auch über die NATO,
aber nicht über das Zwei-Prozent-Ziel. Während der sonntäg-
lichen Rede im Bundestag hatte Mützenich dann das Gefühl,
dass der Kanzler Blickkontakt mit ihm sucht, dass er sich seiner Billigung vergewissert. Mützenich konnte überrascht sein,
aber er musste sich nicht überrollt fühlen. Seitdem gilt zwischen Kanzler und Fraktionschef ein unausgesprochener Pakt
des Ungefähren. Scholz erhält von Mützenich in der Fraktion

Rückendeckung für seine Zeitenwende. Und Mützenich darf davon ausgehen, dass der Kanzler Rücksicht nimmt auf sein und das Schmerzempfinden der SPD in dieser Zeitenwende. Dieser Pakt kennt keine sichtbare rote Linie. Aber beide Seiten müssen davon ausgehen, dass es eine gibt.

Eine Standpauke für Scholz und die deutsche Politik

An seinem hundertsten Tag im Amt muss Olaf Scholz eine Standpauke über sich ergehen lassen. Live in den Bundestag ist aus Kiew der ukrainische Präsident Wolodymyr Selenskyj zugeschaltet. Vor einer kahlen Wand und neben der blau-gelben Fahne der Ukraine sitzt er auf einem braunen Bürostuhl. Die Rede ist kurz und scharf. Seit der Selfie-Nachricht am zweiten Tag des russischen Angriffskrieges ist das Wort, die Ansprache, zu einer mächtigen Waffe des ukrainischen Präsidenten geworden. Selenskyj gebraucht sie nicht nur, um die Moral der eigenen Leute zu heben, sondern auch im Kampf um die öffentliche Meinung der Welt. Einen Tag vor seiner Ansprache an den Bundestag war er zugeschaltet in den US-Kongress.

»Erinnern Sie sich an Pearl Harbor«, bat er die Abgeordneten auf dem Kapitol, »erinnern Sie sich an den 11. September.« Dann flehte er um die Errichtung einer Flugverbotszone. Selenskyjs Wortmeldungen aus dem Krieg sind stets maßgeschneidert für das jeweilige Publikum. An die Deutschen gerichtet spricht Selenskyj also von einer neuen »Mauer mitten in Europa, zwischen Freiheit und Unfreiheit«. Diese Mauer werde »immer stärker mit jeder Bombe, die auf unseren

Boden, auf die Ukraine, fällt. Mit jeder Entscheidung, die nicht getroffen wird für den Frieden. Die nicht getroffen wird, obwohl sie helfen könnte.«

Regungslos schaut der Bundeskanzler auf einen großen Bildschirm an der Stirnseite des Plenarsaals, auf dem im Bundestag normalerweise die Liste der nächsten Debattenredner angezeigt wird. Die Abgeordneten sehen von Scholz nur den Haarkranz und das kahle Haupt. Wie auch die anderen aus der Regierung muss er seinen Stuhl drehen, um die Liveschaltung aus dem Krieg verfolgen zu können. Er weiß, dass die Worte des ukrainischen Präsidenten vor allem einen Adressaten haben, ihn selbst. Er hat Selenskyj drei Mal getroffen und mit ihm oft telefoniert, mehrmals auch seit Beginn des Krieges. Es ärgert ihn, dass der ukrainische Botschafter Melnik es so darstellt, als habe es beim letzten Telefonat gekracht zwischen ihm und Selenskyj. Er empfindet Respekt für den Präsidenten, der sich nicht in Sicherheit geflüchtet hat, der Tag für Tag sein Leben riskiert. Aber er findet auch, dass er selbst auf der Hut sein muss. Selenskyjs Forderung nach einer Flugverbotszone hält er für den direkten Weg in einen Krieg zwischen Russland und der NATO. Scholz kennt auch Bidens Vorbehalte gegen Selenskyj. Er weiß, wie sehr der ukrainische Präsident den US-Präsidenten mit seiner Forderung nach einem ukrainischen Express-Beitritt zur NATO irritiert hat.

In seiner Ansprache liest Selenskyj Scholz, den »sehr geehrten Politikerinnen und Politikern« und dem »sehr geehrten deutschen Volk« die Leviten: »Als wir Ihnen sagten, dass die Nord-Stream-Leitungen Waffen sind und der Vorbereitung auf einen großen Krieg dienen, hörten wir die Antwort: ›Es geht hier um die Wirtschaft, Wirtschaft, Wirtschaft.‹« Tatsächlich aber sei das »der Zement für eine neue Mauer« gewesen.

Als die Ukraine gefragt habe, wie sie NATO-Mitglied werden könne, habe sie zu hören bekommen, eine solche Entscheidung stehe nicht an. Und nun? Werde wieder gezögert mit einem Beitritt der Ukraine zur Europäischen Union. »Für manche ist es Politik. Doch in Wahrheit sind es Steine. Steine für eine neue Mauer«, klagt der ukrainische Präsident. Noch einmal fordert er eine Flugverbotszone, verlangt schärfere Sanktionen und ein Energieembargo. Schließlich erinnert Selenskyj an die deutschen Verbrechen in der Ukraine während des Zweiten Weltkriegs. Er fragt, was die so oft wiederholte Formel vom »Nie wieder« wert sei. Dann wendet er sich direkt an Olaf Scholz. Ronald Reagan habe in Berlin einmal »*Tear down this wall*« gerufen. »Herr Bundeskanzler Scholz«, appelliert er, »reißen Sie diese Mauer nieder! Geben Sie Deutschland die Führung, die es verdient und auf die Ihre Nachfahren nur stolz sein können.«

Der Präsident des überfallenen und geschundenen Landes redet nicht als Bittsteller, sondern aus einer Position moralischer Überlegenheit. Er weiß seine Worte klug zu setzen, ihnen Wucht zu verleihen. Und er weiß um die Macht des historischen Moments. Er wirkt stark, Scholz schwach. Die als historisch gefeierte Rede des Bundeskanzlers liegt noch keine drei Wochen zurück, aber ihre Wirkung droht schon zu verblassen. Dieser Eindruck verstärkt sich noch, als Bundestags-Vizepräsidentin Katrin Göring-Eckardt unmittelbar nach der Ansprache des ukrainischen Präsidenten buchstäblich zur Tagesordnung übergeht. Pflichtschuldig gratuliert sie zwei Abgeordneten zum 60. Geburtstag. Dann sind auch noch Personalien zu verhandeln. Für den Stiftungsrat der Stiftung »Haus der kleinen Forscher« wird auf Vorschlag der Fraktion der SPD die Abgeordnete Dr. Wiebke Esdar als Nachfolgerin für den Abgeordneten Dr. Karamba Diaby gewählt.

Dass sein hundertster Tag als Bundeskanzler doch noch eine versöhnliche Wendung nimmt, hat Olaf Scholz seinem alten Bekannten aus Juso-Tagen, NATO-Generalsekretär Jens Stoltenberg, zu verdanken. Der Norweger besucht ihn im Kanzleramt. Ein gemeinsamer Auftritt vor der Presse gibt Scholz Gelegenheit, verspätet ein paar angemessene Sätze zur Rede des ukrainischen Präsidenten zu Protokoll zu geben. »Das Schicksal der Menschen in der Ukraine berührt uns zutiefst«, sagt er. Die Worte Selenskyjs seien »eindrucksvoll« gewesen. Und er versichert: »Wir stehen an der Seite der Ukraine.« Stoltenberg würdigt danach die deutsche »Führungsrolle«. Er lobt Scholz für die »Entschlossenheit, mehr als zwei Prozent des Bruttoinlandsprodukts in die Verteidigung unseres Bündnisses zu investieren«. Das sei »in der Tat ein Wendepunkt für die Sicherheit Europas«. Scholz hört es gern. Zunehmend hadert er mit seinem Bild in der Öffentlichkeit. Er fühlt sich ungerecht beurteilt. Viele der Forderungen, die an ihn gestellt werden, hält er für überzogen und gefährlich. Was er nicht findet, sind passende Antworten.

Gas, immer wieder Gas

In dieser Zeit veröffentlicht das Ifo-Institut ein neunseitiges Papier mit dem Titel »Was wäre, wenn …?«. Eine Gruppe von Ökonomen rund um den in den USA lehrenden Rüdiger Bachmann beschäftigt sich darin mit der Frage, welche Folgen ein sofortiger Stopp russischer Energielieferungen für die deutsche Volkswirtschaft hätte. In einer Modellrechnung kommen sie zum Ergebnis, dass mit einem Rückgang des Bruttoinlandsprodukts (BIP) zwischen 0,5 und drei Prozent zu rechnen

wäre. Sie schlussfolgern, dass »die Auswirkungen wahrscheinlich substanziell, aber handhabbar sein werden«. Für den Fall,
dass man politisch ein Embargo für notwendig erachte, plädieren sie dafür, »die Maßnahmen so früh wie möglich zu ergreifen, um Anpassungen in der Industrie und den Haushalten vor
dem Winter auszulösen«. Scholz' Wirtschaftsberater Kukies
hält solche Berechnungen für akademische Fingerübungen. Er
ist überzeugt, dass sich die Folgen eines plötzlichen Gasman-
gels, der die Industrie hart treffen würde, gar nicht kalkulieren
lassen. Auch Scholz sieht das so. Es sei »unverantwortlich,
irgendwelche mathematischen Modelle zusammenzurechnen,
die dann nicht funktionieren«, empört er sich in der Talkshow
von Anne Will. Die meisten Zuschauer wissen vermutlich gar
nicht, worauf der Kanzler anspielt.

Ein Energieembargo ist jedenfalls das Gegenteil dessen, was
der Kanzler in der ersten Phase des Krieges im Sinn hat. Sein
Ziel bleibt es, Zeit zu gewinnen. Zum einen glaubt er immer
noch, dass die Kämpfe durch Verhandlungen gestoppt werden
können. Zum anderen will er, so lange das geht, die leeren
Gasspeicher mit russischem Gas füllen. Der Speicher Rehden
ist gerade noch zu 0,5 Prozent gefüllt. In den Bunkerrunden
kommt der unschöne Umstand zur Sprache, dass Rehden und
weitere Speicher Gazprom gehören. Sie stehen damit unter
Kontrolle des Kremls. »*Houston, we have a problem*«, sagt Kukies, »*we don't have a* Speicher.« Im Wirtschaftsministerium
von Robert Habeck entsteht der Plan, den deutschen Gaz-
prom-Ableger Gazprom Germania unter Treuhandschaft zu
stellen.

Am 30. März ist Wladimir Putin wieder am Telefon. Er
möchte dem Bundeskanzler etwas erklären. Schon einige Tage
zuvor hatte der Präsident angekündigt, Russland werde sein
Gas nur noch gegen Rubel verkaufen. Das soll die Devisennot

der von den westlichen Sanktionen hart getroffenen Zentralbank lindern. Putin übernimmt es nun persönlich, dem Kanzler die Einzelheiten der neuen Regelung darzulegen. Scholz
kennt das schon. Putin hat kein Problem damit, in der Ukraine
in großem Stil das Völkerrecht zu brechen, aber auf Zweifel an
der Verlässlichkeit Russlands als Energielieferant reagiert er
empfindlich. Nun nimmt er sich eine Menge Zeit, erwähnt
ausführlich auch kleine bürokratische Details. Im Prinzip sollen Euro angewiesen, dann aber direkt in Rubel umgetauscht
werden. Ob Putin ihm das alles noch einmal schriftlich geben
könne, fragt Scholz. Dann werde er das mit seinen Fachleuten
beraten. Er verweist auf die Vertragslage, die sei eindeutig.
Gezahlt werde in Euro.

Nur einen Tag später, am Freitag, den 31. März, teilt der
Gazprom-Konzern mit, sich von Gazprom Germania trennen
zu wollen. Was nun beginnt, ist ein Hase-und-Igel-Spiel.
Dem Unternehmen gehören nicht nur die wichtigsten deutschen Gasspeicher, es beliefert auch viele deutsche Stadtwerke
und Unternehmen. Sein Zusammenbruch hätte katastrophale
Folgen für die Gasversorgung im Land. Genau das ist das Ziel
einer Reihe undurchsichtiger Transaktionen und einer gehei-
men Anweisung an die russischen Geschäftsführer von Gazprom Germania: Sie sollen die Firma abwickeln. Obwohl das
für sie mit einem hohen Risiko verbunden ist, entschließen
sie sich zur Befehlsverweigerung und warnen die Bundesregierung. Um Gazprom Germania zu retten, bleibt Experten
und Juristen im Wirtschaftsministerium allerdings nur wenig
Zeit. Schon Montagfrüh, am 3. April 2022, erscheint eine
»Anordnung gemäß § 6 des Außenwirtschaftsgesetzes bezüg-
lich der Anteile an der Gazprom Germania GmbH« im Bun-
desanzeiger. Alle Stimmrechte werden der Bundesnetzagentur übertragen. Der Bund nimmt Gazprom Germania unter

Treuhandverwaltung. Fortan befinden sich Russland und Deutschland im offenen Energiekrieg. Aber noch fließt das Gas.

ZÖGERER

Guy Verhofstadt ist im Europäischen Parlament eine Ausnahmeerscheinung. Der Belgier war fast ein Jahrzehnt lang Premierminister, seit 2009 ist er EU-Abgeordneter der Liberalen und berühmt (andere sagen berüchtigt) für seine Wortgewalt. Wenn er in Fahrt kommt, gibt es kein Halten. Am 6. April ergreift er im Straßburger Plenum das Wort. Nach dem erzwungenen Rückzug russischer Truppen aus dem Umland von Kiew sind erste grauenhafte Bilder aus den befreiten Gebieten zu sehen. Auf den Straßen von Butscha liegen Leichen, Überlebende berichten von Folter. Er sei erschüttert, sagt Verhofstadt, aber entscheidend sei doch jetzt die Frage, was Europa tun werde. »Geht es darum, den Krieg zu stoppen? Putin zu stoppen? Was ist unsere Strategie?«, fragt er aufgebracht. Die EU arbeite nun am fünften Sanktionspaket, aber wozu? »Die ersten vier Pakete haben nicht funktioniert. Der Wert des Rubels ist gestiegen. Das fünfte Paket wird auch nicht funktionieren«, prophezeit Verhofstadt.

Er höre nun, fährt er nach einer Kunstpause fort, dass am sechsten Paket gearbeitet werde. Dann bricht es aus dem Belgier heraus: »Ich kann mein ganzes verdammtes Leben auf das sechste Paket warten, aber die Ukrainer, die in Butscha und Mariupol sterben, die können nicht länger warten.« Nun solle Kohle sanktioniert werden. »Das ist lächerlich. Das sind nur drei Prozent der Importe aus Russland«, redet sich Verhofstadt in Rage. Immer noch seien mehr als 50 Prozent der russischen Finanzinstitutionen nicht sanktioniert. Es sei an der Zeit für einen Sondergipfel, der endlich ein »volles Sanktionspaket« beschließe. »Alles andere wird nicht funktionieren. Alles andere wird den Krieg verlängern. Alles andere bedeutet mehr Tote auf der ukrainischen Seite«, beendet der Belgier sein Plädoyer. Dann fällt ihm noch etwas ein, »ein kleiner Rat an meine Freunde in Deutschland«. Nach dem Horror des Zweiten Weltkriegs sei ein starkes und demokratisches Deutschland entstanden. »Von so einem Deutschland erwarte ich Führung«, sagt er, »Führung durch Vorangehen. Und nicht durch Hinterherhinken, so wie wir es heute sehen.« Ein Video des vier Minuten langen Auftritts wird in den sozialen Netzwerken europaweit zigfach geteilt, Olaf Scholz steht am Pranger.

Am selben Tag stellt sich der Kanzler einer Befragung im Bundestag. Auch er spricht zu Beginn über die »entsetzlichen Bilder aus Butscha«, wo russische Soldaten ein Massaker an ukrainischen Kindern, Frauen und alten Menschen verübt hätten. »Die Ermordung von Zivilisten ist ein Kriegsverbrechen«, sagt er. Den russischen Präsidenten ruft er auf: »Beenden Sie diesen zerstörerischen und selbstzerstörerischen Krieg sofort.« Die Kriegsverbrechen empören Scholz, aber einen Wendepunkt, der ein baldiges Ende des Krieges erschwert oder gar unmöglich macht, sieht er in den Gräueln nicht. »Ziehen Sie Ihre Truppen aus der Ukraine ab«, fordert er von Putin. Einige Monate später wird er das Possessivpronomen weglassen, nur noch fordern, Putin müsse »Truppen« zurückziehen. Der Kritik an schleppenden Waffenlieferungen will Scholz gleich den Wind aus den Segeln nehmen und spricht das Thema selbst an. Deutschland liefere, was mit »unseren Freunden und Verbündeten« abgestimmt und, etwa aus Beständen der Bundeswehr, verfügbar sei.

Der CDU-Vizefraktionschef Johann Wadepuhl will daraufhin wissen, warum Deutschland dann nicht den von der Ukraine dringend erbetenen Schützenpanzer Marder liefere. Der stehe in größeren Mengen herum. Was nun folgt, ist exemplarisch für Scholz' Reaktion auf Kritik. Der Kanzler holt erst einmal aus. Es sei, beginnt er, »ein Bruch mit langen Traditionen, dass diese Regierung anders als alle ihre Vorgängerinnen entschieden hat, überhaupt Waffen in die Ukraine und in ein

Krisengebiet zu liefern«. Das sei eine richtige Entscheidung, »die wir abgewogen, aber auch schnell getroffen haben«. Wann immer der Kanzler jetzt über die deutschen Waffenlieferungen spricht, betont er das: dass sie »abgewogen« seien. Das geschehe, erklärt er nun, »eng abgestimmt mit unseren Freundinnen und Freunden in der NATO und in der Europäischen Union, weil es darum geht, dass alle in die gleiche Richtung gehen und nicht unterschiedliche Aktivitäten unternehmen«. Zu den Mardern sagt Scholz nichts. Wadephul ist unzufrieden. Er warte immer noch auf eine Antwort, beschwert er sich. Die habe er doch gerade erhalten, wird er vom Kanzler belehrt. Mehr kommt nicht.

Die Ukraine erhöht den Druck

Ein paar Tage vor Ostern erreicht Steffen Hebestreit im Urlaub in Hiddensee ein Anruf aus Warschau. Am Apparat ist Cerstin Gammelin, die Sprecherin von Bundespräsident Frank-Walter Steinmeier. Sie klingt fassungslos. Aus einer geplanten Bahnfahrt Steinmeiers mit den Präsidenten Polens und der baltischen Staaten nach Kiew werde nichts, berichtet Gammelin. Steinmeier sei zu verstehen gegeben worden, er sei in der Ukraine unerwünscht. Wie es dazu kommen konnte, ist noch nicht klar. Offenbar hatte das Bundespräsidialamt keine förmliche Einladung aus Kiew erhalten und war davon ausgegangen, dass die polnische Seite sich um alles gekümmert hat. Naheliegend ist aber, dass Steinmeier als Symbolfigur der alten deutschen und sozialdemokratischen Russland-Politik abgestraft werden soll. Die peinliche Angelegenheit lässt sich nicht lange unter der Decke halten, die *Bild*-Zeitung berichtet von der Ausladung. Als Steinmeier sich daraufhin in Warschau deutschen Journalisten stellt, wirkt er angefasst. »Ich war dazu bereit. Aber offenbar – und ich muss das zur Kenntnis nehmen – war das in Kiew nicht gewünscht«, sagt er. In Berlin muss Scholz davon ausgehen, dass sich der unfreundliche Akt auch gegen ihn richtet. Er weiß ja, dass der ukrainische Präsident nicht Steinmeier, sondern ihn, den Kanzler, in Kiew erwartet, schließlich ist er der Entscheider. Und er weiß, dass er nicht mit leeren Händen kommen könnte. Selenskyj dringt auf neue Waffenzusagen. Ein anderer Ukraine-Besuch macht die Angelegenheit für Scholz noch unangenehmer. Auf Einladung des ukrainischen Parlaments reisen drei Bundestagsabgeordnete aus den Ampelparteien nach Lwiw, dem früheren Lemberg, im Westen des Landes. Es sind die Vorsitzende des Verteidigungsausschusses, Marie-Agnes Strack-Zimmermann von der FDP, der Vorsitzende des Auswärtigen Ausschusses, Michael Roth von der SPD, und der grüne Chef des Europaausschusses, Anton Hofreiter von den Grünen. Alle drei haben sich seit Beginn des Krieges einen Ruf als scharfe Kritiker des Kanzlers erarbeitet, dem sie eine zu zögerliche Unterstützung der Ukraine vorwerfen. In Lwiw besuchen sie Verwundete im Krankenhaus und eine von Russland zerstörte Raffinerie. »Der Wunsch nach schweren Waffen wurde uns sehr klar vermittelt – und auch der nach einem kompletten Energieembargo«, lässt sich Hofreiter nach der Reise vom *Spiegel* zitieren.

Scholz fühlt sich nicht nur ungerecht beurteilt, sondern in einer Weise unter Druck gesetzt, die er als ungehörig empfindet. Die Ausladung des deutschen Staatsoberhauptes hält er für einen Affront. Auf keinen Fall will er den Eindruck erwecken, er lasse sich zu einer Reise nach Kiew zwingen. Als er am nächsten Tag zu einem länger verabredeten Radiointerview in ein Studio des RBB fährt, ist er geladen. »Wann fahren

Sie in die Ukraine?«, fragt die Interviewerin gleich als Erstes. »Ich war schon in der Ukraine«, antwortet Scholz patzig. Kurz vor Kriegsbeginn habe er Präsident Selenskyj in Kiew besucht, außerdem telefoniere er regelmäßig mit ihm. »Der Bundespräsident wäre gerne in die Ukraine gefahren und hätte den Präsidenten besucht«, fügt er hinzu. Das sei das Staatsoberhaupt der Bundesrepublik Deutschland, das gerade wiedergewählt worden sei »wegen seiner Verdienste und seiner Leistungen mit einer großen, weit über Parteigrenzen hinweg reichenden Mehrheit«. Die Ausladung Steinmeiers sei doch »etwas irritierend, um es höflich zu sagen«.

Warum Deutschland denn keine schweren Waffen liefere, soll der Kanzler nun erklären, bei Rheinmetall stünden Schützenpanzer vom Typ Marder auf dem Hof. »Ich bin beeindruckt, wie sehr viele Leute es schaffen, einmal kurz zu googeln und zu Waffenexperten zu werden«, blafft Scholz. Sehr wohl liefere Deutschland effiziente Waffen, Panzerabwehrwaffen und Flugabwehrraketen etwa, die dazu beigetragen hätten, »die russischen Pläne zu vereiteln«. Gleichzeitig gebe es eine Verantwortung, »dass wir jetzt nicht irgendwelchen Lobbyinteressen Folge leisten, wo der eine oder andere viele Sachen, die seit vielen Jahren von niemandem gekauft werden, jetzt mal loswerden will«. Vor allem: »Wir werden keinen Alleingang machen. Deutschland wird nicht anders agieren als andere Länder.« Schon, aber ob denn so Führung aussehe, fragt die Interviewerin. Scholz findet: »Sehr.« Natürlich melde sich immer wer zu Wort, der sich eine bestimmte Richtung wünsche. Manchen von diesen »Jungs und Mädels« müsse er sagen: »Weil ich nicht tue, was ihr wollt, deshalb führe ich.«

Wo ist die rote Linie?

Das Interview markiert einen Einschnitt. Scholz hat nun offen ausgesprochen, was er ohnehin für selbstverständlich hält, aber von dem er nun merkt, dass es eben nicht allgemein verstanden ist. Er hat am langen Samstag vor der Zeitenwende-Rede die einsame Entscheidung für Waffenlieferungen getroffen. Er trägt die Verantwortung für die Konsequenzen, die kann und will er nicht teilen. Insofern findet er es unsinnig, wenn nun von einem Koalitionsstreit über Waffenlieferungen gesprochen wird. Es stimmt, dass er für gewöhnlich in der Ampel die Interessen austarieren muss. Oft reicht seine Macht gerade so weit wie sein Verhandlungsgeschick. Wenn es aber um militärische Unterstützung der Ukraine geht, gleicht Scholz einem Alleinherrscher. Natürlich existieren Verfahren und Abläufe. Formell befindet über den Export militärischer Güter der Bundessicherheitsrat. Niemand aber kann Scholz hier zu einer Entscheidung zwingen. Nicht Robert Habeck, nicht Annalena Baerbock und auch nicht Christian Lindner. Im Kanzleramt landen die ukrainischen Waffenwünsche auf dem Tisch von Jens Plötner. Wenn es um eine neue Qualität geht, dann marschiert der außenpolitische Berater mit solchen Wünschen direkt in den siebten Stock, zum Kanzler.

In den ersten Kriegsmonaten, der Schockphase, kann von klaren Kriterien für diese Entscheidungen keine Rede sein. Die NATO soll nicht in einen Krieg mit Russland verstrickt werden, das ist klar, aber was heißt das für die Wahl der zu liefernden Waffen? Mit Abwehrwaffen hat Scholz kein Problem, mit westlichen Panzern schon. Es beginnt die Suche nach einer gedachten roten Linie, die zu überschreiten Putin zu einer weiteren Eskalation provozieren könnte. Es ist eine Linie, die sich immer weiter verschieben und nie wirklich sichtbar werden wird. Vor allem setzt Scholz noch immer auf Verhandlungen. Darauf, dass Putin sein Vorhaben als gescheitert erkennt und abbricht. Das will er nicht gefährden. Es gibt in dieser ersten Phase keinen weitergehenden Plan, keine langfristige Strategie. Das ist in Berlin nicht anders als in Washington und in anderen westlichen Hauptstädten. Es regiert das Prinzip Hoffnung.

Ein Zug und ein Ziel

Über einen staubigen Bahnsteig an der polnisch-ukrainischen Grenze marschiert Olaf Scholz zu seinem Waggon. Er trägt ein dunkles, kurzärmliges Polohemd und etwas ausgewaschene Jeans. In der linken Hand baumelt die Ledertasche. Der Kanzler läuft ohne Eile, nun kommt es auch nicht mehr darauf an. Eigentlich hätte er im polnischen Städtchen Przemyśl ein paar Kilometer westlich einsteigen sollen. Wegen technischer Probleme muss die Fahrt direkt an der Grenze beginnen, am Güterbahnhof Medyka. Um zwölf Minuten vor Mitternacht setzt sich der Zug in Bewegung. Die Verspätung beträgt fast zweieinhalb Stunden. Oder vier Monate, je nach Sichtweise.

Es ist der 15. Juni 2022. Bevor er an diesem Sommerabend in seinen Schlafwagen steigen konnte, hatte Olaf Scholz Verschiedenes zu erledigen. Es gab, wie von ihm gewünscht, einen klärenden, versöhnlichen Anruf von Wolodymyr Selenskyj bei Frank-Walter Steinmeier. Aber das war am Ende eher eine Formalität. Seit der Ausladung des Bundespräsidenten ist viel passiert, ist die Lage, der Krieg ein anderer geworden. Nach dem erzwungenen Rückzug aus der Gegend von Kiew hat

Putin seine Truppen um die Ukraine herumführen und im Süden und im Osten angreifen lassen. Putin irre, wenn er glaube, einen Diktatfrieden »herbeibomben« zu können, hatte Scholz im Mai in einer Regierungserklärung im Bundestag gesagt. Dass die Ukraine gewinnen muss, sagte er nicht. Sie darf nicht verlieren, darum geht es: »Russland darf diesen Krieg nicht gewinnen. Die Ukraine muss bestehen.« Das ist der Weg, den der Kanzler sieht. Der Mann im Kreml muss gezwungen werden, seinen Irrtum einzugestehen. Putin soll erkennen, dass er nicht nur die Widerstandskraft der Ukrainer unterschätzt hat, sondern auch den Willen des Westens, der Ukraine beizustehen.

Um Putin zu dieser Einsicht, zum Einlenken zu bewegen, hat Scholz sich inzwischen zur Lieferung »schwerer« Waffen durchgerungen. Ende April entscheidet er, der Ukraine 50 Flugabwehrpanzer des Typs Gepard aus Beständen der deutschen Rüstungsindustrie zu liefern. Über Ringtauschgeschäfte gehen außerdem sowjetische Panzer aus Altbeständen östlicher NATO-Länder an das überfallene Land. Unmittelbar vor der Fahrt nach Kiew hat Scholz die Lieferung von IRIS-T, dem modernsten Flugabwehrsystem in deutschem Besitz, und von Mehrfachraketenwerfern mit mittlerer Reichweite angekündigt. Er weiß, wie wichtig diese Waffen für die Ukraine sind. Er kommt also nicht mit leeren Händen. Auch innenpolitisch ist Scholz mit sich im Reinen. Aus der Union und gelegentlich aus den eigenen Reihen wird er noch immer als Zauderer kritisiert. Aber das ist nur die eine Seite. Es gibt auch eine andere.

Die Journalistin Alice Schwarzer hat Scholz zusammen mit dem Schriftsteller Martin Walser, dem Schauspieler Edgar Selge, der Grünen Antje Vollmer und etlichen anderen einen Brief geschrieben, der den Kanzler dafür lobt, dass er die Risiken seiner Entscheidungen so genau bedacht habe: »Das Risiko der Ausbreitung des Krieges innerhalb der Ukraine; das Risiko einer Ausweitung auf ganz Europa; ja, das Risiko eines Dritten Weltkrieges«. Die Gruppe um Schwarzer verlangt von Scholz nun, keinesfalls schwere Waffen an die überfallene Ukraine zu liefern. Dem stehe das »kategorische Verbot« entgegen, »ein manifestes Risiko der Eskalation dieses Krieges zu einem atomaren Konflikt in Kauf zu nehmen«. Die Lieferung großer Mengen schwerer Waffen könne Deutschland selbst zur Kriegspartei machen. Ein russischer »Gegenschlag« berge die »unmittelbare Gefahr eines Weltkriegs«. Die Absender nehmen für sich in Anspruch, auch für die Ukrainerinnen und Ukrainer zu sprechen. Das Maß an Zerstörung und menschlichem Leid unter der ukrainischen Zivilbevölkerung stehe »irgendwann« in einem unerträglichen Missverhältnis zum »berechtigten Widerstand« gegen einen Aggressor.

Scholz empört das. Die Sorge vor einem Atomkrieg ist ihm nicht fremd, war er doch seinerzeit Mitorganisator der Bonner Hofgarten-Demos. Es ist die kaltschnäuzige Forderung, die Ukrainer müssten sich in ihr Schicksal fügen, die ihn aufregt. Und Scholz ist kein Buddha. In ihm simmert die stille Wut gegen jene, die er für ignorant und denkfaul hält. Er hat früh gelernt, diese Wut auf kleiner Flamme zu halten. Bei Bedarf lässt er sie aber auch überkochen. Er respektiere »jeden Pazifismus, jede Haltung« schreit er auf einer Mai-Kundgebung in Düsseldorf gegen »Kriegstreiber«-Rufe an, aber es müsse »einem Bürger der Ukraine zynisch vorkommen, wenn ihm gesagt wird, er solle sich gegen die Putin'sche Aggression ohne Waffen verteidigen«. Das sei »aus der Zeit gefallen«, brüllt er und zeigt mit dem Finger in Richtung derer, die ihn beschimpfen. Solange ihn die einen »Kriegstreiber« nennen und die anderen als Zauderer kritisieren, fühlt sich der Kanzler seiner

Sache sicher. Er ist überzeugt, dass er die Ängste in der Bevölkerung nicht ignorieren darf. Und dass die Bevölkerung das
honoriert.

Scholz, Macron und Draghi in Kiew

Weit ist der Zug nach Kiew noch nicht gekommen, als Scholz
sich durch die Waggons auf den Weg macht zu seinen Reisegefährten. Nach Scholz waren zuerst der französische Präsident Emmanuel Macron und dann der italienische Ministerpräsident Mario Draghi auf dem Güterbahnsteig erschienen.
Macron im Anzug, aber ohne Krawatte. Draghi im Anzug,
aber mit Krawatte. Auch der Franzose und der Italiener waren
seit Beginn des Krieges noch nicht in Kiew. Nun sind die drei
Politiker gemeinsam unterwegs als Repräsentanten der EU,
ihrer größten und wirtschaftsstärksten Gründungsmitglieder
mit zusammen immerhin knapp 210 Millionen Einwohnern.
Macron empfängt in einem holzgetäfelten Waggon nach Art
des Orient-Expresses. »Sieht Ihr Salon auch so aus?«, fragt
Scholz den Italiener Draghi. Sein eigener sei »ähnlich, aber
ganz anders möbliert«, sagt Scholz. Der Waggon des Kanzlers
ist eher rustikal gehalten. Scholz hat einige Flaschen Muggardt
dabei, badischen Burgunder aus den Vorräten des Kanzleramtes.

Während der Zug sich ratternd Lwiw nähert, bespricht das
Trio, welchen Eindruck der Besuch in Kiew hinterlassen, welche Botschaft von ihm ausgehen soll. Vor ein paar Tagen,
während seines letzten Telefonats mit Scholz, hat Präsident
Selenskyj nicht nur über notwendige Waffen gesprochen, sondern auch darüber, wie dringend sein Land ein Zeichen der

Hoffnung brauche. Die EU soll demnächst darüber entscheiden, ob der Ukraine ein Status als Beitrittskandidat zuerkannt wird. Scholz war lange dagegen. Er glaubt, dass weder die Ukraine als großes Agrarland noch die EU in absehbarer Zeit auf eine solche Mitgliedschaft vorbereitet wären. Er weiß, dass Macron das ähnlich sieht, er weiß aber auch, dass der Franzose noch kurz vor Reiseantritt einen zügigen Schwenk vollzogen hat. Mit einem Nein stünde Scholz plötzlich allein. Bei badischem Burgunder herrscht bald Einigkeit: Man kann den Ukrainern den Kandidatenstatus nicht länger vorenthalten und ihre Sehnsucht nach Europa enttäuschen. Scholz weiß, dass es den Kandidatenstatus rechtlich gar nicht gibt. Über die symbolische Bedeutung ist er sich dagegen im Klaren, als er sich um 2.15 Uhr zurück in seinen Salon begibt.

Gut sieben Stunden später erreicht der Zug sein Ziel. Zum ersten Mal in seinem Leben betritt Scholz eine Stadt im Krieg. Am Bahnhof wartet eine lange Reihe dunkler Limousinen. Als die Kolonne sich in Bewegung setzt, wird der morgendliche Berufsverkehr gestoppt. An etlichen Straßenecken stapeln sich noch Sandsäcke, dazwischen wirkt das Leben fast schon wieder normal. Nach einer Weile taucht das Michaelskloster auf, davor zu einem Mahnmal aufgetürmte Sandsäcke. Ein Transparent fleht: *World, help us* – Welt, hilf uns. Nur ein paar Kilometer außerhalb von Kiew ist nichts normal. Die Kolonne ist eine halbe Stunde unterwegs, dann erreicht sie Irpin. Hier klaffen große Lücken in den Apartmenthäusern, überall liegt Schutt. Von manchen Gebäuden lässt sich nicht einmal mehr sagen, wie hoch sie einmal waren. In den ersten Märztagen verlief hier die Front. Die Eisenbahngleise waren schon zerstört, der Fluchtweg in Richtung Kiew abgeschnitten. Wer versuchte, mit dem Auto zu fliehen, auf den schossen russische Soldaten. In den Häusern gab es seither weder Strom, Wasser

noch Wärme. Als ukrainische Soldaten die Vororte Butscha
und Irpin zurückeroberten, lagen die Leichen ermordeter Ukrainer zwischen den zerstörten Häusern, auf den Straßen,
neben ihren zerschossenen Autos und Fahrrädern, einige von
ihnen seit Wochen. Allein Irpin beziffert die Zahl der Ermordeten auf fast 300.

Auf Staffelleien sind auf einem kleinen Platz zwischen den
zerstörten Häusern Fotos aus den Tagen der Befreiung zu
sehen. Fotos von Ruinen vor Ruinen. Scholz zieht die Augen-
brauen zusammen. Gelegentlich nestelt er an seinem Sakko-
knopf. Kanzler, Präsident und Premierminister werden von
einem hochgewachsenen Mann in grüner Uniform, dem Minister für Regionalentwicklung, herumgeführt. Bewacht von
schwer bewaffneten Soldaten bahnt sich das Grüppchen einen
Weg durch eine Traube aus Fotografen und Kameraleuten. Der
Minister schildert derweil in großer Ruhe den Terror des russischen Vormarsches. Alle Schäden würden dokumentiert,
sagt er, »wir kennen jedes Fenster«. Auf einem Parkplatz steht
ein von Schüssen durchsiebter Honda. »In diesem Auto saßen
nur Zivilisten«, sagt der ukrainische Minister, »eine Mutter
und ihre zwei Kinder. Sie wurden alle erschossen.« Scholz hört
es, legt seine Hand auf die zerstörte Karosserie. Es ist eine
rührend hilflose Geste. Als Scholz nach seinen Gefühlen gefragt wird, schweigt er. Minuten später spricht Scholz dann
doch, allerdings nur ein paar monotone Sätze. »Es ist furchtbar, was dieser Krieg an Zerstörung anrichtet. Es ist umso
schlimmer, wenn man sieht, wie furchtbar sinnlos diese Gewalt ist, die wir hier sehen«, sagt er, »es sind unschuldige Zivilisten betroffen, es sind Häuser zerstört worden.« Eben noch
hat Olaf Scholz einen zerstörten Kleinwagen berührt, in dem
eine Mutter und ihre zwei Kinder gestorben sind. Man sieht,
dass ihn das bewegt. Aber man hört es nicht. Sprache ist die-

sem Kanzler kein Werkzeug. Ereignisse, auch schreckliche, begreiflich zu machen, gar seine eigenen Emotionen zu transportieren, gelingt ihm nicht. Scholz will niemanden erschrecken, auch sich selbst nicht. Während der Kanzler redet, umarmt Macron zum Abschied den Minister.

In Kiew erwartet Wolodymyr Selenskyj Scholz, Macron, Draghi und den ebenfalls angereisten rumänischen Präsidenten Klaus Johannis im Marienpalast. Zum ersten Mal seit seinem Besuch im Februar und der Münchner Sicherheitskonferenz wenige Tage vor Kriegsbeginn sieht Scholz den ukrainischen Präsidenten wieder. Er bemerkt, dass Selenskyj sich nicht nur äußerlich stark verändert hat. Er tritt selbstbewusster auf – auch gegenüber seinen eigenen Beratern. Das gefällt Scholz. Er beurteilt seine Gesprächspartner immer danach, ob er sie für eigenständig hält. In Kiew ist Selenskyj jetzt unzweifelhaft der Chef. Während im Marienpalast gesprochen wird, zwitschern im Garten die Vögel. Hier warten die Journalisten. Erst kurz bevor Selenskyj hier mit seinen Gästen zur Pressekonferenz erscheint, durchschneiden aus der Ferne Sirenen die Illusion von Frieden. »Sie haben den Luftalarm gehört«, sagt Selenskyj zu Beginn, »wir wissen die Unterstützung zu schätzen, wir brauchen schwere Waffen. Je mehr Waffen wir bekommen, desto schneller können wir unsere Menschen und Städte befreien.« Als der Präsident daran erinnert, wie sehr sein Land ein »positives Signal« benötige, weiß er natürlich schon, dass seine Gäste der Ukraine den EU-Kandidatenstatus in Aussicht stellen werden. »Deutschland ist für eine positive Entscheidung zugunsten der Ukraine«, sagt Scholz. »Die Ukraine soll leben, *Slawa Ukrajini*«, beendet er seine Wortmeldung. Es ist Sommer, ein hoffnungsvoller Sommer.

Es kommt darauf an, zusammenzubleiben

Zehn Tage nach seiner kurzen Reise in den Krieg blickt Scholz
von einer schicken Terrasse aus durch Panzerglas auf ein per-
fektes Postkartenpanorama aus sattem Grün, hohen Bergen
und weißen Wölkchen vor blauem Himmel. Dann dreht er sich
um und sieht die Fotografen und Kameraleute. Scholz weiß
nicht, wohin mit sich. Er tigert, er tänzelt. Mal faltet er die
Hände, dann wieder streicht sich der Kanzler über seinen
Haarkranz. Zwei lange Minuten vergehen. Dann wird Scholz
erlöst. Joe Biden erscheint auf der Terrasse, breitet seine Arme
aus, nimmt die Pilotenbrille ab und ruft: »Good to see you.«
Scholz ist hier beim G7-Gipfel der Gastgeber, aber Biden ist
die Hauptfigur. Noch bevor der eigentliche Gipfel beginnt,
wollen Scholz und Biden sich abstimmen. »Uhrenvergleich«
nennen das die Berater.

Scholz beginnt mit Small Talk. Er wandere gern, sagt er,
»das ist hier ein guter Platz dafür«. Ja, tue er auch, entgegnet
der betagte Präsident, außerdem fahre er gern Ski. Das habe
er aber »ein Weilchen« nicht mehr gemacht«. Dann leitet der
Präsident zum Thema über. »Es gibt viel zu tun, und ich will
Sie beglückwünschen dazu, wie Sie als Kanzler gestartet sind.
Das hatte eine große Wirkung auf den Rest Europas, vor allem
in Bezug auf die Ukraine«, lobt er. Deutschland sei einer der
engsten Verbündeten, nun sei wichtig, »dass alle zusammen-
bleiben«. Erfreut greift Scholz das auf. »Wir haben es geschafft,
vereint zu bleiben. Das hätte Putin nie gedacht«, bemerkt er.
Daraufhin beugt sich Biden zum 15 Jahre jüngeren Kanzler,
tätschelt väterlich seinen rechten Arm und sagt: »Das ist zu
keinem kleinen Teil Ihr Verdienst, ernsthaft. Wir hatten Diskussionen in der Übergangszeit, haben uns gefragt, wie das

wohl laufen würde. Aber Sie haben einen unglaublichen Job gemacht. Dafür möchte ich danken. Danke, danke.«

Es kommt in diesem Moment nicht darauf an, wie tief empfunden die Dankbarkeit des amerikanischen Präsidenten tatsächlich ist, natürlich nicht. Dass er sie vor noch laufenden Kameras so sehr betont, entspringt vielmehr einer strategischen Entscheidung. Biden braucht in der Konfrontation mit Putin eine möglichst geschlossene westliche Front, und er hat sich entschieden, dabei wesentlich auf den deutschen Kanzler zu setzen. Mit seiner Zeitenwende-Rede und vor allem der aus amerikanischer Sicht überfälligen Entscheidung, das Zwei-Prozent-Ziel der NATO zu respektieren, hat Scholz Biden positiv überrascht, das prägt das Verhältnis. Scholz wiederum hält das für eine entscheidende Rückversicherung. Bei Bedarf redet er wie der Franzose Macron von europäischer Souveränität, aber im Ukrainekrieg kommt es aus seiner Sicht ganz und gar auf die USA an. Scholz ist begeistert, als in der *New York Times* ein Aufsatz von Biden erscheint mit dem Titel: »Was wir in der Ukraine tun werden und was wir nicht tun werden«. Für den Kanzler enthält der Text eine Art Grundgesetz der westlichen Militärhilfe für die Ukraine. Fortan richtet er sein eigenes Handeln danach aus, mitunter penibler, als es Biden recht sein wird.

In dem Artikel legt der amerikanische Präsident präzise dar, wie weit er in der Unterstützung der überfallenen Ukraine zu gehen bereit ist. Biden kündigt weitere umfangreiche Lieferungen moderner Waffen an, stellt aber auch klar, dass die USA der Ukraine keinesfalls mit eigenen Soldaten zu Hilfe kommen werden. »Solange die Vereinigten Staaten oder ihre Verbündeten nicht angegriffen werden, werden wir in diesem Konflikt nicht direkt eingreifen, weder durch die Entsendung amerikanischer Truppen, um in der Ukraine zu kämpfen, noch durch Angriffe auf russische Streitkräfte«, schreibt er. Weder würden die USA die Ukraine befähigen noch ermutigen, Angriffe auf russisches Territorium zu starten. Ziel der USA sei auch nicht der Sturz Putins oder eine Verlängerung des Krieges, um Russland zu schwächen.

Biden ist in Elmau allerdings nicht der einzige Gipfelteilnehmer aus Amerika, der für Scholz von besonderer Bedeutung ist. In trauter Zweisamkeit spaziert er mit dem Kanadier Justin Trudeau ins Gespräch versunken über eine sattgrüne Alpenwiese. Von dem mit 49 Jahren nicht mehr ganz jungen, aber immer noch jugendlich wirkenden Premierminister benötigt Scholz dringend einen Gefallen. Wegen der Sanktionen gegen Russland hängt eine von Siemens Energy dort gewartete Gasturbine in Kanada fest. Gazprom hat die Gaslieferungen durch Nord Stream 1 gedrosselt und behauptet, die fehlende Gasturbine sei der Grund. Scholz bittet Trudeau, sich der Sache anzunehmen. Für den Premierminister ist das heikel. In Kanada leben etwa 1,2 Millionen Ukrainer, die größte Diaspora außerhalb Europas. Andererseits will Trudeau Scholz die Bitte nicht abschlagen. Der deutsche Kanzler steckt in ernsten Schwierigkeiten.

Putin stellt die Energiewaffe scharf

Kurz vor dem Elmauer Gipfel hatte Wirtschaftsminister Robert Habeck die zweite Stufe des nationalen Notfallplans Gas verhängt, die »Alarmstufe«. Im Winter könnte das Gas knapp werden, warnte er und rief zum Energiesparen auf. Inzwischen hatten ausbleibende Gaslieferungen aus Russland den Energiekonzern Uniper in eine bedrohliche Schieflage gebracht.

Das in der Öffentlichkeit wenig bekannte Unternehmen ist das noch schlagende Herz des alten deutschen Geschäftsmodells. Nun droht ihm der Infarkt. Was an billigem Gas aus Russland plötzlich fehlt, muss teuer zugekauft werden. Gleichzeitig ist Uniper an langfristige Verträge mit seinen Kunden, unter ihnen viele Stadtwerke, gebunden. Uniper kassiert für sein Gas deutlich weniger, als es zahlt. Das kann nicht mehr lange gut gehen.

Am 22. Juli, einem Freitag mitten in den Sommerferien, bittet das Kanzleramt überraschend zu einer Pressekonferenz. Eigentlich ist Olaf Scholz zusammen mit Britta Ernst im Wanderurlaub. Erst zwei Tage zuvor war die Bild-Zeitung mit einem Foto des Kanzlers in blauem T-Shirt und kurzen Hosen auf dem Balkon eines Ferienhauses in Nesselwang im Allgäu erschienen. Nun soll er zu »aktuellen Fragen der Energiepolitik« Stellung nehmen. Er hat sich nach Berlin fliegen lassen, um selbst die Details der Uniper-Rettung zu verkünden, über die wochenlang verhandelt worden war. Bevor er das tut, lüftet er zum ersten Mal das Geheimnis der »Bunkerrunde«. Seit Anfang des Jahres treffe er »immer wieder mit vielen Verantwortlichen innerhalb der Regierung in einer Runde zusammen, die sich mit Energiefragen beschäftigt«, leitet Scholz seinen Vortrag ein. Das habe einen Grund: »Lange vor dem Krieg, den Russland gegen die Ukraine angezettelt hat, haben wir diese Fragen im Blick gehabt und die notwendigen Entscheidungen vorbereitet und getroffen.« Das ist Scholz wichtig, das möchte er ganz deutlich sagen. Die Deutschen sollen wissen, dass ihr Kanzler vorbereitet war und Vorkehrungen getroffen hat.

Scholz zählt auf, was schon alles geschehen ist: die Entscheidung, LNG-Terminals zu bauen, das Befüllen der Speicher, die Laufzeitverlängerung für Kohlekraftwerke. Und noch bevor der Kanzler darlegt, wie Uniper nun vor dem Zusammenbruch bewahrt werden soll, sagt er einen Satz auf Englisch: »*You'll never walk alone.*« Scholz ist kein Fußballfan, und niemand weiß genau, wo er die Stadionhymne aufgeschnappt hat. Er selbst und alle in seiner Umgebung werden aber später schwören, es sei seine Idee gewesen, das Versprechen, das er jetzt geben will, in diese Worte zu fassen. Scholz geht es um eine Mischung aus »Fürchte dich nicht« und »*Believe me, it will be enough*«, der legendären Versicherung, die Mario Draghi als Chef der Europäischen Zentralbank abgab. Der Italiener hatte während der Eurokrise 2012 den Märkten mit den Worten »*Whatever it takes*« klargemacht, dass seine Bank, was auch immer nötig ist, tun werde, um die europäische Währung zu retten.

Scholz' Versprechen ist ein doppeltes: Seine Regierung hält Uniper am Leben und damit das Nervensystem der deutschen Energieversorgung. Zugleich wird sie abfedern, was an Härten durch die Energiekrise auf die Deutschen zukommt. »Niemand wird mit seinen Herausforderungen und Problemen alleingelassen, keine einzelne Bürgerin, kein einzelner Bürger, auch nicht die Unternehmen in diesem Land. Wir sind gemeinsam stark genug, das auch zu schaffen, und werden in diesem und im nächsten Jahr unsere Probleme gemeinsam meistern«, sagt er. Dann erst teilt der Kanzler mit, dass der Bund 30 Prozent von Uniper übernimmt und mit Milliardenbeträgen helfen wird, das Unternehmen liquide zu halten. Uniper darf die höheren Preise an seine Kunden weitergeben. Die Belastung soll dann durch eine Gasumlage verteilt werden. Über eine Wohngeldreform und Heizkostenzuschüsse stellt Scholz vor allem sozial Schwachen Entlastungen in Aussicht. Wenn »*You'll never walk alone*« ernst gemeint ist, kann das nur der Anfang sein. Scholz weiß nicht, was sein Versprechen noch kosten wird.

Den Sommer über wird langsam zur Gewissheit, dass Putin seine Energiewaffe scharf stellt. Daran, dass eine fehlende Turbine der Grund sein soll für den versiegenden Gasfluss aus Russland, hat Scholz ohnehin nie geglaubt. Aber er hat auch erlebt, wie Wladimir Putin ein einziges Mal aus der Haut gefahren ist während ihrer Telefonate. Als Scholz ihm auf den Kopf zusagte, dass er Energie als Waffe einsetze, verlor er die Contenance. In einem formalistischen Sinne ist Putin, der notorische Rechtsbrecher, versessen darauf, im Recht zu bleiben. Scholz will ihm die Turbine als Vorwand nicht durchgehen lassen. Anfang August lässt er sich dafür eigens zu einem Ortstermin nach Mülheim/Ruhr bringen. In einer Fabrikhalle von Siemens Energy posiert Scholz neben dem 18,5 Tonnen schweren Ersatzteil. Kanada hat geliefert, aber nun verweigert Russland die Annahme. »Die Turbine ist da. Sie kann geliefert werden, es muss nur jemand sagen: Ich möchte sie haben. Dann ist sie ganz schnell da. Das steht dann dem weiteren Transport des Gases durch die Pipeline nicht mehr entgegen«, verkündet Scholz.

Inzwischen sind wenigstens die deutschen Gasspeicher wieder ordentlich gefüllt. Die Bundesregierung kauft auf dem Weltmarkt in großem Stil Flüssiggas und treibt damit notgedrungen den Preis weiter nach oben. Zugleich bleibt unklar, was »You'll never walk alone«, das Versprechen des Kanzlers gegen die Angst, eigentlich bedeutet, konkret auch: was es kostet. Es hat in der Ampelkoalition seit Beginn des russischen Angriffskriegs keinen Kassensturz gegeben. Die Geschäftsgrundlage, der Koalitionsvertrag, stammt aus der Zeit vor dem Angriffskrieg und ist nie verändert worden. Im Sommer 2022 scheint das auch niemand in der Koalition für nötig zu halten, und auch nicht, neu zu rechnen. Die Ampel wird zusammengehalten vom Druck des Krieges und vom Glauben an einen wundersamen Deal, der mehr Sozialstaat und schnellere ökologische Transformation möglich machen soll ohne Steuererhöhungen und neue Schulden.

Im August unternehmen der Kanzler und sein Vizekanzler eine Reise nach Kanada, in ein Märchenland, in dem es alles im Überfluss zu geben scheint, was Deutschland so bitter braucht. In Montreal werden Olaf Scholz und Robert Habeck vom halben Kabinett erwartet und mit Gastfreundschaft überwältigt. Den Kanadiern scheinen die Gäste aus Deutschland leidzutun, die so dringend Flüssiggas benötigen und auf längere Sicht auch grünen Wasserstoff aus den windreichen Weiten Neufundlands. Im Royal Ontario Museum in Toronto richtet Premierminister Justin Trudeau zwischen einem gigantischen Gerippe, das ein kleines Schild als Prosaurolophus maximus ausweist, und einer mächtigen Buddha-Statue aus dem 16. oder 17. Jahrhundert ein Staatsbankett aus für Scholz. In seinem Toast würdigt der Kanadier die Rolle des Kanzlers nach dem russischen Überfall auf die Ukraine. »Das war nicht einfach. Nicht für Europa. Ganz besonders nicht für Deutschland«, sagt er. Dann spricht er seinen Gast direkt an: »Wieder und wieder, Kanzler Scholz, haben Sie die Stärke Ihrer Führerschaft gezeigt. Gegen immensen Druck und einige der herausforderndsten wirtschaftlichen und politischen Umstände, die man sich vorstellen kann, verteidigen Sie unermüdlich die Demokratie in Europa und in der Welt. *Thank you. Merci.*« Etwas weiter hinten, an Tisch sechs, sitzt Robert Habeck. Er tuschelt gerade mit Finanzministerin Chrystia Freeland. Während der Tage in Kanada gehört die Bühne dem Kanzler, Habeck hält sich im Hintergrund. Er kann es Scholz überlassen, von grünem Wasserstoff zu schwärmen und gleichzeitig um Flüssiggas-Lieferungen zu bitten. Nachdem ihn Trudeau dem kanadischen Publikum während einer Pressekonferenz auf

einer sonnigen Dachterrasse als »progressiven Politiker« vor-
gestellt hat, kommt Scholz darauf zu sprechen, dass Deutschland für eine Übergangszeit LNG benötige, um sich von russischem Gas unabhängig zu machen. Scholz hat das Gefühl,
dass sich das nicht von selbst erklärt, dass er das ausführen
muss. Das tut er dann auch, auf seine Weise: »Weil das so ist,
muss es eben auch so sein, dass wir das tun, was wir hier jetzt
miteinander voranbringen, nämlich uns einerseits darauf vorzubereiten, dass wir uns klimaneutral aufstellen können, dass
wir mit erneuerbaren Energien Elektrizität erzeugen, dass wir
Wasserstoff nutzen, aber andererseits auch dafür zu sorgen,
dass wir in der Übergangszeit über genügend Gas verfügen,
um unabhängig von russischen Lieferungen zu werden.« Trudeau lauscht der umständlichen Übersetzung und lächelt höflich.

Scholz ist jetzt seit neun Monaten Bundeskanzler und sein
Leben lang Politiker. Seine Mitarbeiter haben es aufgegeben,
ihn davon abzubringen, solche Bandwurmsätze zu sprechen,
wenn eine Kamera läuft. Sein Mitreisender Robert Habeck,
von Beruf Schriftsteller, hat sich mit der Bedeutung von Sprache für die Demokratie beschäftigt. »Eine lebendige Sprache
ringt immer wieder neu um Verständnis und Verstehen – es
ist die Sprache der Demokratie«, schrieb er 2018 in seinem
Buch »Wer wir sein könnten«. Ein Satz wie dieser käme Scholz
nicht über die Lippen, aber Fragen der Kommunikation beschäftigen ihn schon. Er hadert mit dem deutschen Journalis-
mus, der seiner Meinung nach ausführlichen Erklärungen
seiner Politik ohnehin keine Beachtung schenkt. Grundsatz-
reden werden grundsätzlich ignoriert, findet Scholz. Seine Erfahrung ist, dass am Ende Slogans verfangen oder einpräg-
same Wortschöpfungen.

Wie groß seine mitunter kindliche Freude an solchen Wortschöpfungen ist, erfährt die Öffentlichkeit Ende September. Wochenlang ist in der Koalition verhandelt worden über ein großes Geldpaket. Als es geschnürt ist, suchen Wolfgang Schmidt und Steffen Hebestreit dafür einen Namen. So etwas Ähnliches wie »Wumms« während der Pandemie soll es sein, nur größer, wuchtiger. Verkündet werden soll das Verhandlungsergebnis während einer Pressekonferenz zusammen mit Vizekanzler Habeck und Finanzminister Lindner im Kanzleramt. Beide Minister nehmen vor einem raumgreifenden Gemälde aus der Serie der »Augenbilder« von Ernst Wilhelm Nay Platz. Zwischen ihnen steht ein Bildschirm. Olaf Scholz ist aus seiner Kanzlerwohnung im achten Stock zugeschaltet, denn er hat sich mit Corona infiziert. Am Morgen war sein Test zwar wieder negativ, aber Scholz ist immer noch ziemlich blass. »Russland setzt seinen brutalen Angriffskrieg gegen die Ukraine unverändert fort«, erklärt der Kanzler, »aber Russland setzt nicht nur im Krieg Waffen ein, sondern setzt auch international seine Energielieferungen als Waffe ein.« Hinter der Welt und Deutschland liegen dramatische Wochen. Nachdem Russland die Gaslieferungen durch Nord Stream 1 vollständig gestoppt hat, sind Ende August bei Sprengstoffanschlägen beide Röhren der Pipeline sowie ein Strang von Nord Stream 2 zerstört worden. Die Preise steigen rasant, das Gespenst der Inflation ist zurück. Wochenlang streiten die Parteien der Ampel über Entlastungen, nun präsentiert der Kanzler das Paket. »Ich habe bei anderer Gelegenheit einmal gesagt«, fasst Scholz zusammen, »die Maßnahmen, die wir ergreifen, sind ein Wumms. Man kann sagen: Das hier ist ein Doppelwumms.«

Der Kanzler verkündet die Schaffung eines mit 200 Milliarden Euro ausgestatteten kreditfinanzierten Abwehrschirms, der mit der Wucht von so viel Geld für sinkende Preise sorgen soll. »Die Preise müssen runter«, sagt Scholz. Niemand soll sich sorgen, das ist Scholz wichtig, nicht »die Rentnerinnen und Rentner in unserem Land«, nicht »die Arbeitnehmerinnen und Arbeitnehmer«, nicht »die Familien auf dem Lande und in der Stadt«, nicht »die Singles« und auch nicht »die Verkäuferinnen und Verkäufer«. Alle sollen »gut zurechtkommen« und die »Preise bezahlen können«. Nachdem er alle aufgezählt hat, die sich potenziell Sorgen machen könnten, erklärt Scholz nun auch noch, worum sie sich keine Sorgen machen sollen, beim Gedanken »an den Herbst und den Winter«, an »Weihnachten und an das nächste Jahr, und an die Rechnung«.

Während der Pressekonferenz wirkt vor allem Robert Habeck erleichtert. Seit der Kanada-Reise ist für ihn fast alles schiefgegangen. Er musste handwerkliche Mängel bei der ohnehin unbeliebten Gasumlage einräumen. Über Wochen stand er unter Druck wie seit Amtsantritt nicht. Mit dem Abwehrschirm erledigt sich die Gasumlage, sie muss gar nicht erst in Kraft treten. Die Energiekrise drohe sich zu einer »Wirtschafts- und auch einer sozialen Krise auszuwachsen«, beginnt Habeck nun seine Wortmeldung, »mit der Entscheidung, die wir heute vorstellen, unterbinden wir das, halten wir gegen«. Russland führe einen Wirtschaftskrieg gegen Deutschland, der möglich geworden sei »durch die Macht, die wir Putin durch eine zu große Abhängigkeit von Gas gegeben haben«. Der Abwehrschirm sei die »Gegenwehr«, um diese Macht zu brechen. Ausdrücklich dankt Habeck dafür dem Mann, der mit ihm neben dem Bildschirm vor Nays »Augenbilder«-Gemälde sitzt. Christian Lindner spricht dann von einem »Energiekrieg um Wohlstand und Freiheit«. Die Idee, den noch aus Zeiten der Eurokrise und während der Corona-Pandemie wieder genutzten Wirtschafts- und Stabilisierungsfonds mit 200 Milliarden Euro zu befüllen, reklamiert der FDP-Vorsitzende für sich. Das ermögliche es, für den Haushalt 2023 die Schuldenbremse einzuhalten. Man wolle eben »klar Krisenausgaben trennen von unserer regulären Haushaltsführung«. Ob das nicht ein »gewagtes Manöver« sei, wird Lindner am Schluss der Pressekonferenz gefragt. Wegen des Klima- und Transformationsfonds liege ja schon eine Klage der Unionsfraktion beim Verfassungsgericht in Karlsruhe. Jetzt sei es zwar ein »anderer Topf, aber die gleiche Systematik«. Lindner schüttelt den Kopf. »Das Verfahren ist nicht riskant, denn die bisherige Klage der CDU/CSU-Bundestagsfraktion ist ja schon unbegründet«, verkündet er siegesgewiss. Es habe einen ganz klaren »Veranlassungszusammenhang« gegeben, in der Corona-Pandemie nicht erfolgte Investitionen über den Klima- und Transformationsfonds nachholen zu können. Nun sei der »Veranlassungszusammenhang ebenfalls vollkommen eindeutig: ein Angriffskrieg Russlands auf die Ukraine in Verbindung mit einem Energiekrieg gegen Deutschland.«

ARMAGEDDON

Dem amerikanischen Präsidenten bleibt nicht mehr viel Zeit.
In einem Monat wird turnusmäßig das Repräsentantenhaus
neu gewählt und ein Drittel des Senats. Die Umfragewerte für
seine Demokraten sind schlecht, Joe Biden muss um die Mehrheit in beiden Häusern des Kongresses fürchten. Die Handlungsfähigkeit des Präsidenten in der zweiten Hälfte seiner
Amtszeit steht auf dem Spiel. Biden schaltet sich, wo es geht,
in den Wahlkampf ein und taucht regelmäßig als Stargast bei
Spendendinnern für die Demokraten auf. Am Abend des
6. Oktober 2022 absolviert er gleich zwei solcher Essen. Erst
eines bei Phil Murphy, dem Gouverneur von New Jersey und
früheren US-Botschafter in Berlin, wo sich der Sänger Jon Bon
Jovi und ein weiteres Dutzend Superreicher eingefunden
haben. Angeblich macht Biden im Hause Murphy eine Million
US-Dollar locker. Danach wird er in Manhattan im Haus von
James Murdoch erwartet. Der Sohn des Medienmoguls und
Trump-Unterstützers Rupert Murdoch hat schon im Präsi-
dentschaftswahlkampf für Biden gespendet.

Im Hause Murdoch beginnt Biden mit einem Scherz. Er
würde ja bitten, Platz zu nehmen, sagt er, habe damit aber bei
einem ähnlichen Anlass vor ein paar Jahren schlechte Erfahrungen gemacht. Es habe sich herausgestellt, dass es keine
Stühle gab. Es ist Bidens letzter Witz an diesem Abend. Der
US-Präsident zeichnet ein düsteres Bild der Lage. Er spricht
darüber, warum die Demokraten unbedingt die Mehrheit
bräuchten im Senat. Er klagt über radikalisierte Republikaner,
die Klimakatastrophe, soziale Nöte der Mittelklasse, bevor er
schließlich auf die Außenpolitik zu sprechen kommt. Da stehe
auch eine Menge auf dem Spiel. »Bei dem, was in der Ukraine
los ist, haben wir einige wirklich schwierige Entscheidungen
zu treffen«, sagt Biden. Sicher, man werde die Ukraine weiter
unterstützen. »Aber zum ersten Mal«, fährt der Präsident fort,

»seit der Kuba-Krise haben wir die direkte Drohung mit dem
Einsatz der Atomwaffe, wenn die Dinge so weiterlaufen wie
sie laufen.«

Die nukleare Drohung

Der amerikanische Präsident zieht Parallelen zur Kuba-Krise
1962. Damals stand die Welt am Rand eines Atomkriegs.
Wenn Biden nun daran erinnert, dann, weil John F. Kennedy,
der damalige US-Präsident, im Kräftemessen mit dem sowjetischen Parteichef Nikita Chruschtschow die Nerven behalten
und die Welt vor einer nuklearen Katastrophe bewahrt hatte.
Es ist eine Andeutung, die schon ziemlich weit geht, aber ein
wenig später kommt Biden noch einmal darauf zurück. »Seit
Kennedy und der Kuba-Krise standen wir nicht mehr vor der
Aussicht auf ein Armageddon«, sagt er. »Wir haben da«, fährt
Biden fort, »einen Burschen, den ich ziemlich gut kenne, sein
Name ist Wladimir Putin.« Dieser Bursche scherze nicht,
wenn er über den potenziellen Einsatz von taktischen Nuklearwaffen oder auch biologischen und chemischen Waffen spreche. Es gibt keine Ton- oder Bildaufnahme von diesem Auftritt, aber Reporter aus dem Pressepool des Weißen Hauses
notieren jeden Satz.

Armageddon.

Es dauert nur Stunden, bis dieses Wort um die Welt geht.

Die Warnung vor der Apokalypse trifft Olaf Scholz so überraschend wie die anderen westlichen Regierungschefs. Von
den Geheimdiensten gibt es keine Meldungen über ein plötzlich gestiegenes Atomrisiko. Und selbst wenn es die gäbe:
Normalerweise diskutieren amerikanische Präsidenten solche

Risiken nicht in der Öffentlichkeit, denn sie wollen Schock-
wellen in der Öffentlichkeit vermeiden. Es spricht viel dafür,
dass Biden an dem Abend in Manhattan weniger an die Welt-
öffentlichkeit gedacht hat als daran, großzügigen Spendern
klarzumachen, wie viel auf dem Spiel steht. Allerdings weiß
der deutsche Kanzler auch, dass der US-Präsident nur ausgesprochen hat, was ihn von Beginn des Krieges an beschäftigt.
Biden hat beim Spendendinner auch über die Suche nach der
»Ausfahrt« für Putin gesprochen, nach einer gesichtswahren-
den Lösung, die nicht das Risiko eines Machtverlustes berge.
Biden ist in Sorge, wie weit Putin gehen könnte, wenn er sich
in die Ecke gedrängt fühlt. Das ist eine Sorge, die Scholz teilt.

Die Bewunderung, die der deutsche Kanzler für den amerikanischen Präsidenten empfindet, wird gefestigt dadurch, dass
Biden denkt, was auch er denkt. Scholz sieht wenig Sinn darin,
das atomare Risiko zu kalkulieren. Entscheidend ist für ihn,
dass es nicht bei null liegt. Menschen, die über dieses Risiko
hinweggehen oder ihm Angst unterstellen, hält Scholz für un-
fähig, sich in seine Lage zu versetzen. »Das sind Menschen,
die auch mit blanker Brust im Gegenverkehr auf die Straße
rennen. Das ist einfach dumm«, sagt er in einem der Gespräche in der Sitzecke des Kanzlerbüros.

In einem Interview mit dem *Spiegel* im April 2022 spricht
Scholz auch öffentlich darüber. »Ich habe einen Amtseid ge-
schworen. Ich habe sehr früh gesagt, dass wir alles tun müssen,
um eine direkte militärische Konfrontation zwischen der
NATO und einer hochgerüsteten Supermacht wie Russland,
einer Nuklearmacht, zu vermeiden«, sagt Scholz da. Er »tue
alles, um eine Eskalation zu verhindern, die zu einem Dritten
Weltkrieg führt. Es darf keinen Atomkrieg geben.« Dem Kanzler wird danach vorgeworfen, er lasse sich von Furcht leiten
und enthalte der Ukraine aus Angst vor einem Atomkrieg be-

stimmt Waffen vor. Scholz fühlt sich falsch verstanden. Das russische Atomarsenal zu bedenken hält er für ein Gebot der Vernunft, kein Zeichen von Angst. Das logische Problem, das sich daraus ergibt, liegt auf der Hand. Je stärker vom Westen vernünftigerweise Rücksicht genommen wird auf die Möglichkeit, dass Putin irrational, also unvernünftig handelt, desto größer wird für ihn der Anreiz, ebendiese Sorge zu verstärken. Aus seiner Gewaltherrscher-Perspektive wirkt genau das vernünftig und zielführend. An dem Tag, an dem Olaf Scholz im Bundestag seine Zeitenwende-Rede hält, weist Putin Verteidigungsminister Sergej Schoigu und Generalstabschef Walerij Gerassimow an, die »Verteidigungskräfte«, einschließlich der nuklearen, in erhöhte Alarmbereitschaft zu versetzen. Unklar ist, was das zu bedeuten hat, was höchstwahrscheinlich genau die Absicht Putins ist. Rolf Mützenich, dem SPD-Fraktionschef, wird die Reaktion jüngerer Abgeordneten an jenem Sonntag in Erinnerung bleiben. Ob nun die Gefahr eines Atomkriegs drohe, wollen sie nach der Sondersitzung von ihm wissen.

Die Angst vor einem Atomkrieg ist keine deutsche Besonderheit, aber sie ist besonders ausgeprägt in Deutschland, wo die Erinnerung an den Kalten Krieg lebendig ist. In seinen Telefonaten mit dem deutschen Kanzler stößt Putin angeblich keine nuklearen Drohungen aus. Berichte über solche Wortwechsel bezeichnet Scholz als frei erfunden. Öffentlich bedienen Hintersassen und Propagandisten des Gewaltherrschers die Angst allerdings geradezu hysterisch und mit sadistischer Lust. Besonders tut sich ein alter Bekannter von Angela Merkel hervor. Dmitrij Medwedew, zeitweise selber Präsident Russlands als Platzhalter für Putin und der Kanzlerin in dieser Phase als vermeintlich liberaler Hoffnungsträger willkommen, dient Putin mittlerweile als stellvertretender Chef des Sicherheitsrates, Propagandapudel und Scharfmacher. Mal warnt er vor einer »großen nuklearen Explosion«, dann wieder fabuliert er über die »Reiter der Apokalypse«. In den Talkshows des russischen Fernsehens, schon vor dem Krieg nichts für schwache Nerven, ergehen sich die Stars der Propaganda in nuklearen Untergangsfantasien. Die britischen Inseln könnten mit einer einzigen Interkontinentalrakete vom Typ Sarmat vernichtet werden, schwärmt der Journalist Dmitrij Kisseljow im ersten Programm. »Am wahrscheinlichsten« sei, mutmaßt bei anderer Gelegenheit Margarita Simonjan, die Chefin des Senders RT, »dass wir alle in einem Atomschlag enden«.

Gelegentlich beschwichtigt Putin auch. »Wir bedrohen niemanden«, behauptet er im Juni 2022. Westliche Politiker hätten mit den Atomdrohungen begonnen, die russische Seite habe nur reagiert. Phasen permanenter Hinweise auf die nuklearen Fähigkeiten Russlands wechseln sich ab mit Wochen relativer Zurückhaltung. Die widersprüchlichen Signale aus Moskau zu deuten ist für die westlichen Regierungen kaum mehr möglich. Es gibt Putins Erlass 355 vom Juni 2020 über die »Grundlagen der staatlichen Politik der Russischen Föderation auf dem Gebiet der nuklearen Abschreckung«. Demnach dienen Atomwaffen der Abschreckung und werden nur im Fall eines Atomwaffenangriffs eingesetzt, oder wenn die Existenz des Staates bedroht ist. Das also ist die Frage: Wann und wodurch sieht Putin die Existenz seines Staates bedroht?

In einer Rede am 21. September 2022 verkündet Putin eine »Teilmobilisierung«. Erneut behauptet er, es sei der Westen, der Russland nuklear erpresse. Wen er meint, sagt Putin nicht, aber er formuliert selbst eine Drohung: »Ich würde gerne jene, die solche Äußerungen gegen Russland von sich geben, erinnern, dass unser Land ebenfalls über verschiedene Arten von Waffen verfügt, von denen einige moderner sind als solche, über die NATO-Länder verfügen. Im Falle einer Gefahr für die territoriale Integrität unseres Landes und um Russland und unser Volk zu verteidigen, werden wir sicher von allen Waffensystemen Gebrauch machen, die uns zur Verfügung stehen. Das ist kein Bluff.« Das lässt offen, welches Territorium Putin meint. Der Präsident ist gerade im Begriff, es um ein paar Tausend Quadratkilometer geraubten Landes zu vergrößern. Nach dem Anschluss von Luhansk und Donezk lässt er im Süden nun auch Scheinreferenden in den ukrainischen Regionen Cherson und Saporischschja durchführen. Danach befiehlt er die Annexion selbst jener Teile dieser Regionen, die von Russland noch gar nicht erobert wurden.

Die russischen Eroberungstruppen stehen in dieser Zeit erheblich unter Druck der ukrainischen Verteidiger. Im Westen wird darüber spekuliert, zu welchen Mitteln Putin greifen könnte, falls auch seine Teilmobilisierung nicht die gewünschte Wirkung zeigt. Zwei Wochen nach der Rede Putins offenbart Biden beim Spendendinner in Manhattan, welche Befürchtungen ihn plagen. Man könne nicht eine taktische Atomwaffe einsetzen und »nicht im Armageddon« enden, sagt er. Putin soll nicht glauben, dass er ungestraft eine »kleine« taktische Atomwaffe in der Ukraine einsetzen kann. Diese Botschaft ist weniger an die wohlhabenden Spender gerichtet, sondern hauptsächlich direkt an Putin.

Schwer zu sagen ist, welche Wirkung solche Botschaften beim russischen Präsidenten entfalten. Über diese Themen müsse »besonnen« gesprochen werden, mokiert sich Emmanuel Macron während eines Besuchs in Prag über die apokalyptische Warnung des amerikanischen Präsidenten. Olaf Scholz sagt öffentlich nichts dazu. Am 9. Oktober 2022, drei Tage nach dessen Auftritt bei dem Spendendinner in Manhattan, telefoniert der Kanzler mit Biden. Es geht hauptsächlich um die Annexion weiterer ukrainischer Territorien, die von Putin verkündete Teilmobilmachung, aber auch um die Frage, ob Putin tatsächlich taktische Atomwaffen einsetzen würde. Präsident und Kanzler hätten die jüngsten nuklearen Drohgebärden Moskaus als unverantwortlich kritisiert, teilt Regierungssprecher Steffen Hebestreit im Anschluss mit. Sie seien sich einig gewesen, »dass ein solcher Schritt außerordentlich gravierende Konsequenzen für Russland haben würde«.

Was ist mit China?

Etwa zu dieser Zeit muss im Kanzleramt über eine Einladung aus Peking entschieden werden. Nach Jahren der Corona-Isolation ist Präsident Xi Jinping bereit, ausgewählten Besuch zu empfangen. Scholz wird ein Termin nach dem kommunistischen Parteitag offeriert, der 4. November. Der Gast aus Deutschland soll einem gefeierten und in seiner Macht bestätigten Anführer seine Aufwartung machen, nach den Vorstellungen der Chinesen allerdings möglichst, ohne sich allzu lange aufzuhalten. In Peking herrscht immer noch Furcht vor den Viren, die mit Ausländern ins Land kommen könnten. Weil Emmanuel Macron einen solchen Kurzbesuch abgelehnt hat, wäre der Bundeskanzler der erste Repräsentant des Westens, der Xi seit Beginn der Pandemie begegnet. Für Scholz ist das nicht ohne Risiko. Wenn der Kanzler als Erster nach Peking pilgert, muss er sich die Frage gefallen lassen, ob er nichts gelernt hat aus den Fehlern der deutschen Russland-Politik.

Die Antwort, die Scholz, sich überlegt hat, bekommen zunächst die deutschen Maschinenbauer zu hören. Beim Maschinenbau-Gipfel in einem Tagungshotel im Osten Berlins formuliert der Kanzler ein Plädoyer wider die Abkopplung von China. »Die Globalisierung war ein Erfolg. Sie hat Wohlstand für viele ermöglicht. Wir müssen sie verteidigen«, fordert er. »Decoupling« sei die falsche Antwort. Scholz greift hier zu einem kleinen Trick, denn eigentlich gibt es niemanden, der dem »Decoupling«, der Abkopplung von China, das Wort reden würde. Das Schlagwort ist in den USA der Trump-Jahre populär gewesen, hatte aber weder in Amerika noch in Europa je etwas mit realer Politik zu tun. Scholz benutzt es, um sich von der deutlich kritischeren Linie seiner Koalitionspartner abzusetzen. Aus seiner Sicht ist es richtig, die Abhängigkeit von China etwa bei bestimmten Rohstoffen zu verringern. Das China-Geschäft insgesamt will er nicht behindern. Während Scholz zu den Maschinenbauern spricht, gibt Annalena Baerbock der *Süddeutschen Zeitung* ein Interview. »Wir müssen unsere politischen, aber vor allem wirtschaftlichen Beziehungen an dem China ausrichten, wie es heute ist«, sagt die Grüne. Als Lehre aus den Fehlern der Russland-Politik müsse gelten, »dass wir uns von keinem Land mehr existenziell abhängig machen, das unsere Werte nicht teilt«.

Offen tragen die Koalitionäre auch einen Streit über die Beteiligung des chinesischen Logistik-Konzerns Cosco an einem Terminal im Hamburger Hafen aus. Scholz setzt durch, dass die Beteiligung zwar auf 24,9 Prozent begrenzt, aber genehmigt wird. In einer Kabinettssitzung lässt Baerbock ihre Staatsministerin Anna Lührmann ihre Bedenken zu Protokoll geben. Der Erwerb des Containerterminals habe »nicht nur eine wirtschaftliche, sondern eine geopolitische Komponente«. Mehrere Minister schließen sich an, unter ihnen Robert Habeck und Christian Lindner. Scholz kann es sich also weder außen- noch innenpolitisch leisten, mit leeren Händen aus Peking zurückzukehren. Doch je näher der Termin rückt, desto größer wirkt die Gefahr, dass genau das passieren wird. Vom Parteitag in Peking gehen verstörende Bilder um die Welt. Offenbar auf Geheiß Xis wird der gebrechliche frühere Präsident Hu Jintao gegen seinen Willen von der Bühne entfernt. Der Marxismus-Experte Scholz macht sich über die ideologische Verhärtung in Peking keine Illusionen.

Hilfe von Xi

Derweil schöpft sein Berater Plötner Hoffnung. Bei der Vorbereitung der Reise nach China glaubt er, eine Art diplomatischer Marktlücke ausfindig gemacht zu haben. Seit Beginn des Krieges kann sich Putin auf seinen Verbündeten Xi verlassen. Alle Versuche, Russland zu isolieren, scheitern vor allem an China. Russlands Angriffskrieg mag für China einen wirtschaftlichen Preis haben, aber Xi scheint bislang gern bereit zu sein, ihn zu zahlen. Plötner ist klar, dass auch Scholz Xi keine Kritik an Putin entlocken wird. Mit einer Ausnahme: Es ist kein Geheimnis, dass die teils hysterisch klingenden Moskauer Atomdrohungen in Peking schlecht ankommen. Plötner will ausloten, ob Xi dazu etwas sagen würde. Einen direkten Ansprechpartner wie Jake Sullivan in Washington hat Plötner in Peking nicht, aber er spricht mehrfach mit dem chinesischen Botschafter in Berlin, Wu Ken. Das Thema sei dem Kanzler sehr wichtig, lässt Plötner den Botschafter wissen. Wenn man sich da nicht einig sei, werde das Olaf Scholz in Peking wohl auch sagen müssen. Der Botschafter hält sich bedeckt, doch Plötner gewinnt den Eindruck, dass zumindest dieser Plan aufgehen könnte.

Am 4. November wird die Maschine des Kanzlers auf dem

Flughafen in Peking von Arbeitern in weißen Schutzanzügen erwartet. Seine Delegation darf sich während des kaum zwölfstündigen Aufenthalts nur in einer Blase, wie sie schon während der Olympischen Spiele erprobt worden ist, aufhalten. Während der Fahrt in die Stadt werden die Mitreisenden ermahnt, die Fenster geschlossen zu halten. In der großen Halle des Volkes ist Olaf Scholz der Einzige, der sich ohne Maske bewegen darf. Xi heißt ihn willkommen, allerdings ohne Handschlag. Als die beiden Delegationen einander schließlich gegenübersitzen, trennt sie ein voluminöses Beet aus roten Blumen und grünem Gras. »Gerade in einer Zeit von Wandel und Chaos sollten wir umso mehr gemeinsam aktuellen Schwierigkeiten begegnen und den Frieden und die Entwicklung der Welt fördern«, sagt Xi zur Begrüßung. Scholz nennt es gut, »dass wir jetzt ganz konkret und direkt miteinander sprechen können, um auf die Herausforderung reagieren zu können, vor der die Welt steht«. Danach hält der chinesische Präsident einen länglichen Vortrag. Anhand der Ergebnisse des 20. Parteitags der Kommunistischen Partei Chinas erläutert er seinem marxistisch vorgebildeten Gast die Modernisierung »chinesischer Prägung«. Xi preist Helmut Schmidt, der gesagt habe, »Politiker sollten Unabänderliches ertragen, Veränderbares mutig verändern und die Weisheit aufbringen, beides zu unterscheiden«. Diese Auffassung schätze er sehr. Xi sagt, er wünsche sich einen »positiven« China-Kurs der Bundesregierung. Das Handelsvolumen habe sich vertausendfacht, gemeinsam könne man den »Kuchen« vergrößern.

Scholz und seine Leute haben einen Nachtflug hinter sich. Sie müssen sich konzentrieren. Xi hat lange gesprochen, als er schließlich auf die Ukraine zu sprechen kommt. Die Voraussetzungen für Verhandlungen müssten geschaffen werden, beginnt er. Dann endlich sagt er es: Die internationale Gemeinschaft solle den Einsatz von Nuklearwaffen oder Drohungen mit ihnen ablehnen. Es gelte, die Gefahr eines Atomkriegs abzuwenden und eine mögliche Atomkrise auf dem eurasischen Kontinent zu verhindern. Er stelle fest, resümiert Xi, dass man sich da einig sei. Zur Linken von Scholz sitzt Jens Plötner. Er kann zufrieden sein.

Auf dem Rückflug erreicht Scholz die Nachricht, dass das chinesische Außenministerium die Worte des Präsidenten öffentlich gemacht hat. Die Mahnung Chinas an Putin, die atomare Angstmacherei zu unterlassen, ist in der Welt. Der Kanzler entspannt sich. Armageddon ist abgesagt. Scholz ist davon überzeugt, dass Putin es nicht wagen wird, die Warnung Xis zu missachten und China zu verprellen. Nun hofft er, dass Putin nach etlichen militärischen Misserfolgen und der Klarstellung aus Peking seine Optionen neu gewichtet. Doch auch für Scholz hat sich die Lage verändert. Er weiß immer noch nicht, wo genau die rote Linie für Waffenlieferungen verläuft. Sicher ist nur, dass sie sich verschoben hat.

Der Dritte Weltkrieg findet nicht statt

Der Krieg endet nicht, aber wenn es irgendwo möglich ist, ihn zu vergessen, dann müsste das auf Bali gelingen, dieser indonesischen Urlaubsinsel mit sattgrünen Reisterrassen und endlosen Sandstränden. Inmitten eines tropischen Gartens im Südosten der Insel liegt, direkt am Meer, ein Fünf-Sterne-Resort der spanischen Hotelkette Meliá. Für wohlhabende Kunden verfügt das Hotel über einen abgetrennten Bereich. Villen im balinesischen Stil mit palmblattgedeckten Dächern, ausgestattet mit viel Teakholz und Marmor, bieten allen Komfort. Von der eigentlichen Anlage abgewandt, mit direktem Blick auf den Indischen Ozean, liegt die Villa Sri Rama, das Schmuckstück des Hotels mit zwei Schlafzimmern auf 800 Quadratmetern. Die Villa ist beliebt bei zahlungskräftigen russischen Urlaubern. Der Gast, der hier am 14. November 2022 eincheckt, ist weder Russe noch im Urlaub. Olaf Scholz hat dienstlich auf Bali zu tun. Der indonesische Präsident Joko Widodo hat hierher zum G20-Gipfel geladen.

Es ist üblich geworden, solche Gipfeltreffen in Urlaubsorten abzuhalten. Es gibt dort genügend Hotels für den Begleittross, was die Logistik erleichtert, und nebenbei versprechen sich die Gastgeber eine entspannte Atmosphäre. In Zeiten des Krieges und internationaler Verwerfungen erweist sich das allerdings als Sinnestäuschung. Die Anspannung weicht auf Bali keine Sekunde, hinzu kommt die schwüle Hitze. Wladimir Putin hat in letzter Sekunde wissen lassen, dass er nicht kommt. Ihn vertritt das Krokodil, Außenminister Sergej Lawrow. Kurzzeitig geht das Gerücht, Lawrow habe die Hitze nicht vertragen und sei in ein Krankenhaus gebracht worden. Lawrow dementiert das mit einem Video, das ihn bekleidet mit kurzen Hosen und einem Basquiat-T-Shirt auf einer Hotelterrasse zeigt. Am nächsten Tag, während der Sitzung, steigert sich Lawrow dann bei offenbar bester Gesundheit nach einer Zuschaltung des ukrainischen Präsidenten in eine Wutrede über die »Neonazis« in der Ukraine. Das nützt ihm allerdings nichts. Lawrow kann eine Rüge Russlands in der Gipfelerklärung nicht verhindern. »Die meisten Mitglieder haben den Krieg scharf verurteilt und betont, dass er immenses menschliches Leid verursacht und die bestehende Verletzlichkeit der Weltwirtschaft verschärft«, lautet die Formel. »Die meisten« – das heißt: alle außer Russland und China.

Am Tag der Abreise klingelt in der Villa Sri Rama um drei

Uhr morgens das Telefon. Am Apparat ist Jens Plötner. In Polen, in einem Dorf namens Przewodów nahe der Grenze zur Ukraine, ist eine Rakete eingeschlagen, zwei Menschen sind ums Leben gekommen. Die Lage ist unübersichtlich, aber sie ist ernst. Sollte es sich um ein von Russland abgefeuertes Geschoss handeln, hätte der Krieg NATO-Gebiet erreicht. Im äußersten Fall könnte das Artikel 5 des NATO-Vertrages aktivieren. Er besagt, dass ein bewaffneter Angriff gegen ein NATO-Mitglied als ein Angriff gegen alle NATO-Staaten angesehen wird. Das wäre der Bündnisfall.

Am Morgen trommelt Joe Biden die auf Bali zahlreich versammelten Staats- und Regierungschefs von NATO-Staaten in seinem Hotel zusammen. Es ist ebenfalls ein luxuriöses Ferienresort, das Apurva Kempinski. Biden hat bereits mit dem polnischen Präsidenten Andrzej Duda telefoniert, und er hat beruhigende »Intel«. Die ersten Geheimdienstinformationen deuten nicht darauf hin, dass die Rakete von russischer Seite abgefeuert wurde. Es spricht alles dafür, dass eine ukrainische Flugabwehrrakete vom Kurs abgekommen und in Polen eingeschlagen ist. Es herrscht Einigkeit, dass die Lage beruhigt werden muss. Als die Besprechung fast zu Ende ist, zückt Steffen Hebestreit unauffällig sein Mobiltelefon und macht aus dem Handgelenk ein paar Fotos. Eine der Aufnahmen hält einen Augenblick fest, in dem fast alle Blicke auf die ernste Miene von Olaf Scholz gerichtet sind. Scholz trägt einen dunkelgrauen Anzug und hat seine Arme verschränkt. Direkt neben ihm steht Emmanuel Macron, der nervös mit den Händen spielt und ratsuchend zum deutschen Kanzler zu blicken scheint. Auch Justin Trudeau, die Hände in den Hosentauschen, fixiert den Kanzler, ebenso wie US-Außenminister Antony Blinken am Bildrand. Joe Biden sitzt am Tisch und wirkt sehr nachdenklich. Er ist der Einzige, der nicht zum Kanzler schaut. Das Foto erinnert an ein ikonisches Bild von 2018. Es zeigt die deutsche Kanzlerin während des G7-Gipfels in Kanada, die Hände auf einen Tisch gestützt, und ebenfalls alle Blicke auf sich ziehend. Auch die von Donald Trump, der mit verschränkten Armen sitzend leicht trotzig den Worten der deutschen Kanzlerin lauscht. Das Bild erzählt eine Geschichte, es kreiert eine Wirklichkeit, in der die deutsche Kanzlerin den amerikanischen Präsidenten bändigt, ihn zur Vernunft bringt. Die Wirklichkeit des Bildes aus dem Apurva Kempinski ist nicht so eindeutig. Sein Titel schon: Der Tag, an dem nicht der Dritte Weltkrieg begann.

NACHRÜSTUNG

Als sich Olaf Scholz nach fast drei Monaten zum ersten Mal wieder mit Wladimir Putin verbinden lässt, steht im Ehrenhof des Kanzleramtes bereits der Weihnachtsbaum. Es ist der 2. Dezember. Um Energie zu sparen, wird die 15 Meter hohe Fichte aus Brandenburg nur von 16 Uhr bis 20 Uhr beleuchtet, Deutschland rüstet sich für den ersten Winter ohne Gas aus Russland. Was das betrifft, kann Scholz optimistisch sein. Die Speicher sind gut gefüllt, das erste LNG-Terminal in Wilhelmshaven so gut wie fertig. Schlecht sind die Nachrichten aus der Ukraine. Tag für Tag attackieren die russischen Streitkräfte die zivile Infrastruktur. Die Menschen in der Ukraine sind es, die einen harten Winter fürchten müssen. Nach dem Telefonat mit Putin wird Steffen Hebestreit mitteilen, der Kanzler habe »insbesondere die russischen Luftangriffe gegen zivile Infrastruktur in der Ukraine verurteilt«. Der Kreml wird verlautbaren, der Präsident habe den Kanzler auf die »destruktive Politik« der westlichen Länder hingewiesen, die das »Kiewer Regime mit Waffen vollpumpen«.

Die Telefonate mit Putin sind von elender Gleichförmigkeit. Die immer gleiche Dolmetscherin aus dem russischen Außenministerium. Der immer gleiche förmliche Ton Putins, unterbrochen gelegentlich durch kurze Einschübe in weichem Deutsch. Die immer gleiche Melange aus Großmachtgehabe und gekränktem Stolz. Während Putin seine Tiraden wiederholt, versucht Scholz, diese Teile des Gesprächs abzukürzen. Seiner Theorie nach müsste der russische Präsident irgendwann einsehen, dass der Krieg für ihn nicht mehr zu gewinnen ist, und anfangen, nach Auswegen zu suchen. Der Kanzler ist darauf aus, kleine Andeutungen zu identifizieren, irgendetwas Neues aus den Anwürfen Putins herauszuhören, das nach Verhandlungsbereitschaft klingt. Nachdem sich der russische Präsident nach einer Stunde auch diesmal wieder höflichst vom

»Herrn Bundeskanzler« verabschiedet hat, muss Scholz sich eingestehen: Da war nichts. Es wird für lange Zeit das letzte Telefonat bleiben.

Panzer für die Ukraine?

Aus der Ukraine treffen nun schon länger keine Erfolgsmeldungen mehr ein. Im ganzen Land leiden die Menschen unter den Luftangriffen und den Stromausfällen. Die Nachrichten von der Front ähneln immer häufiger Meldungen aus dem Ersten Weltkrieg. Sie kommen direkt aus der Hölle. Seit August halten ukrainische Soldaten in Bachmut 65 Kilometer nördlich von Donezk die Stellung unter ständigem Artilleriebeschuss durch reguläre russische Truppen und Söldner der Wagner-Privatarmee. Nur noch wenige Menschen leben in den Ruinen der Stadt, die einmal 70.000 Einwohner zählte. So wie Butscha zum Synonym geworden ist für russische Kriegsverbrechen, steht die Schlacht im Schlamm vor Bachmut für den erbarmungslosen Stellungskrieg, den Wladimir Putin ohne Rücksicht auf eigene Verluste im Osten der Ukraine kämpfen lässt. Der russische Präsident hat Bachmut in ein neues Verdun verwandelt. Kurz vor Weihnachten, wenn Wolodymyr Selenskyj zum ersten Mal seit Kriegsbeginn die Ukraine verlassen wird, um vor dem Kongress in Washington eine Rede zu halten, wird er eine Fahne aus Bachmut mitnehmen.

Olaf Scholz muss in diesen Wochen eine Entscheidung treffen. Wolodymyr Selenskyj hält sich mit öffentlichen Ermahnungen des deutschen Kanzlers inzwischen zurück. Den scharfzüngigen Botschafter Andrij Melnyk hat er nach Kiew zurückbeordert. Er schätzt die deutsche Waffenhilfe. Sie hat sich als effektiv erwiesen. Vor allem das Flugabwehrsystem IRIS-T ist ein Segen für Kiew. Mittlerweile hat Selenskyj verstanden, wie stur Scholz auf öffentlichen Druck reagiert. Es erscheint ihm erfolgversprechender, ihm in den häufigen Telefonaten den Ernst der Lage zu schildern. Selenskyj bittet eindringlich um Schützen- und Kampfpanzer. Scholz leistet dagegen seit Monaten hinhaltenden Widerstand, auch gegen die wieder wachsende Kritik im eigenen Land. Er beharrt darauf, dass es keine »Alleingänge« geben dürfe. Kampfpanzer will er nur liefern, wenn auch die USA es tun.

In einer Debatte im Bundestag greift CDU-Chef Friedrich Merz den Kanzler deshalb direkt an. »Ja, Deutschland hat nach langem Zögern einiges an wichtigem militärischem Gerät geliefert«, räumt Merz ein, aber nach wie vor fehlten der ukrainischen Armee Schützenpanzer und Kampfpanzer. Scholz verstecke sich hinter NATO-Partnern, die angeblich auch nicht liefern wollten. »Es liegt vor allem an Ihnen ganz persönlich, dass die Ukraine diese Hilfe nicht bekommt«, kritisiert Merz. Am nächsten Tag, beim EU-Gipfel am 15. Dezember in Brüssel, wird Wolodymyr Selenskyj aus Kiew zugeschaltet und ist überlebensgroß auf einem riesigen Bildschirm zu sehen. Der Präsident trägt ein dunkles Sweatshirt mit dem ukrainischen Staatswappen und spricht darüber, dass die nächsten sechs Monate entscheidend werden würden. Die Liveübertragungen aus dem überfallenen Land entfalten immer noch Wucht. »Wir brauchen moderne Waffen, mehr Nachschub«, appelliert der Präsident. Das gelte für die Luftverteidigung und die Raketenabwehr, aber auch für moderne Panzer. Es gebe »keinen rationalen Grund, warum die Ukraine sie jetzt nicht bekommen sollte«. Er bitte, sagt Selenskyj und spricht niemanden direkt an, »Führung zu zeigen«. Wer aus dem Westen als Erster Panzer liefere, werde »in Erinnerung bleiben als einer der wichtigsten Verteidiger der Freiheit in unserer Zeit«.

Olaf Scholz weiß, dass er die Ukraine nicht mehr lange wird hinhalten können. Über Monate haben östliche NATO-Staaten der Ukraine aus alten Beständen sowjetische Panzer vom Typ T-72 geliefert, doch dieser Nachschub versiegt. Auf der Wunschliste der Ukrainer steht der Leopard 2 ganz oben, seit Jahrzehnten ein Exportschlager der deutschen Rüstungsindustrie, aus ukrainischer Sicht durchaus eine Wunderwaffe, denn er ist dem T-72 technisch weit überlegen. Der 60 Tonnen schwere und mit 1500 PS motorisierte Kampfpanzer ist wendiger, verfügt über stärkere Feuerkraft und bietet den Besatzungen deutlich mehr Schutz. Ukrainische Soldaten müssten allerdings erst an den Panzern ausgebildet werden, aber das galt auch schon für alle anderen westlichen Waffensysteme, die Deutschland und andere NATO-Staaten geliefert haben. Seit seinem Besuch in Peking reklamiert der Bundeskanzler für sich, die Gefahr einer nuklearen Eskalation minimiert zu haben. Eigentlich müsste er Selenskyj deshalb jetzt recht geben: Es gibt kein rationales Argument mehr dafür, der Ukraine ausgerechnet moderne Kampfpanzer vorzuenthalten. Die schlechte Lage an der Front lässt sich nicht länger leugnen. Wenn die Ukraine eine Chance haben soll, sich der russischen Übermacht zu erwehren und zumindest Teile ihres Territoriums zurückzuerobern, benötigt sie mehr und modernere Waffen. Sie muss dringend nachrüsten – mithilfe der westlichen Verbündeten. Dass er den Leopard trotzdem noch zurückhält, hat einen Grund. Scholz besinnt sich auf Helmut Schmidt und den Doppelbeschluss. In seiner Würdigung Helmut Schmidts an der Bucerius Law School hatte Scholz 2016 die Zeit seiner Kanzlerschaft als »Schlüssel zum Verständnis der deutschen und der internationalen Politik bis heute« bezeichnet. Scholz hält es für ratsam, diesen Schlüssel ins Schloss zu stecken, bevor er nun seine eigene Nachrüstungsentscheidung trifft. Damals wie heute kann man sich seiner Einschätzung nach im Ernstfall auf Worte allein nicht verlassen, nicht einmal auf die des Artikel 5 des NATO-Vertrages, der Beistand verspricht. Scholz will sich ein Beispiel nehmen an Schmidts Geschick darin, bei der Nachrüstung die anderen Verbündeten in die Pflicht zu nehmen. Er hält Deutschland für stark genug, der Ukraine zu helfen, aber für zu schwach, um sich dabei allein zu exponieren. Deshalb ist er überzeugt, dass Deutschland Kampfpanzer nur liefern sollte, wenn auch die USA es tun. Davon ist Scholz nicht mehr abzubringen, und Jens Plötner, sein außenpolitischer Berater, hat es auch nicht vor. Seit Monaten redet Plötner mit Bidens Sicherheitsberater Jake Sullivan über die Panzer. Sullivan hat seinem deutschen Pendant klargemacht, dass die USA keine eigenen Kampfpanzer vom Typ M1 Abrams liefern werden. Die Logistik sei zu kompliziert, argumentiert Sullivan. Die Abrams werden nicht wie die meisten Panzer mit Diesel betrieben, sondern mit einer Gasturbine. Sie benötigen Kerosin. Plötner überzeugt das nicht. Er argumentiert mit den enormen Stückzahlen, in denen der Abrams verfügbar sei. Auf längere Sicht sei den Ukrainern mit dem US-Panzer mehr geholfen als mit dem Leopard 2. An der Haltung der US-Regierung werde sich auf absehbare Zeit nichts ändern, beharrt Sullivan, aber er stellt auch klar, dass die USA gegen die Lieferung von Leopard 2 keinerlei Einwände hätten. Die deutsche Entscheidung, sie zu liefern, wäre kein »Alleingang«. Sie hätte den Segen der USA.

Unbeeindruckt bleibt Scholz trotzdem bei seinem Text. Auf die Frage, ob die Ukraine 2023 Leopard-2-Panzer aus Deutschland bekommt, antwortet Scholz der *Süddeutschen Zeitung* mit seinem bekannten Dreisatz: »Erstens, wir unterstützen die

Ukraine nach Kräften. Zweitens, wir verhindern, dass es zu einer direkten Konfrontation zwischen der NATO und Russland kommt. Und drittens wird es keine deutschen Alleingänge geben.« In Washington ist man inzwischen verwundert bis verärgert darüber, dass Scholz sich hinter den USA zu verstecken scheint. Das Jahr geht zu Ende, ohne dass eine Entscheidung fällt. »Tapfer verteidigen die Ukrainerinnen und Ukrainer ihre Heimat – auch dank unserer Hilfe. Und wir werden die Ukraine weiter unterstützen«, verspricht Scholz in seiner Neujahrsansprache.

In dieser Silvesternacht begeht die deutsche Verteidigungsministerin politischen Selbstmord. Vor der Kulisse des Frankfurter Tors in Berlin und untermalt von Raketen- und Böllerschüssen nimmt Christine Lambrecht ein Video auf, das binnen Stunden in den sozialen Netzwerken für Fassungslosigkeit und Spott sorgen wird. »Was war das für ein Jahr, dieses Jahr 2022? Es hat uns vor unglaubliche Herausforderungen gestellt. Mitten in Europa tobt ein Krieg«, beginnt Lambrecht ihre kurze Botschaft. »Damit verbunden waren für mich ganz viele besondere Eindrücke, die ich gewinnen konnte. Viele, viele Begegnungen mit interessanten tollen Menschen«, fährt sie fort. Schon das ganze Jahr 2022 hindurch war die Kritik an der mit der Bundeswehr fremdelnden Verteidigungsministerin immer stärker geworden. 2023 beginnt für Scholz mit der Erkenntnis, dass er das Verteidigungsressort wird neu besetzen müssen.

Die Bedeutung, die das Ressort während seiner Kanzlerschaft bekommen würde, hatte Scholz bei der paritätischen Zusammenstellung seines Kabinetts nicht vorausgesehen. Ebenso wenig, wie schwer sich die frühere Justizministerin, die gerne Innenministerin geworden wäre, mit dem Amt tun würde. Drei Tage nach Silvester teilt die Sozialdemokratin dem Kanzler mit, dass sie zurücktreten werde. Dabei erweist sie ihm einen letzten Dienst und sagt zu, die Entscheidung erst einmal für sich zu behalten.

Bevor sich Scholz der Neubesetzung des Verteidigungsressorts zuwenden kann, muss er ein anderes Problem lösen. Nach einem Telefonat mit Wolodymyr Selenskyj verkündet Emmanuel Macron am 4. Januar überraschend, dass Frankreich der Ukraine Panzer liefern wird. Keine Kampfpanzer, aber doch Spähpanzer vom Typ AMX-10 RC. Eigentlich hatte Plötner mit Sullivan und dem französischen Sicherheitsberater Emmanuel Bonne über eine konzertierte Aktion gesprochen. Die Franzosen wollten ihre Spähpanzer liefern, die Amerikaner Schützenpanzer der Typen Bradley und die Deutschen Marder. Eine feste Absprache hatte es allerdings noch nicht gegeben. Macron bricht durch sein Vorpreschen also keine Vereinbarung, aber er setzt Scholz unter Druck. Scholz' Diktum, keine Alleingänge zu machen, wendet sich nun gegen ihn. Jetzt wäre es der Alleingang, keine Panzer zu liefern.

Folglich muss es jetzt schnell gehen. Am 5. Januar fliegt der Kanzler zunächst nach Rom, um an der Beisetzung des emeritierten Papstes Benedikt XVI. teilzunehmen. Nach der Rückkehr, noch im dunklen Anzug, absolviert er im Kanzleramt den alljährlichen Empfang der Sternsinger. Kurz spricht er über die »schrecklichen Folgen des Krieges, der jetzt in unserer Nähe, in der Ukraine, stattfindet«. Immer wieder seien gerade Kinder die Opfer »zum Beispiel von Raketenangriffen«. Um 18.30 Uhr sitzt Scholz schließlich an seinem Schreibtisch, die sichere Leitung nach Washington steht. Direkt nach dem Telefonat von Scholz mit Joe Biden teilen sowohl Kanzleramt als auch Weißes Haus mit, dass die Ukraine aus den USA Bradley- und aus Deutschland Marder-Schützenpanzer bekommt. Wie schon die USA kündigt außerdem nun auch Deutschland die Lieferung einer Patriot-Flugabwehrbatterie an.

Fünf Tage nach diesem Telefonat reist Annalena Baerbock in die Ukraine. Diesmal besucht die deutsche Außenministerin nicht nur Kiew, sondern auch das befreite Charkiw im Nordosten. Ihr ukrainischer Kollege Dmytro Kuleba führt sie durch die Stadt, zeigt ihr die Zerstörungen. Baerbock verteilt Geschenke in einem Kinderkrankenhaus. Immer noch wird Charkiw permanent von russischen Truppen beschossen, zwei Mal während des Besuchs ertönt Luftalarm. Während einer improvisierten Pressekonferenz im Bahnhof von Charkiw macht Kuleba klar, was die Ukraine nach der Entscheidung für die Marder erwartet. »Ich habe keine Zweifel, dass die Ukraine deutsche Leopard-Panzer erhalten wird, denn im tiefsten Innern weiß die Bundesregierung, dass das notwendig ist«, sagt er. Baerbock schweigt dazu. Sie weiß, dass sie der Ukraine keinen Gefallen täte, würde sie von Charkiw aus Druck auf den Kanzler ausüben.

Das erledigen andere. Polen arbeitet an einer »Panzer-Koalition«. Zusammen mit weiteren Staaten wolle es der Ukraine Leopard-2-Panzer für eine Kompanie überlassen, hatte der polnische Präsident Andrzej Duda wenige Tage vor der Charkiw-Reise Baerbocks bei einem Treffen mit Wolodymyr Selenskyj und dem litauischen Präsidenten Gitanas Nausėda bekannt gegeben. Das wären 14 Panzer. Die Botschaft ist unschwer zu entschlüsseln: Während der deutsche Kanzler zögert, schreitet Polen voran. Scholz ist verärgert, sein Verhältnis zur polnischen Führung mittlerweile ohnehin zerrüttet. Immer wieder stellen ihn die Polen als unsicheren Kantonisten hin. Selbst als die Bundesregierung die Stationierung eines Patriot-Raketenabwehrsystems an der polnischen Grenze anbietet, ist der mächtige Chef der Regierungspartei Recht und Gerechtigkeit (PiS), Jarosław Kaczyński, erst einmal dagegen. Sein Misstrauen gegen Deutschland ist fast so groß wie das gegen

Russland. Scholz ist klar, dass die Ankündigung einer »Panzer-Koalition« ihn unter Zugzwang setzen soll. Einem Export der in Deutschland hergestellten Panzer müsste die Bundesregierung zustimmen. Warum dann keine eigenen schicken?

Dafür braucht Scholz eine gute Antwort, aber erst einmal braucht er einen neuen Verteidigungsminister. Mittlerweile ist Lambrechts beabsichtigter Rücktritt kein Geheimnis mehr. Eigentlich hat Scholz für sein Kabinett Geschlechterparität versprochen, doch der Richtige für den frei werdenden Posten ist seiner Meinung nach ein Mann. Er hat sich für den niedersächsischen Innenminister Boris Pistorius von der SPD entschieden. Pistorius ist zwar kein Verteidigungsexperte, hat aber Wehrdienst geleistet und wird, wie Scholz vermutet, mit seiner knorrigen Art den richtigen Ton treffen. »Ich bin überzeugt, dass das jemand ist, der mit der Truppe kann und den die Soldatinnen und Soldaten sehr mögen werden, und ich bin sehr dankbar, dass er Ja gesagt hat«, vermeldet Scholz am 17. Januar bei einem schon länger geplanten Termin in Brandenburg an der Havel, wo er zusammen mit Annalena Baerbock, zu deren Geschäftsbereich die Behörde gehört, das neu gegründete Bundesamt für Auswärtige Angelegenheiten besucht.

Schwierige Abstimmung mit den USA

Am Nachmittag telefoniert Scholz erneut mit Biden. Er hat einen Entschluss gefasst. Darüber will er mit dem amerikanischen Präsidenten sprechen. Scholz eröffnet Biden, er sei nun bereit, der Ukraine Leopard-2-Panzer zur Verfügung zu stellen. Allerdings nur unter einer Bedingung. »Ich mache es nicht ohne euch. Das musst du verstehen«, sagt Scholz. Auch die

USA müssten Kampfpanzer vom Typ M1-Abrams liefern. Vor Biden auf dem Tisch liegen die Argumente des Pentagon. Er referiert noch einmal, was gegen den Einsatz der amerikanischen Panzer spricht. Am Ende sagt er aber: »*Let me work on this*«, lass mich daran arbeiten.

Biden bleiben nun zwei Möglichkeiten. Gibt er dem Druck nach, muss er sich über seinen Verteidigungsminister Lloyd Austin hinwegsetzen. Austin ist gegen die Lieferung der amerikanischen Panzer und sieht nicht ein, warum die Deutschen darauf bestehen. Niemand liefert der Ukraine auch nur annähernd so viele Waffen wie die USA. Nun ausgerechnet die USA mit einem Junktim zu konfrontieren, halten nicht wenige in Washington für eine Unverschämtheit. Bleibt der Präsident aber beim Nein zur Lieferung amerikanischer Panzer, hätte das erhebliche Konsequenzen für die Ukraine. Sie könnte dann vorerst nicht mit westlichen Kampfpanzern in nennenswerter Zahl rechnen. Zudem will Biden jeden sichtbaren Riss in der Unterstützerfront für die Ukraine vermeiden. Was nun folgt, ist ein über mehrere Tage verteiltes diplomatisches Drama. Schauplätze sind nicht nur Washington und Berlin, sondern auch die Schweizer Alpen, ein Luftwaffenstützpunkt in Rheinland-Pfalz und die französische Hauptstadt.

Am Mittwoch, nach der allwöchentlichen Kabinettssitzung, macht sich der Kanzler in Begleitung von Wolfgang Schmidt auf den Weg in den Schnee. Einmal im Jahr paaren sich im mondänen Schweizer Skiort Davos Geld und Macht. Konzernbosse treffen auf Politiker aus aller Welt. Viele kommen Jahr für Jahr und halten den Mythos am Leben, hier, mit Bergblick, ließen sich die Lösungen finden für die Probleme des Globus. Scholz hat sich für Davos eine optimistische Rede aufschreiben lassen. In ihr schwärmt er von einer »Zeitenwende hin zu einer klimafreundlichen Industrie«, preist »Wasserstoff-Partnerschaften« und schwört, alles was Deutschland tue, diene dem Ziel, Europa bis 2050 zum ersten klimaneutralen Kontinent der Welt zu machen. Am Schluss gipfelt seine Rede in Reklame: »Wenn Sie mich also fragen, wie und wo Sie nachhaltig und rentabel in die Zukunft investieren können, dann sage ich Ihnen heute: *Don't look any further!* Kommen Sie zu uns, nach Deutschland und nach Europa.«

Die Werbeansprache verpufft. Sie ist nicht das, was viele im Publikum hören wollen. Zur Ukraine hat Scholz nämlich nur gesagt, was er stets sagt. Deutschland habe allein im vergangenen Jahr mehr als zwölf Milliarden Euro für die Ukraine bereitgestellt, werde sie weiter unterstützen, »so lange, wie es nötig ist«. Eine kurze Fragerunde verschafft einem Teilnehmer aus der Ukraine die Gelegenheit, seinem Ärger Luft zu machen. Schwere Panzer, einschließlich der Leopard 2, seien »absolut nötig, damit die Ukraine erfolgreich ihr Territorium verteidigen kann«, beginnt er. Alle Verbündeten schienen bereit zu sein, nur Deutschland nicht. Dann spricht er Scholz direkt an: »Wir hatten eigentlich erwartet, von Ihnen zu hören, dass Sie nun endlich darüber entscheiden.« Seine Frage laute daher: »Warum zögern, warum warten?«

Nach bald einem Jahr des Krieges in der Ukraine und seiner Zeitenwende-Rede steht Scholz erneut am Pranger. Im Internet kursiert die englische Wortneuschöpfung »*scholzing*«. Der britische Historiker Timothy Garton Ash hat dieses Verb zwar nicht erfunden, durch einen Retweet im Kurznachrichtendienst Twitter aber massenhaft verbreitet. »*Scholzing*«, ist dort zu lesen, bedeute: »Gute Absichten mitteilen, nur um dann jeden erdenklichen Grund zu nutzen/finden/erfinden, um sie zu verzögern und/oder zu verhindern«. Noch während Scholz nun die Klage des Fragestellers in Davos vernimmt, antwortet er mimisch. Der Kanzler kneift beide Augen fast zu, das linke

etwas mehr als das rechte. Es ist ein Blick, an den sich für gewöhnlich geduldige Erklärungen anschließen und wortreiche
Versuche, den anderen doch noch auf die Seite der Erkenntnis
zu holen.

Scholz fängt also noch einmal ganz von vorne an. Er betont,
dass Deutschland nach den USA zu den wichtigsten Unterstützern der Ukraine zähle, erwähnt das Zwei-Prozent-Ziel
sowie das Sondervermögen und hebt hervor, dass Deutschland
nicht nur Waffen liefere, sondern eben »sehr effektive Waffen«. Der Bundeskanzler zählt die Panzerhaubitze 2000 auf,
Mehrfachraketenwerfer, den Flakpanzer Gepard und das »sehr
berühmte IRIS-T-System, das eine fast hundertprozentige
Effektivität beim Abschuss von Raketen hat«. Zu guter Letzt
sei gerade mit den USA entschieden worden, Schützenpanzer
der Typen Bradley und Marder zu liefern. »Wir sind strategisch
verschränkt mit unseren Freunden und Partnern. Wir tun nie
etwas alleine, sondern nur zusammen, insbesondere mit den
Vereinigten Staaten«, erklärt er. Scholz findet, dass nicht anerkannt wird, was er schon alles getan hat für die Ukraine. Die
Frage des Ukrainers hat er trotzdem nicht beantwortet.

In Davos hat der Kanzler dann noch eine Verabredung mit
einer Delegation von Mitgliedern des US-Kongresses. Das
Abendessen mit Senatoren in der Residenz der deutschen Bot-
schafterin in Washington ist ihm in guter Erinnerung. Er traut
sich zu, mit den Amerikanern ein paar offene Worte zu wech-
seln. Dabei geht es ihm weniger um die Panzer als um den
Inflation Reduction Act, einem vom Kongress beschlossenen
900 Milliarden Dollar schweren Investitionspaket. Die riesige
Summe soll die Wirtschaft ankurbeln und klimafreundliche
Technologien fördern. In Davos ist der demokratische Senator
Joe Manchin dabei, einer der Architekten des Plans, der gezielt
US-Unternehmen fördern soll. Scholz fürchtet vor allem die

Folgen für deutsche Autohersteller und warnt Manchin vor einem Handelskrieg. Niemand hindere die Deutschen daran, mehr Autos in ihren Fabriken in den USA herzustellen, keilt der Senator zurück. Als Scholz schließlich nach den Leopard-Panzern gefragt wird, deutet er seine Bedingung an. Das Geheimnis kriegt Beine. Noch am Abend berichten sowohl das *Wall Street Journal* als auch die *Süddeutsche Zeitung*, Scholz sei zur Lieferung von Leopard-Panzern bereit, wenn auch die USA M1-Abrams lieferten.

Am nächsten Morgen überreicht Bundespräsident Frank-Walter Steinmeier im Schloss Bellevue Boris Pistorius seine Ernennungsurkunde zum Verteidigungsminister. Nach der Vereidigung im Bundestag und der Begrüßung durch die Truppe mit Nationalhymne und militärischen Ehren muss Pistorius gleich seinen ersten Termin absolvieren. Ausgerechnet Lloyd Austin ist zu Gast. Der US-Verteidigungsminister ist auf dem Weg zur Konferenz der Ukraine-Unterstützer auf dem Luftwaffenstützpunkt Ramstein in Rheinland-Pfalz, nun besucht er erst einmal den neuen Kollegen. Austin war die meiste Zeit seines Lebens Soldat, seine militärische Laufbahn beendete er 2016 als hochdekorierter General. Und er ist eine imposante Erscheinung. Neben ihm wirkt Pistorius, ohnehin kein Riese, noch ein bisschen kleiner. Im Gespräch mit Pistorius will Austin noch einmal wissen, warum die Deutschen auf ihrer Bedingung bestehen. Pistorius antwortet mit einer Gegenfrage. Warum die Amerikaner keine Abrams schicken wollten?

Wenig später hat Austin Gelegenheit, seine Frage dort zu wiederholen, wo über die Panzerfrage tatsächlich entschieden wird. Im Kanzleramt sitzen ihm Wolfgang Schmidt und Jens Plötner gegenüber. Sehr ausführlich erläutert Schmidt die Beweggründe des Kanzlers, etwas weniger ausführlich sekundiert Plötner. Berichten, wonach Austin deutlich seinen Unmut kundgetan habe, widersprechen später beide. Allerdings lässt sich ein Problem nicht leugnen. Die Berichte über die von Scholz gestellte Bedingung sind misslich für den US-Präsidenten. Aus amerikanischer Sicht sieht es nun so aus, als wackele der Schwanz mit dem Hund. Jake Sullivan meldet sich bei Plötner, er ist sauer. Beide machen einander Vorhaltungen wegen der Kommunikationspanne. Die Operation ist nicht einfacher geworden, aber sie geht weiter. Am Morgen des 22. Januar sitzt Olaf Scholz zusammen mit Annalena Baerbock, Robert Habeck, Christian Lindner, Boris Pistorius und fast allen anderen Mitgliedern seines Kabinetts in der *Theodor Heuss* der Flugbereitschaft. In der französischen Hauptstadt soll das 60-jährige Jubiläum des Élysée-Vertrages gefeiert und nebenbei eine Sitzung des deutsch-französischen Ministerrats nachgeholt werden. Sie war im Herbst wegen Terminproblemen und kaum zu kaschierender Konflikte verschoben worden. Es gab Ärger wegen stockender Rüstungsprojekte, aber auch wegen des 200 Milliarden Euro schweren deutschen »Doppelwumms«. Wie in etlichen EU-Ländern gab es auch in Frankreich Kritik an Deutschland, das ganz Europa die Schuldenregeln predige und selbst ordentlich in die Kreditkasse greife. Deutschland müsse aufpassen, sich nicht zu isolieren, warnte Macron damals. Das zielte direkt auf Scholz.

Das große Auditorium der Sorbonne ist der Ort, an dem nun wieder Einigkeit zelebriert werden soll. Ministerinnen und Abgeordnete, Deutsche und Franzosen, sitzen in gemischten Reihen. Mehr als fünf Jahre sind vergangen, seit Macron hier seine Europa-Rede gehalten, die »Neubegründung eines souveränen, geeinten und demokratischen Europa« gefordert hat. Eine Antwort ist ihm Angela Merkel bis zum Ende ihrer Zeit als Bundeskanzlerin schuldig geblieben. Macrons Vision von Europa sah sie skeptisch. Scholz, der nun neben Macron in der ersten Reihe sitzt, teilt diese Skepsis. Er befürchtet, dass es dem Franzosen um ein Kern-Europa geht, das die EU-Länder vor allem im Osten ausschließt und die Union als Ganzes in Gefahr bringt. Im Sommer hat er eine Rede an der Prager Karlsuniversität gehalten, die endlich eine Antwort geben sollte auf Macrons Rede an der Sorbonne. In der mittelalterlichen Aula Magna sprach sich Scholz für eine beherzte Erweiterung der EU aus, für Mehrheitsentscheidungen in der Außenpolitik, für weniger Abhängigkeit von einzelnen Rohstofflieferanten, für eine »Koalition der Entschlossenen« etwa bei der Luftverteidigung. Ein großes Echo fand die Rede, zu Scholz′ Verdruss, nicht. Die Antwort verhallte. Vielleicht, weil Scholz Frankreich und seinen Präsidenten erstaunlicherweise unerwähnt ließ. Vielleicht, weil Scholz seinem Naturell entsprechend nicht die große Vision entwarf, sondern Teile eines Puzzles präsentierte. Der Kanzler vermutete einen anderen Grund. Er fühlte sich bestätigt in seiner Meinung, dass in Deutschland große Reden einfach nicht ankommen.

An der Sorbonne nutzt Scholz nun seine Festansprache für ein Lob auf den Pragmatismus. Höflich dankt er dem »lieben Emmanuel« für seine Europa-Rede an diesem Ort, spricht von der gemeinsamen Entschlossenheit, ein »souveränes Europa« zu schaffen. Die deutsch-französische Zusammenarbeit nennt er dann aber »eine Kompromissmaschine – gut geölt, aber zuweilen eben auch laut und gezeichnet von harter Arbeit«. Sie beziehe ihren Antrieb nicht »aus süßem Schmus und leerer Symbolik«. Die Anspielung auf den Hang Macrons zur großen Geste ist offenkundig. Scholz und Macron telefonieren oft und sehen sich häufig, aber sie finden nicht zueinander. Es kommt zu keiner deutsch-französischen Paarung wie der von Helmut Kohl und François Mitterrand oder Helmut Schmidt und Valéry Giscard d'Estaing. Der Ukraine-Krieg fordert beide heraus, aber sie ziehen unterschiedliche Schlüsse daraus. Macron hält den Aufbau einer europäischen Verteidigung für noch dringender, Scholz die Notwendigkeit des Schulterschlusses mit den USA für noch offensichtlicher. Als Scholz gesprochen hat und Macron an der Reihe ist, treffen sich beide kurz am Bühnenrand. Kanzler und Präsident umarmen sich kurz, reichen einander die Hände. Das ist schon viel. Scholz mag nicht nur die große Geste nicht, er scheut auch zu viel Nähe.

Nach der Feierstunde und der gemeinsamen Sitzung beider Kabinette geht es dann gleich wieder um Panzer. Zu Beginn einer Pressekonferenz, die Präsident und Kanzler im Élysée-Palast geben, betont Macron, »dass wir unermüdlich und so lange wie notwendig die Ukraine unterstützen und dass wir uns eng abgestimmt mit unseren Partnern engagieren«. Er und Scholz hätten »immer wieder darüber gesprochen und diskutiert, was zu tun ist, was der nächste Schritt ist, mit dem man das miteinander koordiniert«. Das würden sie auch »für die weitere Zukunft tun«. Ob denn dann die Lieferung von Leopard-Panzern der nächste Schritt sei, wird Scholz gefragt. Ihn nervt das. Die endgültige Antwort von Biden steht noch aus, was soll er sagen? »Schönen Dank für die Frage, weil Sie mir zunächst einmal die Gelegenheit gibt, zu sagen, dass unsere beiden Länder sehr viel tun, um die Ukraine zu unterstützen: finanziell, humanitär, aber eben auch mit Waffen«, holt er aus wie gewohnt. Dann zählt er, wie schon in Davos, auf, was Deutschland schon alles geliefert habe. Und im Übrigen bleibe es dabei: »Wir handeln nur eng miteinander abgestimmt.«

Abstimmung ist jetzt Plötners Job. Von Jake Sullivan hört er, dass Biden bereit ist, sich über die Bedenken des Pentagon hinwegzusetzen. Die USA würden der Ukraine M1-Abrams liefern, aber das gehe nicht so schnell. Ob eine zeitliche Staffelung in Ordnung sei? Schon, aber es müsse schon noch dieses Jahr geschehen, fordert Plötner. Sullivan sagt zu, dass noch im Herbst die Ausbildung der ukrainischen Soldaten beginnen werde und der Aufbau der Infrastruktur. Mit dieser Nachricht geht Plötner zum Kanzler. Die Operation ist gelungen. Am 25. Januar, acht Tage nach seinem Anruf bei Biden, verkündet Scholz im Kabinett seine Entscheidung. Zügig sollen zwei ukrainische Panzer-Bataillone mit Leopard-2-Panzern ausgestattet werden. Deutschland stellt in einem ersten Schritt 14 Leopard-2-Panzer der vergleichsweise modernen Variante A6 aus Beständen der Bundeswehr zur Verfügung. Weitere Panzer sollen von europäischen Partnern kommen, was allerdings nur schleppend geschieht. Olaf Scholz hat nachgerüstet. Endlich.

Und immer wieder: Krach in der Koalition

Vor dem State House in Nairobi ist die Ehrengarde angetreten, Männer und Frauen in schwarz-roten Uniformröcken. Unter mächtigen Mützen aus dem Fell schwarz-weißer Stummelaffen schwitzen die Mitglieder der Blaskapelle. Ein schmissiger Marsch erklingt zu Ehren des Gastes, die Ehrenformation paradiert im Gleichschritt. »Karibu, Kanzler, willkommen«, begrüßt der kenianische Präsident William Ruto seinen Besucher aus Deutschland. Olaf Scholz strahlt. Der Mai beginnt für ihn unter der Sonne Afrikas, und Scholz sieht die Zeit gekommen für ein bisschen Optimismus. Deutschland hat den Winter besser überstanden, als zu befürchten war. Es gab keinen Blackout. Die Menschen in Deutschland haben nicht gefroren. Auch der »Doppelwumms« zeigt Wirkung, es hat jedenfalls keine Proteste gegeben wegen zu hoher Energiepreise.

In der Ukraine tobt noch der Krieg, aber auch dort schimmert
Hoffnung. Die geplante Frühjahrsoffensive mit neuen Waffen,
auch den Panzern, könnte die Wende zugunsten der Ukraine
bringen, glaubt der Kanzler.

Unter einem Baldachin geben Kanzler und Präsident eine
Pressekonferenz, in der Ruto Scholz seinen »lieben Bruder«
nennt und beide daran erinnern, dass die Bundesrepublik 1963
das erste Land gewesen sei, das Kenia nach der Kolonialherr-
schaft anerkannt habe. Scholz und Ruto reden über Klimaschutz, über Möglichkeiten für kenianische Fachkräfte, in
Deutschland zu arbeiten, und auch über den Krieg in der Ukraine. Es ist bereits die zweite Afrika-Reise, seit Olaf Scholz
im Amt ist. Er möchte in Anlehnung an Willy Brandt und
dessen Nord-Süd-Kommission in den 1970er-Jahren einen
»neuen Aufbruch im Nord-Süd-Verhältnis«. Damit möchte er
auch der russischen Propaganda entgegenwirken. In Afrika
verfängt weithin die Behauptung, die NATO und die USA
seien schuld am Krieg in der Ukraine. Weniger in Kenia allerdings als anderswo auf dem Kontinent. Das Land orientiert
sich am Westen. Kenia halte die Prinzipien der UN-Charta
hoch, sagt Ruto, es wünsche sich eine friedliche Lösung des
Konflikts. Der russische Angriff auf die Ukraine bedrohe Sicherheit und Frieden nicht nur in Europa, »sondern in der ganzen Welt, weil es letztendlich Mächtige ermutigt, Grenzen mit
Gewalt zu verschieben«, ergänzt Scholz. Das ist seine Botschaft. Darüber will er reden und gern auch über erneuerbare
Energien. Auf seinem Reiseplan steht noch das größte Geo-
thermie-Kraftwerk des Kontinents.

Gefragt wird er unter der Sonne Afrikas nach etwas anderem – dem deutschen Heizungsgesetz. Ob die Pflicht zum
Heizungstausch noch einmal um ein Jahr verschoben werden
müsse, will eine deutsche Journalistin wissen. Es mehrten sich

kritische Stimmen aus der Koalition. Bei 25 Grad im Schatten beginnt Scholz an der Seite seines konsternierten Gastgebers ein Referat über das deutsche Gebäudeenergiegesetz. Er erinnert an das Ziel, 2045 klimaneutral zu wirtschaften, spricht über »Windkraft auf hoher See, Windkraft an Land oder Solarenergie«. Zum Wandel gehöre natürlich auch das Heizen, räumt er schließlich ein, während der kenianische Präsident stoisch der englischen Übersetzung einer Sache lauscht, die ihm ziemlich fernliegt. Die Bundesregierung habe dazu ein Gesetz auf den Weg gebracht, fährt Scholz fort, »das nach sorgfältiger Diskussion viele, viele der Fragen, die im Hinblick auf diese Reformen gestellt worden sind, zu beantworten versucht«. Er glaube, dass das auch sehr umfassend gelungen sei. Veränderungen im Bundestag seien immer möglich, aber ganz sicher sei er, »dass die Essenz des Anliegens darüber nicht infrage gestellt ist«. Danach beendet Ruto die Pressekonferenz abrupt.

Es werden noch Monate vergehen, bis Scholz einräumt, wie sehr der ständige Krach in seiner Koalition ihn ärgert, der ihn nun sogar bis Afrika verfolgt. Doch die Probleme lassen sich schon jetzt nicht mehr leugnen. Die Aversionen zwischen Grünen und Liberalen nehmen zu. Es wird immer schwieriger, in der komplexen Dreierkonstellation zu Kompromissen zu gelangen. Der Kanzler hält die Probleme trotzdem für lösbar. Er ist überzeugt, dass er, der versierte Unterhändler, die Koalition managen kann. Hinzu kommt die paradoxe Wirkung des Krieges in der Ukraine. Der Krieg hat das Regieren schwieriger und vor allem teurer gemacht, aber zugleich hält er die Fliehkräfte innerhalb der Ampel unter Kontrolle. Wer würde es wagen, in Zeiten des Krieges eine Koalition aufzukündigen?

Selenskyj und Scholz

Am zweiten Sonntag im Mai erklingt im Hof des Bundeskanzleramtes eine Melodie in g-Moll. Zur Linken von Olaf Scholz steht auf einem kleinen roten Podest im schwarzen Sweatshirt Wolodymyr Selenskyj. Er hat die Hand aufs Herz gelegt. Das Stabsmusikkorps der Bundeswehr spielt »Noch ist die Ukraine nicht gestorben«, die ukrainische Nationalhymne mit ihrem getragenen, melancholisch-stolzen Grundton. Der Text stammt aus einem Gedicht von 1862. Seinem Verfasser, dem ukrainischen Ethnografen Pawlo Tschubynskyj, trug es »wegen schädlicher Einflussnahme auf das Gemüt des einfachen Volkes« sieben Jahre Verbannung nach Archangelsk ein. Vertont vom katholischen Priester Mychajlo Werbyzkyj wurde das Lied dann zur Hymne der Ukrainer, lange bevor sie einen eigenen Staat hatten. »Verschwinden werden unsere Feinde wie Tau in der Sonne, und auch wir, Brüder, werden Herren im eigenen Land sein«, verheißt es. 2014, auf dem Maidan, sangen es die Demonstranten zu jeder Stunde. Seit Beginn des großen Angriffskriegs verbindet ihre Hymne die Ukrainer mehr denn je. Sie ist Ausdruck ihres Willens zur Selbstbehauptung. Olaf Scholz nötigt dieser Wille Respekt ab, er empfindet Sympathie für den ukrainischen Freiheitswillen, der Heroismus aber, der sich damit verbindet, bleibt dem deutschen Kanzler mit jeder Faser seines Körpers fremd.

Scholz und Selenskyj haben bis zu diesem Sonntag im Mai einen beträchtlichen Weg miteinander zurückgelegt. Mittlerweile wissen sie, was sie voneinander erwarten können. Scholz hat sich als zunächst zögerlicher, aber doch verlässlicher Waffenhelfer bewährt. Was Deutschland geliefert hat, erweist sich als Segen vor allem für die Luftverteidigung der

Ukraine. Selenskyj hat sich darauf eingestellt, dass Scholz von Zweifeln und Bedenken geplagt wird, und er hat erlebt, wie gereizt er auf Druck reagiert. Umgekehrt glaubt auch Scholz mittlerweile, den ukrainischen Präsidenten besser verstehen zu können. Selenskyjs Englisch ist, seit er sich fast täglich mit ausländischen Partnern abstimmen muss, deutlich besser geworden, und für Scholz ist es wichtig, dass er sich inzwischen ohne Dolmetscher mit dem ukrainischen Präsidenten verständigen kann. Er vertraut Selenskyj nicht uneingeschränkt, aber er vertraut ihm. Der Kanzler weiß, dass in den Ermittlungen zum Anschlag auf die Nord-Stream-Pipelines etliche Spuren in die Ukraine führen, aber bisher keine bis zum Präsidenten. Die ukrainische Offensive steht kurz bevor, das prägt den Besuch des ukrainischen Präsidenten. Es herrscht Optimismus.

Wichtig sei die Botschaft, sagt Scholz nach dem anschließenden Gespräch mit Selenskyj, »dass ein fairer Frieden nur möglich ist, wenn Russland einsieht, dass es diesen Krieg beenden und Truppen zurückziehen muss«. Scholz versieht, wenn er von »Truppen« spricht, diese nun nicht mit einem Possessivpronomen. Er sagt nicht, dass Russland seine, also alle Truppen zurückziehen muss. Dadurch lässt er die territoriale Gestalt der Ukraine nach Ende des Krieges offen. Sein Argument dafür ist, die Ukraine müsse zu gegebener Zeit selbst entscheiden, unter welchen Bedingungen sie einem Frieden zuzustimmen bereit sei. Selenskyj wird an diesem Tag dagegen noch klarstellen, dass es ihm um die Befreiung der ganzen Ukraine geht. Für die gemeinsame Pressekonferenz hat er sich aber zunächst eine andere Botschaft vorgenommen. Vor allem möchte er »dir, Olaf, und dem gesamten deutschen Volk herzlich danken, wirklich herzlich, für eure Hilfe, für jedes gerettete ukrainische Leben«. Vor der Ankunft des Prä-

sidenten hatte die Bundesregierung ein neues Hilfspaket im
Wert von 2,7 Milliarden Euro verkündet. »Vielen Dank, Olaf,
dafür«, sagt er.

In seinem Eingangsstatement benutzt Selenskyj das Wort
Danke in verschiedenen Variationen sieben Mal. Der Präsident, der den Kanzler so oft in Interviews und Ansprachen der
Zögerlichkeit geziehen und ihn unter Druck gesetzt hatte, ex-
kulpiert ihn nun vor heimischem Publikum. Für Scholz ist das
eine Genugtuung. Aber vor allem kann er am 444. Tag des
russischen Angriffskriegs endlich hoffen, dass die Kritik an
seiner Haltung verstummt. Nach einem Treffen mit dem Sicherheitskabinett steigen Scholz und Selenskyj in einen Hubschrauber, der sie zum Flughafen bringen soll. Gemeinsam
wollen Kanzler und Präsident nach Aachen fliegen, wo Selenskyj und das ukrainische Volk mit dem Karlspreis ausgezeich-
net werden sollen. Kurz bevor der Hubschrauber startet, merkt
Selenskyj allerdings, dass etwas fehlt. Er kann sein Handy
nicht finden. Die Tür wird noch einmal geöffnet, ein Mitarbeiter macht sich erfolgreich auf die Suche. Das Duo Scholz und
Selenskyj startet verspätet, aber guter Dinge.

Unter den Säulen im gotischen Rathaus von Aachen würdigt Scholz am frühen Abend dann den Verteidigungskampf
der Ukrainer. »Mit allergrößter Tapferkeit verteidigt ihr euer
Land gegen Russlands brutale Aggression. Mit ungeheurer
Kraft trotzen alle Tag für Tag den russischen Invasoren«, sagt
er. Der Freiheitswille und die Widerstandskraft der Ukrainer
spendeten Hoffnung und Inspiration weit über die Ukraine
hinaus. »An der Spitze des gesamten ukrainischen Volkes
verteidigst du die Werte, für die Europa steht«, spricht der
Kanzler Selenskyj an. Die Ukraine könne sich dabei auf die
volle Unterstützung Deutschlands verlassen – »humanitär,
wirtschaftlich und mit Waffen, aber vor allem: auf Dauer«.

Auch diesmal bleibt Scholz dabei, kein Ziel zu benennen. Er spricht nicht davon, dass die Ukraine gewinnen oder siegen müsse.

Danach trägt Selenskyj seine Dankesrede, die er auf Englisch beginnt und dann in seiner Muttersprache fortsetzt, verhalten, fast vorsichtig vor. Er setzt weniger auf die Kraft seiner Stimme als die seiner Worte. Zum ersten Mal werde unter diesen Säulen eine Dankesrede auf Ukrainisch gehalten, sagt Selenskyj. Dann beschwört er die europäische Schicksalsgemeinschaft, die in ihrer Gesamtheit bedroht werde durch den russischen Gewaltherrscher. »Putin ist die Aggression – er will nichts anderes für sich und sein Volk«, sagt er. Er sei »derjenige, der den Weg des Völkermords eingeschlagen hat, derjenige, der das Europa, das wir schätzen, zerstören will«. Selenskyj wiederholt seinen Dank an Scholz und die Deutschen, aber diesmal benennt er auch den großen Widerspruch. »Liebe Europäer! Die Geschichte baut auf Siegen auf, auch wenn sie Niederlagen nicht vergisst. Es hat Illusionen gegeben, dass es andere Bausteine für die Geschichte gibt als Siege, aber solche Illusionen haben dazu geführt, dass diejenigen, die sich zu ihnen bekannten, in der Geschichte verschwanden oder bestenfalls viele Jahre lang schwiegen. Illusionen führen zum Tod«, warnt er. Es sei »schade«, wenn das Ziel nur sei, dass Russland nicht gewinne. »Wir müssen gemeinsam gewinnen!«, appelliert er. Nach seiner Rede ergreift Selenskyj mit rechts die Hand des Kanzlers und berührt mit links kurz, aber fast zärtlich seine Schulter. Für einen Moment sieht es so aus, als sei er es, der dem anderen Mut zusprechen muss.

Gerät die Ukraine aus dem Fokus?

Der Mai ist ein Monat der Hoffnung, aber auch des Bangens. Wenn die bevorstehende Frühjahrsoffensive der Ukraine einen Wendepunkt bringen kann, dann gilt das im Guten wie im Schlechten. Sollte die Offensive der Ukrainer stecken bleiben, droht ein jahrelanger Stellungskrieg. Schon jetzt zeigt sich, dass die westlichen Sanktionen Russland nicht im erhofften Maße unter Druck setzen. Das autokratische Bündnis mit China hält, und für seine Rohstoffe findet Russland Abnehmer in aller Welt.

Putin stellt Russland auf Kriegswirtschaft um und kurbelt die Waffenproduktion an. Er ist überzeugt davon, den Krieg länger durchhalten zu können als die Ukraine und ihre westlichen Unterstützer. Er setzt auf die Ermüdung der westlichen Demokratien. Liegt er so falsch damit? Scholz treibt diese Frage um. Er möchte mit der Unterstützung der Ukraine nicht plötzlich allein stehen. Wenige Tage nach dem Besuch Selenskyjs in Deutschland fliegt der Kanzler zum G7-Gipfel ins japanische Hiroshima. Dort hofft er, ein Gefühl dafür zu bekommen, wie es um die Ausdauer der Verbündeten bestellt ist.

Am 19. Mai 2023 steht Scholz mit seiner Frau Britta Ernst, die ihn zum ersten Mal auf einer Kanzlerreise begleitet, Seite an Seite im Friedenspark, der Gedenkstätte, die an den ersten Atombombenabwurf am 6. August 1945 um 8.15 Uhr erinnert. Als sie detonierte, blieb kaum ein Stein auf dem anderen im Zentrum der Stadt. Zehntausende wurden sofort getötet, Hunderttausende litten ihr Leben lang unter den Folgen. Als Ruine ragt nur noch das von einem tschechischen Architekten errichtete Ausstellungsgebäude aus dem Schutt hervor. Seine Gäste begrüßt der japanische Ministerpräsident Fumio Kishida im Friedenspark in Sichtweise dieses Gebäudes, dem Atombombendom. Danach führt er sie durch das Friedensmuseum am Eingang des Parkes. Gezeigt werden hier Kleiderfetzen getöteter Kinder und andere Zeugnisse des Grauens. Die älteren Gipfelteilnehmer kehren wohl für mehrere Stunden zurück in ihre Jugend, in die Jahre des Kalten Krieges und ihres Menetekels Hiroshima. Sicher gilt das für Olaf Scholz und Britta Ernst. »Dieser Ort erinnert an unfassbares Leid. Heute erneuern wir hier gemeinsam mit unseren Partnern das Versprechen, Frieden und Freiheit mit aller Entschlossenheit zu schützen. Ein nuklearer Krieg darf nie wieder geführt werden«, schreibt Scholz ins Gästebuch.

Die japanischen Ausrichter haben den Gipfel aufgeladen mit Symbolik. Vor der Kulisse der Atombombenkuppel legen die Staats- und Regierungschefs Kränze nieder und pflanzen ein Kirschbäumchen. Auf der hermetisch abgeschirmten Insel Miyajima, auf der die Gipfelteilnehmer konferieren und in Tagungspausen mit Teezeremonien und japanischer Musik erfreut werden, wirkt die Tatsache, dass Krieg ist, trotzdem noch unwirklicher als in den bayrischen Alpen im Vorjahr. Politisch ist die Ukraine, anders als beim G7-Gipfel in Elmau, auch nicht mehr das allein beherrschende Thema. Jörg Kukies und Jens Plötner verwenden in den Verhandlungen über die Abschlusserklärung viel Energie auf die Formulierungen zu China. Im Kern geht es um die Konflikte, die auch in der Ampelkoalition ausgetragen werden. Darum, wie sich die Demokratien des Westens gegen den Machtanspruch des autoritären China wappnen können. Nicht nur geografisch liegt von Hiroshima aus der Konflikt um Taiwan näher als der Krieg in der Ukraine. Ausdrücklich hat sich Präsident Xi das Recht vorbehalten, die demokratisch regierte Insel mit Gewalt heim ins chinesische Reich zu holen. In allen G7-Staaten wird viel darüber gesprochen, wie die Abhängigkeit von China reduziert werden kann. »Wir erkennen an, dass die ökonomische Widerstandskraft es erfordert, Risiken abzubauen und zu diversifizieren«, proklamieren sie in der Gipfelerklärung. Aber Scholz setzt sich auch durch mit der Forderung nach einem versöhnlichen Ton. Die G7 versichern, es sei nicht ihr Ziel, China zu schaden. »Wir wollen Chinas wirtschaftlichen Fortschritt und die Entwicklung nicht behindern«, beteuern sie.

Am Nachmittag des zweiten Gipfeltages entsteigt auf dem Flughafen von Hiroshima ein Überraschungsgast einem französischen Regierungsflugzeug. Eigentlich hatte der ukrainische Präsident nur per Video zugeschaltet werden sollen. Wolodymyr Selenskyj habe aber den »dringenden Wunsch« geäußert, persönlich am Gipfel teilzunehmen, teilte das japanische Außenministerium nur Stunden vor dessen Ankunft mit. Obwohl Selenskyj gerade erst etliche europäische Hauptstädte bereist und viele der Gipfelteilnehmer, auch Olaf Scholz, gesehen hat, nimmt er den langen Flug nach Ostasien auf sich. Auf seine Videoansprachen allein kann und will er sich nicht mehr verlassen, Selenskyj sucht Tuchfühlung. Der Reihe nach trifft er die G7-Anführer. Sie alle versichern, die Ukraine werde »so lange wie nötig« gegen den russischen Angriffskrieg unterstützt. So steht es dann auch in der Gipfelerklärung. Äußerlich zeigt die Front noch keine Risse.

Vom japanischen Ministerpräsidenten bekommt Selenskyj in Hiroshima noch eine eigene Führung. »Die Bilder vom zerstörten Hiroshima erinnern mich vollständig an Bachmut und ähnliche Orte. Es ist einfach dasselbe. Kein Leben mehr, alle Gebäude zerstört. Man kann nicht mehr sehen, wo die Straßen verlaufen sind, wo die Häuser standen«, sagt er danach. Ob es stimme, dass Bachmut bereits gefallen sei, wird Selenskyj von einem Journalisten gefragt. Jewgenij Prigoschin, der Anführer der Privatarmee »Wagner«, hatte die Stadt schon zwei Tage zuvor für erobert erklärt. »Zum heutigen Tage ist Bachmut nicht von der Russischen Föderation besetzt«, behauptet der Präsident. In Hiroshima will Selenskyj es nicht sagen. Aber der Mai endet mit dem Fall von Bachmut.

AM ABGRUND

Es ist der 21. September 2023, ein warmer New Yorker Abend. An der Wall Street entsteigen Damen in langen Kleidern und Herren im Smoking dunklen Limousinen. Im Großen Ballsaal des Cipriani wird Champagner serviert, die Barkeeper empfehlen Single Malt. Hinter Olaf Scholz liegt ein ereignisreicher Tag. Er hat im UN-Sicherheitsrat gesprochen, am Climate Ambition Summit teilgenommen und dem ukrainischen Präsidenten Wolodymyr Selenskyj eröffnet, dass Deutschland der Ukraine keine Taurus-Marschflugkörper zur Verfügung stellen wird. Am Flughafen JFK wartet die Maschine, dies hier ist sein letzter Termin.

An den runden festlich eingedeckten Tischen versprechen Menükarten Heirloom-Tomaten mit Büffelmozzarella als Vorspeise, danach chilenischen Wolfsbarsch. In der Mitte des Saales sind Ehrenplätze reserviert für Olaf Scholz und seine Frau. Errichtet im Stil des Greek Revival, entfaltet das Cipriani mit mächtiger Kuppel und Säulen antike Pracht. Dies ist kein Ort zum Kleckern. Hier wird geklotzt. Geladen hat der Atlantic Council zur Verleihung der Global Citizen Awards. Die Denkfabrik ehrt einmal im Jahr einige der zur UN-Generalversammlung angereisten Politiker für ihre Verdienste. In diesem Jahr sind das die US-Finanzministerin Janet Yellen, der japanische Ministerpräsident Fumio Kishida, der ukrainische Präsident Wolodymyr Selenskyj und – der deutsche Kanzler.

Olaf Scholz ist als Erster an der Reihe. Freundlich, aber bestimmt preist aus dem Off, unterlegt von sphärisch-optimistischen Akkorden, eine weibliche Stimme »die Führerschaft von Kanzler Olaf Scholz«, die wegen seiner Verdienste um die Festigung der europäischen Einigung besonders hell leuchte. Auf ausladenden Bildschirmen erscheint Olaf Scholz überlebensgroß, zunächst blendender Laune zwischen Robert Habeck und Christian Lindner in Meseberg, dann beim festen

Handschlag mit Wolodymyr Selenskyj im Kanzleramt und schließlich entschlossen an der Seite von NATO-General-sekretär Jens Stoltenberg. »Seine klare und strategische Vision setzt nicht nur ein Beispiel für seine europäischen Partner, sondern für Länder rund um den Globus«, lobpreist ihn die Stimme aus dem Hintergrund. Indem er Diplomatie und Dialog an die erste Stelle setze, wirke er als »Leuchtfeuer der Hoffnung«. Mit seiner »unerschütterlichen Hingabe für den Frieden und die globale Demokratie« zementiere er sein Ver-mächtnis als »bemerkenswerter globaler Bürger« und »groß-artiger Anführer für unsere Zeit«.

An der Wall Street steht der deutsche Kanzler hoch im Kurs an diesem Abend. Als »Giganten in Deutschland und in Eu-ropa« beschreibt ihn Ngozi Okonjo-Iweala, die Generaldirek-torin der Welthandelsorganisation (WTO), in ihrer Laudatio. Er tue »so viel«, um die internationale Kooperation und Soli-darität zu stärken. »Seine Passion für soziale Gerechtigkeit begann schon mit 17 und hat nie aufgehört«, fährt sie fort. Die frühere nigerianische Finanzministerin hebt noch Scholz' »Verständnis für die Komplexitäten, die unsere Welt bestim-men«, hervor, »durch seine Wurzeln in Hamburg geprägt, einer weltoffenen Hafenstadt«. Auf der Bühne, eine gläserne Säule mit einem Globus darauf in Händen, grinst Scholz. Er wirkt ein bisschen verlegen. Und sehr zufrieden.

Von osteuropäischen Partnern als unsicherer Kantonist verdächtigt, im eigenen Land der zögerlichen Hilfe für die Ukraine geziehen, darf Olaf Scholz sich hier in den USA in ortstypischer Unbescheidenheit als Verteidiger der freien Welt geehrt fühlen. Der Abend im Cipriani bestärkt den Kanzler im Gefühl, seine Gegner widerlegt zu haben. Niemand stellt mehr die deutsche Unterstützung für die Ukraine infrage, und der Kanzler geht davon aus, dass sich daran auch nichts ändern wird durch die Entscheidung, die er Selenskyj am Vormittag mitgeteilt hat. Die Ukraine wird keine deutschen Marschflugkörper bekommen, aber weitere umfangreiche Waffenhilfe. Es sei ihm eine Ehre, den Global Citizen Award zusammen mit Präsident Selenskyj »als Vertreter der tapferen Menschen in der Ukraine« verliehen zu bekommen, sagt Scholz in seiner Dankesrede. Auch sei er stolz, sagen zu können: »Unsere Beziehungen zu den Vereinigten Staaten sind stärker denn je.«

Noch ein Krieg: Der Terrorangriff der Hamas

Im Spätsommer 2023 fühlt sich Scholz seiner Sache so sicher wie lange nicht. Ein Knoten scheint geplatzt zu sein, ausgerechnet dank eines Joggingunfalls. Ein blaues rechtes Auge, das Scholz seinem Sturz verdankte, verdeckte er mehrere Tage lang mit einer schwarzen Augenklappe. Ein Kanzler-Tweet lud selbstironisch zu Piratenwitzen ein, das kam an. Endlich einmal erschien der Kanzler nahbar. Die Lage in der Koalition ist zwar unverändert kompliziert, die Bundesregierung steht hauptsächlich wegen der hohen Migrationszahlen unter Druck. Scholz hält aber auch dieses Problem für lösbar. Im Herbst will er Pläne für mehr Abschiebungen präsentieren. Er stellt sich mittlerweile darauf ein, dass der Krieg in der Ukraine noch Jahre dauern kann. Doch die neue Realität, die Welt der Zeitenwende wirkt langsam vertrauter. Am Tag vor der Abreise nach New York hat Scholz mit dem Joggen wieder angefangen. Auf seiner üblichen Strecke, das war ihm wichtig.

Doch kaum einen Monat nach der Feier in Manhattan hat sich die Weltlage erneut verändert. Der Bundeskanzler steht in einem fensterlosen Saal des Verteidigungsministeriums in

Tel Aviv neben Benjamin Netanjahu. Der israelische Ministerpräsident trägt ein schwarzes Hemd. Er wirkt fahrig. »Kanzler
Scholz, danke, dass Sie nach Israel gekommen sind. Danke für
Ihre Solidarität mit Israel, Ihre, die der Bundesregierung und
der Menschen in Deutschland in diesen Zeiten der Prüfung«,
sagt Netanjahu. Dann spricht er über den 7. Oktober. »Ich
muss Ihnen sagen, mein Freund, dass die Barbarei der Hamas-
Mörder, die aus Gaza kamen, die schlimmsten Verbrechen
gegen Juden waren, die wir seit dem Holocaust erlebt haben«,
beginnt Netanjahu. Dann zählt er auf: »Erschießung von kleinen Kindern mit verbundenen Händen. Ermordung von Kindern vor den Augen ihrer Eltern. Ermordung von Eltern vor
den Augen ihrer Kinder. Babys, die auf dem Dachboden ver-
steckt werden. Mörder, die auf den Dachboden kommen, um
die Babys zu ermorden. Ermordung und Vergewaltigung von
Frauen. Großmütter, Holocaust-Überlebende, die in Gefan-
genschaft verschleppt werden.« Organisiertes Morden, sagt
der israelische Ministerpräsident, »das uns an Babyn Jar erinnert«. An der Schlucht von Babyn Jar trieben am 29. und
30. September 1941 SS-Männer, deutsche Polizisten und An-
gehörige von Sonderkommandos die Juden von Kiew zusammen. Soldaten der Wehrmacht sicherten das Gelände. Männer
wie Frauen, Kinder wie Greise wurden gezwungen, sich bis auf
die Unterwäsche auszuziehen. In Gruppen mussten sie mehrere Meter in die Schlucht hinabsteigen und sich mit dem
Gesicht zur Erde hinlegen. So wurden sie erschossen. Das
Sonderkommando 4a führte Buch und vermeldete nach zwei
Tagen 33.771 Tote. Die Zahl der tatsächlich Ermordeten lag
vermutlich höher. »Wenn wir hineinschauen in diesen Abgrund, schwindelt es uns«, hatte Bundespräsident Joachim
Gauck 2016 beim Gedenken zum 75. Jahrestag des Verbre-
chens in Kiew gesagt.

Der deutsche Kanzler hat jetzt keine Wahl. Er muss in den Abgrund schauen. Die Zuversicht des feierlichen Abends an der Wall Street ist verflogen. Das »Danach«, von dem Scholz in seiner Zeitenwende-Rede gesprochen hatte, verdüstert sich zusehends. »Herr Ministerpräsident, die Sicherheit Israels und seiner Bürgerinnen und Bürger ist deutsche Staatsräson«, sagt Olaf Scholz. Es sei ihm wichtig, »dies hier heute in Israel, in dieser schwierigen Situation« zu sagen: »Die deutsche Geschichte und unsere aus dem Holocaust erwachsene Verantwortung machen es uns zu unserer Aufgabe, für die Existenz und die Sicherheit des Staates Israel einzustehen.« Diese Festlegung geht auf Angela Merkel zurück. Sie hatte in einer Rede vor der Knesset 2008 die historische Verantwortung Deutschlands als Teil der deutschen Staatsräson bezeichnet und bekundet, die Sicherheit Israels sei für sie als Bundeskanzlerin niemals verhandelbar. »Die Sicherheit Israels ist für uns Staatsräson«, steht auch im Koalitionsvertrag der Ampel. Ein Satz, der jetzt unerbittlich fordert, eingelöst zu werden.

»Die Sicherheit in und für Israel muss wiederhergestellt werden, und darum muss Israel sich verteidigen können«, hatte Scholz fünf Tage nach dem 7. Oktober im Bundestag erklärt. In diesem Moment gebe es für Deutschland nur einen Platz: »den Platz an der Seite Israels«. Das sei gemeint mit dem Satz, die Sicherheit Israels sei deutsche Staatsräson. Die aus dem Holocaust erwachsene Verantwortung mache es »uns zur immerwährenden Aufgabe, für die Existenz und für die Sicherheit des Staates Israel einzustehen«. Scholz ist die schillernde Natur dieses Bekenntnisses bewusst, denn was heißt »einstehen« in letzter Konsequenz? »Die Angelegenheit ist viel zu ernst, um darüber abstrakt zu spekulieren«, antwortet Scholz dem *Spiegel* auf die Frage, ob der Einsatz deutscher Soldaten denkbar sei, sollte sich der Konflikt ausweiten. Es ist die

vielsagende Antwort eines Kanzlers, der nichts mehr aus-
schließen will.

In Tel Aviv fragt allerdings niemand nach deutschen Soldaten. Benjamin Netanjahu fordert vor allem diplomatische
Unterstützung durch Deutschland ein. Noch hat Israel seine
Bodenoffensive gegen die Hamas im Gazastreifen nicht begonnen. Doch schon die Luftangriffe und die Abriegelung des
kleinen Küstenstreifens führen zu vielen Opfern. Die Menschen leiden. Netanjahu weiß, dass der Druck auf Israel zu-
nehmen wird. »Unser Handeln fußt auch in Extremsituationen
auf Recht und Gesetz. Auch deswegen lässt uns die humanitäre Not im Gazastreifen nicht gleichgültig«, sagt Scholz. Israel und Deutschland verbinde, demokratische Rechtsstaaten
zu sein. Mit Netanjahu habe er über Wege gesprochen, den
Menschen in Gaza schnellstmöglich humanitäre Hilfe zukom-
men zu lassen. Da ergreift der israelische Ministerpräsident
noch einmal das Wort. »Die Hamas begeht ein doppeltes
Kriegsverbrechen«, sagt er, »sie ermorden nicht nur barbarisch
Zivilisten, sie verstecken sich auch hinter Zivilisten.«

Der deutsche Kanzler verbringt nur wenige Stunden in Israel, aber zum zweiten Mal in seiner noch kurzen Amtszeit
befindet er sich in einem Kriegsgebiet. Zweimal muss er
wegen Raketenalarms in einen Schutzraum der deutschen
Botschaft. Einmal ist er gerade im Gespräch mit Ex-Minister-
präsident Benny Gantz, der nun zu Netanjahus Kriegskabinett
gehört, als der Alarm ertönt. Scholz und Gantz reden in dem
fensterlosen Raum weiter. In der Botschaft trifft sich Scholz
zusammen mit Botschafter Steffen Seibert, dem früheren
Sprecher von Angela Merkel, auch mit Angehörigen von Geiseln der Hamas. In einem Kreis sitzen sie rund um den Kanzler und erzählen nacheinander vom Grauen des 7. Oktober,
vom quälenden Warten auf Nachricht seitdem. Sie alle hoffen,

dass Scholz zumindest für jene etwas tun kann, die einen deutschen Pass haben. Vor dem Gebäude demonstrieren Freunde von Geiseln. Eine Frau hält ein Plakat in die Höhe, das den Bundeskanzler zeigt. »*Only Scholz can save Shani*«, steht darauf. Jemand hat ein Herz dazu gemalt. Shani Louk, 22 Jahre alt und Deutsch-Israelin, hatte auf dem Supernova-Festival im Süden Israels gefeiert, als die Hamas-Terroristen ihr Gemetzel begannen. In einem Video ist zu sehen, wie ihr halb nackter Körper voller Wunden auf der Ladefläche eines Pick-ups der jubelnden Menge in Gaza zur Schau gestellt wird. Erst zwei Wochen nach dem Besuch von Scholz in Israel werden die Angehörigen erfahren, dass Shani Louk nicht mehr lebt.

Als der Kanzler wieder im Flugzeug sitzt und nach Kairo weiterfliegen will, müssen er und die anderen Passagiere die Maschine eilig verlassen. Raketenalarm. Während der Kanzler in einem Flughafengebäude wartet, fängt das israelische Luftverteidigungssystem Iron Dome zwei aus Gaza kommende Raketen ab. Am selben Abend detoniert ein Sprengkörper in einem Krankenhaus im Gazastreifen. Hunderte Menschen kommen angeblich ums Leben, die Hamas macht umgehend Israel verantwortlich.

Als Scholz am nächsten Tag mit dem ägyptischen Präsidenten Abdel Fattah al-Sisi spricht, sind die Aussichten noch düsterer als zuvor. Jordanien hat US-Präsident Joe Biden, der schon auf dem Weg in den Nahen Osten ist, ausgeladen. Die Sorge nimmt zu, dass die von Iran gesteuerte Hisbollah vom Libanon aus im Norden eine zweite Front eröffnet gegen Israel. Im Stillen bereitet die Bundeswehr bereits die Evakuierung von Deutschen aus dem Libanon vor. »Herr Präsident, Ägypten und Deutschland eint das Ziel, einen Flächenbrand im Nahen Osten zu verhindern«, sagt Scholz während eines gemeinsamen Auftritts mit al-Sisi im Präsidentpalast von

Kairo. »Ausdrücklich« warnt er die Hisbollah und Iran davor, in den Konflikt einzugreifen. »Sie würden damit einen schwerwiegenden Fehler begehen«, fügt er hinzu. Es klingt wie eine Beschwörung.

»Deutschland muss kriegstüchtig werden«

Keine Woche nach seiner Rückkehr aus dem Nahen Osten schaut Olaf Scholz auf eine große Leinwand. Zu sehen ist ein Soldat in Tarnfleck. »Guten Tag, Herr Bundeskanzler«, meldet er, »hier die Operationszentrale des Territorialen Führungskommandos der Bundeswehr.« Der Brigadegeneral setzt den Kanzler kurz ins Bild. Es habe mehrere Meldungen über Cyberangriffe sowohl auf die Energie- als auch die Verkehrsinfrastruktur gegeben. Betroffen seien auch eigene Netze der Bundeswehr. Ein Konvoi der US-Armee sei mittlerweile von Köln-Wahn kommend bei Görlitz an der polnischen Grenze eingetroffen. Unterwegs habe er mit Schwierigkeiten zu kämpfen gehabt. So sei es im Raum Gera zu Sabotageakten mit Chemikalien gekommen. Landespolizei und Feuerwehr seien aber in der Lage gewesen, die vier betroffenen Fahrzeuge zu dekontaminieren. Der Bundeskanzler reagiert gelassen auf diese Meldung. Sie ist Teil einer »Fähigkeitsdemonstration« der Bundeswehr.

Scholz ist am Morgen mit einem Truppentransporter vom Typ A-400 M nach Köln-Wahn geflogen und hat sich einen halben Tag lang den Ernstfall vorführen lassen. Deutschland ist ein zentrales Drehkreuz der NATO. Müsste ein Mitgliedsland gegen einen drohenden oder tatsächlichen russischen Angriff verteidigt werden, würden die Truppen, vor allem amerikanische, über Deutschland nach Osten verlegt werden. Scholz werden improvisierte Checkpoints präsentiert, zivile Katastrophenschützer im Entgiftungseinsatz, Spezialroboter zur Analyse gefährlicher Substanzen, Drohnen zur Lageaufklärung und Hightech-Werkzeug gegen Abhörversuche. Der Bundeskanzler trägt Jeans und einen blauen Parka, in dessen Taschen er die meiste Zeit über seine Hände vergräbt, während er in braunen Wanderschuhen über das Gelände stapft.

»Es hat großartig geklappt und mir auch viele, viele Einblicke vermittelt«, bedankt sich Scholz, als die Truppe schließlich zum Abschied antritt. Der wichtigste Einblick sei, »wie Sie drauf sind und wie Sie sich um die Sache gekümmert haben«. Das gebe ihm mit Blick »auf die Sicherheit unseres Landes ein gutes Gefühl«. Bevor der Kanzler geht, dreht er sich noch mal um. Dann sagt er: »Tschüss«. Der Kanzler der Zeitenwende hat schon vor einem Flakpanzer Gepard posiert, er hat ukrainische Soldaten bei der Ausbildung in Deutschland besucht, er ist in regelmäßigen Abständen bei der Truppe, aber seine Haltung bleibt immer die eines Zivilisten.

Gleichzeitig gelingt Verteidigungsminister Boris Pistorius Erstaunliches. Innerhalb kürzester Zeit wird er nicht nur bei den Soldaten populär, sondern auch in der Bevölkerung. Regelmäßig steht er in den Ranglisten der beliebtesten Politiker an der Spitze. Und das, obwohl er auch scheinbar Unpopuläres ausspricht. Ein paar Tage nach dem Besuch von Scholz in Köln-Wahn sorgt der Verteidigungsminister für mediale Aufregung. »Wir müssen uns wieder an den Gedanken gewöhnen, dass die Gefahr eines Krieges in Europa drohen könnte. Und das heißt: Wir müssen kriegstüchtig werden. Wir müssen wehrhaft sein. Und die Bundeswehr und die Gesellschaft dafür aufstellen«, sagt er im ZDF. Das trägt ihm eine Ermahnung von SPD-Fraktionschef Rolf Mützenich ein. Ein Begriff wie

»kriegstüchtig« könne zu noch größerer Verunsicherung bei-
tragen und »im Zweifel« auch gesellschaftliche Konflikte an-
heizen. Pistorius bleibt bei seiner Wortwahl und wiederholt
sie in verschiedenen Interviews. Der Krieg Russlands gegen
die Ukraine schaffe eine »neue Realität, von der wir uns
30 Jahre lang entwöhnen konnten, nämlich dass es eine
Kriegsgefahr in Europa gibt durch einen Aggressor«, verteidigt
er sich im Deutschlandfunk. Die Deutschen seien darauf
»mental nicht eingestellt«.

Die Auseinandersetzung von Verteidigungsminister und
Fraktionschef ist mehr als nur ein Streit über die richtige
Wortwahl, sie illustriert ein Dilemma des Bundeskanzlers.
Wie Mützenich will er die Bevölkerung möglichst nicht ver-
unsichern. Das Wort »kriegstüchtig« spricht er nicht aus. Die
Notwendigkeit, die Abwehrbereitschaft Deutschlands zu erhöhen, sieht aber auch er. »So bitter es ist«, sagt Scholz vor
den Kommandeuren bei der Bundeswehrtagung Anfang November, »wir leben in der Welt nicht in Friedenszeiten. Unsere
Friedensordnung ist in Gefahr.« Niemand könne »heute mehr
ernsthaft in Zweifel ziehen, worum wir uns in Deutschland
lange herumgedrückt haben, nämlich, dass wir eine schlag-
kräftige Bundeswehr brauchen«. Für seine Regierung nimmt
Scholz in Anspruch, Konsequenzen aus dieser Erkenntnis
gezogen zu haben. »Meine Damen und Herren, in den vergangenen 18 Monaten haben wir nichts weniger als unsere
militärische Kultur, die DNA bundesrepublikanischer Sicherheitspolitik, neu justiert«, behauptet er. Scholz verweist auf
die 100 Milliarden Euro aus dem Sondervermögen, die schon
zu großen Teilen verplant sind für Waffenkäufe. Er wiederholt
auch sein Versprechen, Deutschland werde dauerhaft das
Zwei-Prozent-Ziel der NATO einhalten. Sobald das Sondervermögen aufgebraucht ist, vermutlich 2028, wird das aller-

dings schwierig werden. Dann muss der Wehretat drastisch steigen. Dazu, wie das gelingen soll, sagt Scholz nichts.

Im Herbst erscheint ein Interview-Buch des Politik-Professors Carlo Masala, der an der Bundeswehr-Universität in München lehrt, mit dem Titel »Bedingt abwehrbereit«. Es behandelt »Deutschlands Schwäche in der Zeitenwende«. Aus Sicht von Masala steht die Bundeswehr immer noch so »blank« da, wie Generalleutnant Alfons Mais sein Heer nach dem russischen Überfall auf die Ukraine beschrieben hatte. »Mit ihrer gegenwärtigen Ausrüstung und ihrer gegenwärtigen Truppenstärke von zirka 180.000 Mann könnte die Bundeswehr das Territorium der Bundesrepublik Deutschland nicht verteidigen«, konstatiert Masala. In der Bundesrepublik fehlten die strukturellen Voraussetzungen für eine große Mobilmachung – ganz abgesehen von der Frage, wer da überhaupt mobilisiert werden könnte. Das historische Umsteuern, das der sozialdemokratische Kanzler für sich in der Verteidigungspolitik reklamiert, steht auch eineinhalb Jahre nach dem russischen Überfall auf die Ukraine bestenfalls am Anfang. Deutschland unabhängig zu machen von russischem Gas war nicht einfach. Es militärisch gegen ein aggressives Russland zu wappnen, erweist sich als ungleich schwieriger.

Stillstand an der Front in der Ukraine

Auch die Einschätzungen der Geheimdienste zur Lage in der Ukraine, die das Kanzleramt erreichen, sind schon seit geraumer Zeit pessimistisch. Das Geschehen an der Front beschreiben sie als »statisch«. Weder die ukrainische noch die russische Seite erzielt nennenswerte Geländegewinne. »In fünf

Monaten der Gegenoffensive ist es der Ukraine gelungen, ganze 17 Kilometer vorzurücken«, räumt der Oberbefehlshaber der ukrainischen Streitkräfte, Walerij Saluschnyj, im November 2023 in einem Interview mit dem britischen *Economist* ein. Russland habe in der Schlacht um Bachmut zehn Monate gebraucht, um eine Fläche von sechs Quadratkilometern zu erobern. Der Generalstabschef spricht aus, was den westlichen Unterstützern der Ukraine schon seit geraumer Zeit dämmert: »Es wird höchstwahrscheinlich keinen schönen und tiefen Durchbruch geben.«

In brutaler Offenheit beschreibt der General auch eigene Fehlkalkulationen. Etwa die, dass es möglich sein würde, die russischen Truppen auszubluten. »Das war mein Fehler. Russland hat mindestens 150.000 Soldaten verloren. In jedem anderen Land hätte das den Krieg gestoppt«, resümiert Saluschnyj. Aber Putin ist auch gegenüber seinen eigenen Truppen vollkommen skrupellos. Unterschätzt worden sei auch die Schwierigkeit, die russischen Linien zu durchbrechen. »Nach den NATO-Handbüchern und unseren Berechnungen« hätten doch vier Monate ausreichen müssen, bemerkt er sarkastisch, »um zwei Mal die Krim zu erreichen, dort zu kämpfen und wieder zurückzukehren«. Die ganz andere Wirklichkeit beschreibt Saluschnyj in einem Essay. Der ukrainischen Seite machen fehlende Luftüberlegenheit, Minenfelder von bis zu 20 Kilometern, ungenügende Feuerkraft ihrer Artillerie, die russische Finesse in der elektronischen Kriegsführung und die wachsenden Schwierigkeiten, die eigenen Reihen aufzufüllen, zu schaffen.

Vor allem aber: Drohnen prägen diesen Krieg, kein Vorstoß bleibt unbemerkt. Trocken schildert Saluschnyj seinen Weg zur Erkenntnis. Zunächst habe er gedacht, dass etwas mit den Kommandeuren nicht stimme. Also habe er einige ausgetauscht. Dann habe er vermutet, dass die Soldaten womöglich überfordert seien und Umgruppierungen vorgenommen. Das Buch eines sowjetischen Generals, das Schlachten des Ersten Weltkriegs analysierte, habe ihm schließlich die Augen geöffnet. Wie im Ersten Weltkrieg führe der technische Fortschritt zum Patt. Ohne modernere Bewaffnung in allen Bereichen sieht Saluschnyj keinen Ausweg. Seine Analyse ist ein Hilferuf. »Der Übergang zum Stellungskrieg führt zu seiner Verlängerung und zu erheblichen Risiken für die Streitkräfte der Ukraine und den Staat als Ganzes«, warnt er.

Im ersten Kriegsjahr hatten die Ukrainer die russischen Invasoren vor Kiew stoppen und schließlich zurückschlagen können. Mit westlicher Waffenhilfe gelang es ihnen, 50 Prozent des eroberten Territoriums zu befreien. Das Ziel, wie Joe Biden und Olaf Scholz es sahen, bestand darin, Putin die Sinnlosigkeit seines Krieges vor Augen zu führen und schließlich zu Verhandlungen zu zwingen. Mit dem Stellungskrieg ohne absehbares Ende ist die Lage nun eine andere. Putin hat erfolgreich auf Kriegswirtschaft umgestellt und die Rüstungsproduktion angekurbelt. Er setzt auf die Ermüdung der westlichen Demokratien und darauf, dass die Zeit für ihn arbeitet. Er kann warten. Darauf, dass Donald Trump ins Weiße Haus zurückkehrt oder ein Republikaner aus ähnlichem Holz. Selbst wenn das nicht geschehen sollte, ist Putin davon überzeugt, dass die Milliardenhilfen für die Ukraine versiegen, die Waffenlieferungen nachlassen werden. Warum sollte er also verhandeln?

Olaf Scholz ist das klar. Es gebe »keine Anzeichen dafür, dass Russland seinen mörderischen Angriffskrieg in absehbarer Zeit einstellen und Truppen zurückziehen wird«, sagt er bei der Bundeswehrtagung. Deutschland bleibe daher »auch in Zukunft gefordert« und werde die Ukraine weiter »so lange wie nötig« unterstützen. Wenige Wochen zuvor hat Scholz der

Ukraine ein weiteres von der Ukraine dringend erbetenes
Patriot-Abwehrsystem zugesagt. An seinem Entschluss, keine
Taurus-Marschflugkörper zu liefern, hält er fest. Anders als im
Fall der Leopard-Panzer ist Scholz entschlossen, sich nicht um-
stimmen zu lassen. Mit ihrer Reichweite von 500 Kilometern,
ihrer Präzision und Durchschlagskraft würden die deutschen
Marschflugkörper der Ukraine helfen, wichtige Ziele weit hinter der Front zu treffen – etwa die für den Nachschub der russischen Armee wichtige Kertsch-Brücke von der annektierten
Krim zum Festland. Zwar hat die Ukraine zugesichert, die
Taurus mit ihrer Reichweite von etwa 500 Kilometern nicht
gegen russisches Territorium einzusetzen, doch Scholz reicht
das nicht. Er weiß, dass die Briten mit eigenen Leuten ein Auge
auf die Zielprogrammierung ihrer Marschflugkörper vom Typ
Storm Shadow haben. Ähnliches würde im Falle der Bundeswehr ein Mandat des Bundestags erfordern, glaubt Scholz.
Ein Mandat, das Scholz weder haben will noch – da ist er sicher – bekommen würde. Außerdem hält er die Erwartungen
an Taurus für übertrieben. Er glaubt nicht, dass fünf Salven
von Taurus-Marschflugkörpern, die Deutschland ad hoc liefern könnte, das Kriegsgeschick zugunsten der Ukraine verschieben würden.

Was nicht gesagt werden soll

Am Tag nach Erscheinen von Saluschnyjs Essay hat Scholz
einen Termin in Mannheim-Neckarau. In der Alten Schild-
kröt-Fabrik erwarten ihn Bürgerinnen und Bürger zum »Kanz-
lergespräch«. Scholz mag dieses Format. Er findet, dass in
diesen Bürgerdialogen die Fragen gestellt werden, die die

Menschen wirklich bewegen, und dass er hier auch Gelegenheit hat, sie ausführlich zu beantworten. Scholz wird in Mannheim nach künstlicher Intelligenz gefragt, nach den Zuständen an den Schulen, nach privater Altersvorsorge und BaföG, bis schließlich doch noch eine Frage zur Ukraine kommt. Ein älterer Herr im sportlichen Outfit – orangefarbener Anorak, Jeans, rote Socken und schwarze Sneaker – will wissen: »Warum schaffen Sie es nicht, warum schafft es Rishi Sunak und Emmanuel Macron und Joe Boden nicht, diesen unsäglichen Krieg in der Ukraine zu beenden?« Jeder liefere »Waffen in Milliardenhöhe. Nicht nur Ukrainer sterben, auch Russen sterben. Das ist unsäglich. Frage an Sie, ist da irgendwo Licht am Ende des Horizonts?«

Für seine Antwort nimmt sich Olaf Scholz Zeit. Sechs Minuten lang referiert er über die Folgen des russischen Angriffskriegs für die Friedensordnung in Europa. Er beginnt bei Willy Brandt und Helmut Schmidt. »Grenzen werden nicht mit Gewalt verschoben. Das ist die Grundlage für das Sicherheitsgefühl, das wir uns sogar in Zeiten des Kalten Krieges und der wechselseitigen atomaren Bedrohung irgendwie erarbeitet hatten«, erklärt er. Wenn jetzt jeder in Geschichtsbüchern blättere und nach alten Grenzen suche, liefere das Stoff für »200 Jahre Krieg«. Die Gefahr, die von Putins Angriff ausgehe, könne deshalb »gar nicht überschätzt« werden. Putin habe es auf die ganze oder große Teile der Ukraine abgesehen. Der Bürger im orangefarbenen Anorak hat jetzt die Arme verschränkt. »Jetzt sagen immer alle, das muss doch irgendwie gehen, dass das aufhört. Aber das geht natürlich nicht dadurch, dass wir sagen: Jetzt hört es auf«, versucht Scholz es weiter. Es höre erst auf, wenn der russische Präsident einsehe, »dass das so nicht funktionieren kann«. Diplomatie sei wichtig, das stimme. »Ich versuche alles, einen Fortschritt zu erreichen«, kommt der deutsche Kanzler zum Schluss seines Plädoyers, während sein Fragesteller beide Finger nachdenklich zum Kinn geführt hat, »aber er darf nicht über einen Verrat an der Ukraine und ihr Recht, ein eigenes Land zu sein, das sich demokratisch selbst regiert, geschehen.« Am Ende des Referats erntet Scholz höflichen Applaus. Es ist seltsam. Scholz warnt ausführlich vor einer Welt, in der Putin gewinnt. Aber das tut er so umständlich, dass seine Botschaft auf dem Weg zum Empfänger verhallt. Fällt es ihm nur schwer, die Dinge auf den Punkt zu bringen, oder will er das gar nicht?

Anfang November veröffentlicht das Wirtschaftsministerium ein Video des Vizekanzlers. Neun Minuten lang spricht Robert Habeck darin über die »aufgeheizte, mitunter verworrene« Lage in Deutschland vier Wochen nach dem Terrorangriff der Hamas auf Israel. Das Video solle, sagt Habeck, einen Beitrag dazu leisten, sie zu »entwirren«. Der grüne Wirtschaftsminister reagiert darauf, dass auf deutschen Straßen die Untaten der Hamas gefeiert werden und Juden sich nicht mehr sicher fühlen. Die Angst sei zurück, sagt Habeck, »und das hier in Deutschland fast 80 Jahre nach dem Holocaust«. Habeck versucht zu erklären, was mit der Feststellung gemeint ist, die Sicherheit Israels sei deutsche Staatsräson. Er fordert »jetzt Klarheit und kein Verwischen«. Der Vizekanzler erklärt sich und das deutsche Regierungshandeln. Zugleich wirkt er erschüttert. Das Video löst ein enormes Echo aus und wird mehr als eine Million Mal aufgerufen. Das ist die Rede, sagen nicht wenige, die eigentlich der Bundeskanzler hätte halten müssen. Im Sommer ist Habeck der Ludwig-Börne-Preis verliehen worden, der für hervorragende Leistungen »im Bereich des Essays, der Kritik und der Reportage« vergeben wird. »Regieren bedeutet ja eine Verantwortung des Handelns, das sich vor der ganzen Republik zu rechtfertigen hat. Dieses Handeln umfasst auch die Pflicht zum Sprechen – zum Erklären, zum Verständlichmachen, zum Offenlegen von Abwägungen und Erkenntnisgewinnen«, sagt Habeck damals in seiner Dankesrede. Olaf Scholz erkennt das kommunikative Talent seines Vizekanzlers an, im Bürgergespräch in Mannheim lobt er dessen Video ausdrücklich. Habecks Vorstellung aber, zum guten Regieren gehöre auch der öffentlich vorgetragene Selbstzweifel, ist ihm suspekt.

Scholz möchte nichts offenlegen, schon gar nicht sein Innerstes. Es liegt ihm fern, die Menschen an seinem Nachdenken teilhaben zu lassen. Das öffentliche Sprechen erfüllt für ihn eine andere Funktion als für seinen Vizekanzler. Für Scholz ist das Reden nicht Teil des eigentlichen Regierens. Das findet nach seiner Auffassung in seinem Amtszimmer und in Konferenzräumen statt, nicht auf Bühnen. Am liebsten würde Scholz nur sprechen, wenn er etwas zu verkünden hat. Sein Vertrauter Wolfgang Schmidt zitiert gern Bismarcks Diktum, die Menschen würden besser schlafen, wenn sie nicht wüssten, wie Gesetze und Würste fabriziert werden. Scholz sieht das ähnlich. Er findet, dass seine Koalitionäre eher zu viel als zu wenig reden – zumal jede öffentliche Festlegung die ohnehin komplizierte Suche nach Kompromissen erschwert. Doch je unkonkreter Scholz bleibt, desto abgehobener, paternalistischer klingt er auch. Ende November, in seiner ersten Regierungserklärung nach einem folgenschweren Urteil des Bundesverfassungsgerichts, wiederholt Scholz im Bundestag seinen Satz aus dem Sommer 2022: »*You'll never walk alone.*« Scholz kennt sich aus mit Geld und Inflation, aber dafür, dass auch Slogans rapide an Wert verlieren können, fehlt ihm der Sinn. Er wirkt hilflos in diesem Moment. Es wird nicht besser, als der Kanzler versucht, das höhnische Gelächter aus der Opposition mit holpriger Ironie zu parieren. »*You walk without*

Christian Democratic Union«, stößt er hervor. Dann macht er
weiter im Text. Es gehe doch um die Frage: »Steht jeder für sich
allein, wenn es schwierig wird, oder haken wir uns unter?«
Scholz will die Menschen beruhigen, aber tatsächlich klingt es,
als sei vor allem er es, der bei vertrauten Floskeln Halt sucht.
Dabei hätte er gerade jetzt einen starken Auftritt gebraucht.
Das Echo auf die Rede ist verheerend.

Der Handwerker der Macht wird entzaubert

Mit seinem Urteil vom 15. November 2023 hat das Verfassungsgericht der Ampelkoalition einen wesentlichen Teil ihrer
Geschäftsgrundlage entzogen. Scholz' Kniff, nicht verwendete
Kreditermächtigungen in Höhe von 60 Milliarden Euro aus
dem Corona-Fonds in den Klima- und Transformationsfonds
zu verschieben, erweist sich als unzulässig. Die Ampelparteien
zwingt das, sich erneut einem Widerspruch zu stellen, den die
Methode überbrückt hatte. Sie hatte den finanziellen Spielraum für die sozialen und klimapolitischen Mindestforderun-
gen von SPD und Grünen geschaffen. Ohne das hätte die FDP
Steuererhöhungen oder einer weiteren Aussetzung der Schuldenbremse zustimmen müssen. Das Urteil erschüttert eine
von Streitigkeiten und miserablen Umfrageergebnissen ohnehin zermürbte Koalition. Besonders hart trifft es den Kanzler.
Das Image als solider Haushälter und versierter Problemlöser
bildet seinen Markenkern. Der steht nun infrage.

Entsprechend hoch sind die Erwartungen, als Scholz in der
Woche nach dem Urteil seine Regierungserklärung abgibt.
»Mit dem Wissen um die aktuelle Entscheidung hätten wir im
Winter 2021 andere Wege beschritten«, sagt er. Der Kanzler

argumentiert, dass das Verfassungsgericht erstmals Klarheit für den Umgang mit der Schuldenbremse geschaffen habe. Mit anderen Worten: Das habe man nicht wissen können. Scholz bleibt sich treu. Er äußert kein Bedauern. Sein Problem besteht darin, dass er nichts zu verkünden hat. Noch nicht, denn er steckt noch mitten in zähen Verhandlungen mit Christian Lindner und Robert Habeck. Noch ist unklar, wie das Haushaltsloch geschlossen werden kann. Der Finanzminister besteht auf Einhaltung der Schuldenbremse und dem Nein zu Steuererhöhungen. Der Wirtschaftsminister kämpft um die Transformationshilfen für die Industrie. Scholz selbst will soziale Einschnitte vermeiden. Einigkeit besteht nur darin, dass die Hilfen für die Ukraine nicht angetastet werden sollen. Diese Unterstützung sei »von existenzieller Bedeutung«, sagt Scholz. »Für die Ukraine, das ist klar«, fügt er hinzu, »aber am Ende auch für uns in Europa. Denn niemand von uns möchte sich ausmalen, welche noch viel gravierenderen Konsequenzen es für uns hätte, wenn Putin diesen Krieg gewönne.« Der Krieg im Osten der Ukraine macht das Regieren teuer und schwierig, aber noch immer schweißt er die Koalitionäre auch zusammen.

Das ist das Ampel-Paradox. Der Krieg in der Ukraine und seine wirtschaftlichen Folgen haben sie unter permanenten Stress gesetzt und zugleich stabilisiert. Nach fast zwei Jahren des Krieges und dem Urteil des Verfassungsgerichts ist allerdings ungewiss, wie lange das noch so bleibt. CDU-Chef Friedrich Merz sieht deshalb nach der schwachen Regierungserklärung den Augenblick für einen frontalen Angriff auf den angeschlagenen Kanzler gekommen. Scholz habe »rein technische Antworten auf eine hochpolitische Entscheidung« des Bundesverfassungsgerichts gegeben, sagt der Oppositionsführer. Scholz nennt er einen »Klempner der Macht«, der dem

Amt nicht gewachsen sei. »Verglichen mit Willy Brandt, verglichen mit Helmut Schmidt, sogar mit Gerhard Schröder, muss man doch spätestens nach dieser Regierungserklärung von heute Morgen zum Schluss kommen: Sie können es nicht«, ruft er. Die Schuhe des Bundeskanzlers seien Scholz »mindestens zwei Schuhnummern zu groß«.

Zwei Tage nach seiner Haushaltsrede telefoniert Scholz mit Wolodymyr Selenskyj. Die Lage an der Front kann auch der ukrainische Präsident nun nicht mehr beschönigen. In den USA blockieren die Republikaner neue Milliardenhilfen für die Ukraine. Nicht viel besser sieht es in Europa aus. Der ungarische Ministerpräsident Viktor Orbán, ein Bewunderer Wladimir Putins, will in der Europäischen Union den Beginn von Beitrittsgesprächen ebenso blockieren wie ein neues Hilfspaket. Ob Scholz mit Orbán sprechen könne, bittet Selenskyj. Auch außenpolitisch steigt zum Ende des Jahres noch einmal der Druck.

Die Konsequenzen des Haushaltsurteils

Als sich am zweiten Dezemberwochenende die Delegierten der SPD zum Parteitag treffen, hat Scholz immer noch kein Ergebnis der Verhandlungen mit Robert Habeck und Christian Lindner zu verkünden. Selenskyj hat er die Verdoppelung der Militärhilfe 2024 zugesagt, und er weiß, was es bedeuten würde, zugleich Einsparungen zu beschließen, die die Menschen in Deutschland treffen. Seine Parteitagsrede beginnt der Kanzler nicht mit der Lage in der Koalition, nicht mit dem Urteil des Bundesverfassungsgerichts, sondern mit dem Krieg. Scholz spricht frei, während seine linke Hand immer wieder auf und ab saust. Er wird den Genossinnen und Genossen gleich einiges zumuten, einen schmerzhaften Blick zurück erspart er ihnen und sich. »Wir Sozialdemokratinnen und Sozialdemokraten sind seit unserer Gründung eine Friedenspartei«, beginnt er. Scholz ist jetzt seit 48 Jahren Mitglied der SPD. Er kennt nicht nur die Geschichte der sozialdemokratischen Ostpolitik, die sich um des Friedens willen mit der Macht des Großen über den Kleinen sehr wohl zu arrangieren wusste. Er war als reisender Jungsozialist Teil von ihr. Für Sozialdemokraten sei immer klar gewesen, begradigt er diese Geschichte nun ein wenig, dass sie nicht in einer Welt leben wollten, in der ein großes Land bestimme, was in einem kleineren Land in seiner Nachbarschaft passiere. »Wir wollen, dass kleine Länder sich vor ihren großen Nachbarn nicht fürchten müssen«, sagt er.

In einem Beschluss über die »Neuausrichtung« ihrer internationalen Politik bekennt sich die SPD auf ihrem Parteitag dazu, dem russischen Imperialismus und dem Sicherheitsbedürfnis der Länder Mittel- und Osteuropas nicht ausreichend Beachtung geschenkt zu haben. Auch dieser Beschluss vermeidet allerdings eine kritische Auseinandersetzung mit der zweiten Phase der Ostpolitik in den 1980er-Jahren. Stattdessen hebt er den »erfolgreichen Dreiklang aus Diplomatie und Kooperation, dem klaren Bekenntnis zu Menschenrechten und internationalem Recht sowie dem Aufbau der eigenen militärischen Stärke« hervor, dem Willy Brandt und Helmut Schmidt gefolgt seien. Der SPD und Olaf Scholz fällt es leichter, ihre neue Politik nicht als Bruch mit sozialdemokratischer Tradition, sondern als deren Fortführung zu beschreiben.

In seiner Parteitagsrede stimmt Scholz die Delegierten darauf ein, dass der Krieg Russlands gegen die Ukraine noch Jahre dauern kann. Putin solle und er dürfe »nicht darauf rech-

nen, dass wir nachlassen, dass wir nicht weiter in der Lage
sind, das aufzubringen, was die Ukraine mit ihren 46 Millionen Einwohnern braucht, um sich auf diesen Angriff auf das
eigene Land zu verteidigen«. Diesmal lässt Scholz beide Fäuste
hinabsausen. So spricht ein deutscher Kanzler, der keine
Schwäche zeigen will gegenüber dem russischen Gewaltherrscher. So spricht aber auch der Mann, der seit Wochen mit
seinem Finanzminister über die Konsequenzen des Haushalts-
urteils verhandelt und wegen des Kriegs in der Ukraine auch
2024 die Schuldenbremse aussetzen will. »Nein, dieser Krieg
ist wahrscheinlich so schnell nicht vorbei, wie wir uns das alle
wünschen. Und deshalb müssen wir in der Lage sein, das, was
wir tun, weiter zu tun. In diesem und im nächsten Jahr und im
übernächsten Jahr«, fordert Scholz. »Deshalb müssen wir«,
fügt er hinzu, »wenn es erforderlich wird und andere schwä-
cheln, auch unseren Beitrag möglicherweise noch größer leisten können.«

Erst danach spricht Scholz über die »schwere Aufgabe«, das
Haushaltsurteil umzusetzen. Für ihn sei ganz klar, dass es
»keinen Abbau des Sozialstaates in Deutschland geben«
werde. Die Delegierten danken ihm das mit langem Applaus.
Die Partei, die ihn nicht zum Vorsitzenden haben wollte, schart
sich hinter Scholz als Kanzler. Aber die Lage der Partei ist de-
saströs: Die SPD liegt in den Umfragen bei 14 Prozent, sieben
Prozentpunkte hinter der AfD. Steigende Ausgaben für die
Ukraine bei gleichzeitigen sozialen Einschnitten wären eine
toxische Mischung. Bei den Sozialdemokraten steht Scholz
nun im Wort, dass es dazu nicht kommt.

Als der Bundeskanzler am 13. Dezember, fast einen Monat
nach dem Urteil des Bundesverfassungsgerichts und nach
einer letzten Nachtsitzung mit Robert Habeck und Christian
Lindner, erneut eine Regierungserklärung verliest, kann er

endlich eine Einigung im Streit über den Haushalt verkünden. Vorerst hat Lindner sich durchgesetzt. Für 2024 soll keine Notlage erklärt werden. Scholz stellt allerdings klar, dass sich das ändern kann, wenn die Situation in der Ukraine sich verschlechtert. Nach Meinung der Opposition ist das Manöver, das Friedrich Merz als »übliche Trickserei« des Bundeskanzlers kritisiert, durchsichtig. Sie wirft der Regierung vor, nur Zeit zu schinden durch einen faulen Kompromiss. Dieser Kompromiss zwingt den Kanzler allerdings dazu, offener zu sprechen, als er es sonst täte.

Putin sei nach wie vor fest entschlossen, die Ukraine militärisch in die Knie zu zwingen, und setze darauf, dass die internationale Unterstützung der Ukraine nachlasse, sagt Scholz. »Die Gefahr, dass dieses Kalkül aufgehen könnte, ist leider nicht von der Hand zu weisen«, gibt er zu. In den USA ringe Präsident Biden um die Bewilligung neuer finanzieller Mittel zur Unterstützung der Ukraine, eine Lösung sei nicht in Sicht. Fast 21 Monate nach seiner Zeitenwende-Rede spricht Olaf Scholz zum ersten Mal so klar über diese Möglichkeit, die Möglichkeit, dass Wladimir Putin seinen Krieg gewinnt. Der Angriff Russlands auf die Ukraine sei »nicht irgendein Krieg irgendwo auf der Welt«, sagt er. Es gehe darum, ob Putin sich durchsetze mit seinen imperialistischen Plänen. Darum, »ob Grenzen in Europa in Zukunft sicher sind oder ob Landraub und Besatzung wieder europäische Normalität werden«. Diese Frage sei fundamental für die Sicherheit Europas und für die Sicherheit Deutschlands. »Sie entscheidet sich auch in der Ukraine«, warnt der Kanzler.

Die Regierungserklärung erfüllt ihren Zweck, die schwerste Krise der Ampelkoalition zu beenden, nicht wirklich. Der Streit über beschlossene Einsparungen und Einnahmen, über Diesel für Bauern und Prämien für E-Autos, beginnt umgehend. Die Proteste der Bauern zwingen die Ampelregierung fast postwendend zu einem Rückzieher, von dem auch nicht klar ist, ob er der einzige bleibt. Der dramatische außenpolitische Gehalt der Rede findet deshalb wenig Beachtung. Seit dem russischen Überfall hat Scholz unablässig den Grundsatz wiederholt, dass Deutschland nur in Abstimmung mit seinen Partnern handeln werde. Damit meinte er in erster Linie die Anlehnung an die USA, die ihren Höhepunkt fand im Ringen um die Lieferung von Leopard-Panzern. Nun muss Scholz einräumen, dass der Boden unter diesem Pfeiler seiner Politik möglicherweise nicht mehr lange trägt. Die Blockade im Kongress ist womöglich nur ein Menetekel für das, was kommt, sollte es Donald Trump gelingen, ins Weiße Haus zurückzukehren. 21 Monate lang hat Scholz auch bekräftigt, dass der Krieg nur enden könne, indem Wladimir Putin die Sinnlosigkeit seines Angriffskrieges erkenne. Auch das steht nun infrage, denn wie lange wird die Ukraine darauf warten können ohne ausreichenden Rückhalt der USA?

Deutschland ist keine Insel

Zur Wahrheit gehört, dass Scholz die Möglichkeit einer ukrainischen Niederlage immer als Worst-Case-Szenario in Betracht gezogen hat. Wenn die NATO wegen der Ukraine unter keinen Umständen einen Krieg mit Russland riskieren sollte, war das die logische Konsequenz. Das hieße allerdings auch: Der russische Herrscher würde nicht nur die Ukraine unterjochen, sondern auch die westlichen Demokratien in ihrer Schwäche bloßstellen. Das ist die »fundamentale Frage« für die Sicherheit Deutschlands und Europas, von der Scholz nun im Bundestag spricht. Der siebte Bundeskanzler ist nicht der Erste, der um die Sicherheit Deutschlands fürchten muss. Er ist allerdings der Erste, der nicht weiß, ob er dabei noch lange auf den wichtigsten und stärksten Verbündeten zählen kann. Joe Biden erzählt gelegentlich eine Anekdote vom G7-Gipfel in Elmau. Zwischen Emmanuel Macron und Olaf Scholz sitzend, habe er, Biden, gesagt: »Amerika ist zurück.« Daraufhin habe Scholz gefragt: »Für wie lange?«

Scholz war stets der Meinung, dass die Macht und die Möglichkeiten Deutschlands zum Teil grotesk überschätzt werden. Der Groll, den Scholz im Laufe des Kriegs gegen seine Kritiker entwickelt hat, speist sich aus seiner Überzeugung, dass sie die Tragweite seiner Entscheidungen unter-, die Möglichkeiten Deutschlands aber überschätzen. Bei einem der Gespräche in der Sitzecke des Kanzlerbüros bricht das einmal aus ihm heraus. »Kann ich das überhaupt? Bin ich dafür reich, mächtig, groß genug? Das fragt überhaupt niemand«, beschwert er sich. Das wäre doch Stoff, meint er, für ein groteskes Theaterstück. Ort der Handlung wäre eine kleine Insel. Dazu die Dialoge der deutschen Debatten. Scholz glaubt, die Lacher seien garantiert.

Natürlich ist Deutschland keine Insel. Es ist das größte Land der Europäischen Union und die viertgrößte Volkswirtschaft der Welt. Zugleich ist es ein Land mit nach Jahrzehnten der Einsparungen bedenklich geschwächten Streitkräften. Deutschland ist es gelungen, die in Dekaden gewachsene Abhängigkeit von russischer Energie zu beenden, aber es leidet unter den Folgen. Die Frage, wie stark Deutschland wirklich ist, lässt sich nicht einfach beantworten. Scholz hält es mit Helmut Schmidt, der die Bundesrepublik als »Mittelmacht« beschrieb. Davon lässt er sich seit Beginn des russischen Angriffskriegs leiten. Anfangs zögerlich, dann immer entschlossener hat er dazu beigetragen, dass die Ukraine sich gegen den russischen Angriff verteidigen konnte. Deutschland schultert die Hälfte der europäischen Hilfen für die Ukraine und ist in weniger als zwei Jahren zum zweitwichtigsten Waffenlieferanten des überfallenen Landes avanciert. Die Bundesregierung beziffert die geleistete und zugesagte deutsche Waffenhilfe seit Beginn des russischen Angriffskriegs auf die gewaltige Summe von 28 Milliarden Euro.

Am 14. Dezember 2023 fliegt Olaf Scholz zum letzten EU-Gipfel des Jahres nach Brüssel. Vor zwei Jahren, wenige Tage nach seiner Wahl zum Bundeskanzler, war er hier zum ersten Mal dem ukrainischen Präsidenten Wolodymyr Selenskyj begegnet. Es war ein schwieriges, von Vorbehalten geprägtes Treffen. Diesmal ist Selenskyj nicht selbst in Brüssel. Er ist zugeschaltet aus dem Warteraum eines Flughafens in den Sitzungssaal des Europäischen Rates. Der Präsident weiß, dass der Ungar Viktor Orbán immer noch festhält an seinem Veto gegen den Beginn von Beitrittsverhandlungen mit der Ukraine. »Jetzt ist nicht die Zeit für Halbheiten oder Zögern«, mahnt Selenskyj. Die Europäer sollten Putin keinen Sieg schenken, schließlich habe die Ukraine alle Verpflichtungen erfüllt. Er erinnert an »die Menschen in den Schützengräben, die Nacht für Nacht Raketen und Drohnen abschießen«, und daran, dass die Ukrainer vor zehn Jahren unter Europa-Flaggen auf die Straße gegangen seien. »Es war für sie ein Symbol der Wahrheit. Das sollte es bleiben«, appelliert der ukrainische Präsident.

Drei Stunden lang reden die Staats- und Regierungschefs danach auf Orbán ein. Drei Stunden lang bleibt der Ungar stur. Dann stellt ihm Scholz eine Frage. Ob er nicht ein Weilchen hinausgehen wolle, um einen Kaffee zu trinken? In der Zwischenzeit könne die Entscheidung getroffen werden, an der er sich nicht beteiligen wolle. EU-Diplomaten können sich nicht daran erinnern, ob dieser Trick je angewendet worden ist, aber es gibt auch keine Regel, gegen die er verstoßen würde. Orbán lässt sich darauf ein. Die Entscheidung fällt, während der Ungar vor der Tür ist. Anschließend wird Scholz von den Kollegen gefeiert für diesen Kniff. Nach den quälenden Haushaltsverhandlungen steht Scholz endlich einmal wieder als erfolgreicher Unterhändler da. Die eigentliche Pointe an diesem Tag ist aber eine andere. Scholz hatte zu denen gehört, die ursprünglich gegen den Kandidatenstatus der Ukraine gewesen waren. Ausgerechnet er ist es nun, der für dieses wichtige Zeichen aus Brüssel sorgt. Er ist es, der verhindert, dass ein schreckliches Jahr für die Ukraine mit einer fürchterlichen Enttäuschung endet. Noch am Abend lässt sich Selenskyj auf das Handy des Kanzlers durchstellen, um ihm zu danken. Der deutsche Kanzler hat ihn überrascht. Vielleicht wird er es wieder tun.

OLAF SCHOLZ, DER KRIEG UND DIE ANGST DER DEUTSCHEN VOR DER ZUKUNFT

Olaf Scholz sind viele Entscheidungen schwergefallen. Er hat Zeit gebraucht. Der Ukraine hätte es geholfen, hätte er sich beispielsweise früher zur Lieferung von Leopard-Panzern durchgerungen. Auch der Marschflugkörper Taurus würde ihr nützen. Und doch sprechen die Zahlen und Fakten überwiegend für den Kanzler. Deutschland hat wesentlich dazu beigetragen, dass sich die Ukraine gegen den russischen Landraub zur Wehr setzen, einen großen Teil des eroberten Territoriums befreien und die eigene Bevölkerung vor vielen der Angriffe aus der Luft schützen konnte. Scholz hat dabei immer Sicherheit gesucht in der Anlehnung an Joe Biden. Damit hat er es gelegentlich übertrieben. Doch hätte ein deutscher Kanzler, die Gefahr eines Weltkriegs vor Augen, wirklich weiter gehen können als der US-Präsident? Scholz ist Ängsten in der Bevölkerung begegnet, aber er hat auch mit ihnen gearbeitet. Seine Versuche, sich und seine Motive zu erklären, blieben hölzern. Den von Scholz beabsichtigten Zweck haben sie dennoch, vielleicht sogar deshalb, erfüllt. Indem er den Bedächtigen, den Zaudernden verkörperte, beruhigte Scholz auch viele, die den Waffenlieferungen skeptisch gegenüberstanden oder sie ablehnten.

Olaf Scholz wollte der Kanzler des Fortschritts sein, der sozialen Sicherheit, der Klimaneutralität und gern auch der soliden Finanzen. Zur Hälfte der Legislaturperiode mit einer Koalition tief in der Krise ist Scholz eines: der Kanzler der Zeitenwende. Für sich genommen bedeutet das noch nichts. Zeitenwende beschreibt eine grundlegend veränderte Lage, eine neue Wirklichkeit. Deutschland ist hart aufgeschlagen in dieser Wirklichkeit. Es musste sich von Illusionen verabschieden und von einem lukrativen Geschäftsmodell. Darauf war es nicht vorbereitet. Genauso wenig war es sein Kanzler. Olaf Scholz ist ein Kind Westdeutschlands, seiner Entspannungspolitik und seiner Friedensbewegung, das im vereinten Deutschland der Friedensdividende politisch erwachsen geworden ist. Mehr als alle seine Vorgänger ist er ein bundesdeutscher Kanzler.

Olaf Scholz war kein Mitglied der »Moskau-Connection«, aber für Nord Stream 2 hat er als Vizekanzler getan, was er konnte. Der Gefahr durch Wladimir Putin hat auch er erst in die Augen gesehen, als es zu spät war. Sein Verdienst bleibt, drei Tage nach dem russischen Überfall die Richtung der deutschen Politik verändert zu haben. Olaf Scholz hat das nicht ohne Bedenken getan und schon gar nicht ohne Bedingungen. Er hat die Unterstützung der Ukraine nie für risikolos gehalten, aber er hat die Risiken abgewogen gegen die Gefahr, die von einem Sieg Putins für Europa ausginge. Scholz hielte einen Diktatfrieden zu den Konditionen Putins für eine Katastrophe. »Als Mensch, als Bürger, als Deutscher, als Europäer wünsche ich mir, dass die Ukraine Erfolg hat. Das muss ich gar nicht erst mit meinem Amt verbinden«, hat er während seiner alljährlichen Sommer-Pressekonferenz im Juli 2023 auf die Frage geantwortet, ob der Erfolg seiner Kanzlerschaft vom Erfolg der Ukraine im Verteidigungskrieg gegen Russland abhänge. Scholz muss seine Kanzlerschaft tatsächlich nicht erst mit dem Schicksal der Ukraine verknüpfen. Das ist sie schon.

Umfragen zeigen, wie sorgenvoll die Deutschen in die Zukunft schauen. Sie fürchten Inflation, Migration und soziale Ungleichheit. Nach einer Erhebung des Marktforschungsinstituts Ipsos waren 75 Prozent der Deutschen im Oktober 2023 der Meinung, dass sich ihr Land in die falsche Richtung entwickelt. Aber nur 14 Prozent sahen Krieg als eine der großen Gefahren. Während nicht einmal tausend Kilometer östlich der deutschen Grenze Raketen einschlagen, spüren die allermeisten Deutschen keine militärische Bedrohung. Scholz

rechnet sich das als Erfolg an. Es ist ihm gelungen, die Kriegsangst der Deutschen zu dämpfen. Aber ist es ein Erfolg, wenn
sich die Menschen in Deutschland in falscher Sicherheit wie-
gen?

Zwei Jahre nach dem russischen Überfall auf die Ukraine
werden die Konsequenzen dieser Zeitenwende noch immer
verdrängt, ist die Sehnsucht nach Frieden um jeden Preis groß.
Olaf Scholz ist sich über die Folgen einer ukrainischen Niederlage im Klaren. Die Demokratien Europas müssten sich gegen
einen Imperialisten auf dem Vormarsch rüsten. Mit dem Zwei-
Prozent-Ziel der NATO wäre es dann nicht getan. Die Strategie Putins ist es, auf die Ermüdung der Ukraine und ihrer
westlichen Unterstützer zu setzen. Diese Strategie könnte aufgehen, das hat Scholz zugegeben. Die Frage ist daher nicht
länger, wie stark Deutschland ist, sondern wie stark es zusammen mit den anderen Europäern sein muss.

Diese Frage richtet sich nicht nur an den Kanzler, aber vor
allen anderen an ihn. Nach zwei Jahren im Amt steht Scholz
in den Umfragen so schlecht da wie keiner seiner Vorgänger.
Er führt eine inzwischen zutiefst unpopuläre Bundesregierung. Die Ampel, angetreten, es besser zu machen als die
Große Koalition, funktioniert nur noch als brüchige Zweck-
gemeinschaft. Derweil können Rechtsradikale auf ein Fünftel
der Stimmen bei der nächsten Bundestagswahl hoffen. Das
Land ist in Bewegung wie seit Jahrzehnten nicht. Menschen
gehen für die Demokratie auf die Straße, aber ein vorherr-
schendes Gefühl ist der Selbstzweifel. Die Deutschen sehen
ihr Land vielleicht nicht am Abgrund, aber vor einem stetigen
Abstieg. An das von Scholz in seinem Buch 2017 verheißene
»Hoffnungsland« glauben die wenigsten. Was ist schiefgelau-
fen?

Zunächst: Die von Scholz geführte Bundesregierung hat es

fertiggebracht, sich nach der Zeitenwende zu bewähren und doch zu scheitern. Der Kanzler hat mit Unterstützung eines großen Teils der Bevölkerung einen Paradigmenwechsel in der Verteidigungspolitik vollzogen. Das Verdienst seiner Regierung ist auch, die in Jahrzehnten gewachsene Abhängigkeit von russischer Energie innerhalb von Monaten – wenn auch zu einem hohen Preis – überwunden zu haben. Schwere Pannen, wie die erste schlampige Version des Heizungsgesetzes, haben aber zugleich das nach Jahren der Pandemie verbreitete Gefühl der Überforderung und Bevormundung verstärkt. Die Ampelkoalition zahlt nun den Preis für ihre eigenen und die Fehler ihrer Vorgänger. Hinzu kommt der Migrationsdruck. Den gab es auch in der Vergangenheit, doch Probleme wie diese können nicht länger mit immer mehr, sondern müssen mit immer weniger Geld gelöst werden.

Der Mann, der das Land in dieser Lage regiert, ist ein Politiker mit Eigenheiten. Er verfügt, das hat er schon als Jungsozialist bewiesen, über ein strategisches Geschick in politischen Machtkämpfen und einen scharfen Intellekt. Zugleich ist er kein Mensch, dem die Herzen zufliegen, und keiner, der sich leicht anderen öffnet. Emotionen in der Politik sind ihm suspekt. Scholz gehört zum Typus des Distanzpolitikers. Sein spröder Charme hat sich den Deutschen sicher nicht erst im Amt offenbart. Erfolgreich ist er nicht, weil die Leute ihn besonders mögen. Er ist es dann, wenn sie ihm besondere Fähigkeiten zutrauen. Die Bundestagswahl 2021 hat er mit dem Image des soliden Finanzpolitikers gewonnen. Der Sieg gegen alle Vorhersagen war sein Triumph – und wurde ihm zugleich zum Verhängnis. Die Tatsache, dass er so, wie er war, Kanzler werden konnte, hat ihn darin bestärkt, dass er so, wie er ist, als Kanzler bleiben kann. Unter anderen Umständen hätte es vielleicht funktioniert, aber inmitten einer unablässig streitenden

Koalition wirkt Scholz' demonstrative Gelassenheit weniger beruhigend denn verstörend. Der Kanzler hat sich zwar entschlossen, mehr und mitunter sogar viel zu reden. Aber es gelingt ihm nur selten, sich und seine Absichten zu erklären. In ungewissen Zeiten ist das gefährlich. Es genügt nicht, dass der Kanzler überzeugt ist. Er muss überzeugen. Die Menschen wollen wissen, wohin ihre Regierung sie führt. Scholz wird kein mitreißender Redner mehr, aber er müsste sich wenigstens ein Beispiel nehmen an sich selbst.

Mit Ausnahme von Helmut Kohl, unter sehr viel erfreulicheren Umständen, hatte kein Kanzler der Bundesrepublik Deutschland vor Olaf Scholz in so kurzer Zeit so weitreichende Entscheidungen zu treffen. Seine Rede am Sonntag nach dem russischen Überfall auf die Ukraine war bemerkenswert nicht nur wegen der Versprechen, die er den Ukrainern gab, sondern weil sie eine deutliche Botschaft an den russischen Präsidenten enthielt. An diesem Tag verkörperte der deutsche Kanzler den Selbstbehauptungswillen der europäischen Demokratien und eine nicht gekannte Entschlossenheit, die Friedensordnung auf dem Kontinent zu verteidigen. Daran muss er sich messen lassen.

Die Hoffnung, dass der Schrecken schnell vorübergehen würde, hat sich nicht erfüllt. Ungewiss ist, während dieses Buch in Druck geht, wann und wie Russlands Krieg gegen die Ukraine zu Ende geht. Ungewiss ist, wie lange sich Europas Demokratien noch auf den Beistand der USA verlassen können. Ungewiss ist, welchen Erschütterungen die offene Gesellschaft und die Demokratie in Deutschland werden standhalten müssen. Wer regiert in einer solchen Zeit, trägt große Verantwortung. Dies bleibt eine Geschichte mit offenem Ausgang.

DANK

Dieses Buch lebt von den vielen Gesprächen, die ich führen konnte. Zu Dank bin ich allen verpflichtet, die mir Einblick gewährt haben, sei es im Kanzleramt, in verschiedenen Ministerien, im Bundestag oder in der SPD. Auch mit frühen Weggefährten von Olaf Scholz konnte ich sprechen. Ihnen danke ich sehr, dass sie sich erinnert haben. Hervorheben möchte ich meinen Journalistenkollegen Frank Keil, Mitschüler von Olaf Scholz im Hamburger Gymnasium Am Heegen, der schon früh versucht hat, sich einen Reim auf den späteren Kanzler zu machen.

Ich danke Kristin Rotter vom Propyläen Verlag für ihre Zuversicht, dass aus einer Idee ein Buch werden kann, und meinem Lektor Ulrich Wank, ohne dessen Geduld, Umsicht und Präzision daraus nichts geworden wäre. Mehr als profitiert habe ich von der tatkräftigen Unterstützung durch meine Agentin Rebekka Göpfert. Christian Bommarius danke ich dafür, dass er dem Kind einen Namen gegeben hat. Dem großartigen Nico Fried habe ich für viel mehr zu danken als für die vielen wertvollen Hinweise. Meinem Freund Robert Roßmann danke ich für die aufmerksame Lektüre und den unerschütterlichen Beistand.

Vor allem aber danke ich meiner ersten und wichtigsten Leserin, meiner Frau Katja Tichomirowa. Ohne ihre Neugier, ihren kritischen Geist, ihre Liebe zur Sprache, zum Detail und zu mir hätte ich dieses Buch nicht schreiben wollen.

LITERATUR

Adler, Sabine: Die Ukraine und wir. Deutschlands Versagen und die Lehren für die Zukunft. Berlin 2022

Aurich, Eberhard: Zusammenbruch. Erinnerungen, Dokumente, Einsichten. Berlin 2019

Babst, Stefanie: Sehenden Auges. Mut zum strategischen Kurswechsel. München 2023

Bingener, Reinhard / Wehner, Markus: Die Moskau-Connection. Das Schröder-Netzwerk und Deutschlands Weg in die Abhängigkeit. München 2023

Bruns, Wilhelm: Nato-Doppelbeschluß und deutsch-deutsche Beziehungen. Bonn 1981

Faulenbach, Bernd: Willy Brandt. München 2013

Foer, Franklin: The Last Politician. Inside Joe Biden's White House and the Struggle for America's Future. New York 2023

Grebing, Helga / Schöllgen, Gregor / Winkler, Heinrich August (Hrsg.): Willy Brandt. Gemeinsame Sicherheit. Internationale Beziehungen und deutsche Frage 1982–1992. (Berliner Ausgabe, Band 10), Bonn 2009

Habeck, Robert: Wer wir sein könnten. Köln 2018

Haider, Lars: Olaf Scholz – Der Weg zur Macht. Das Porträt. Essen 2022

Hansen, Jan: Abschied vom Kalten Krieg? Die Sozialdemokraten und der Nachrüstungsstreit (1977–1987). Berlin/Boston 2016

Herkendell, Michael: Deutschland: Zivil- oder Friedensmacht? Außen- und sicherheitspolitische Orientierung der SPD im Wandel (1982–2007). Bonn 2012

Herms, Michael / Popp, Karla: Westarbeit der FDJ 1946–1989. Eine Dokumentation. Berlin 1997

Hill, Fiona / Gaddy, Clifford G.: Mr. Putin. Operative in the Kremlin. Washington 2013

Lamby, Stephan: Ernstfall. Regieren in Zeiten des Krieges. München 2023

Mandel, Ernest: Marxistische Wirtschaftstheorie, Band 1. Frankfurt/M. 1968

Maruhn, Jürgen / Wilke, Manfred (Hrsg.): Die verführte Friedensbewegung. Der Einfluss des Ostens auf die Nachrüstungsdebatte. München 2002

Masala, Carlo: Bedingt abwehrbereit. Deutschlands Schwäche in der Zeitenwende. München 2023

Neitzel, Sönke: Deutsche Krieger. Vom Kaiserreich zur Berliner Republik – eine Militärgeschichte. Berlin 2020

Notz, Anton: Die SPD und der Nato-Doppelbeschluß. Abkehr von einer Sicherheitspolitik der Vernunft. Baden-Baden 1990

Pittler, Andreas: Alfred Gusenbauer. Ein Porträt. Wien 2000

Ploetz, Michael / Müller, Hans-Peter: Ferngelenkte Friedensbewegung? DDR und UdSSR im Kampf gegen den Nato-Doppelbeschluss. Münster 2005

Plokhy, Serhii: Das Tor Europas. Die Geschichte der Ukraine. Hamburg 2022

Rother, Bernd: »Willy Brandt muss Kanzler bleiben!« Frankfurt/M. 2022

Sarotte, Mary Elise: Nicht einen Schritt weiter nach Osten. Amerika, Russland und die wahre Geschichte der Nato-Osterweiterung. München 2023

Schieritz, Mark: Olaf Scholz – Wer ist unser Kanzler? Frankfurt/M. 2022

Schmidt, Helmut: Außer Dienst. Eine Bilanz. München 2010

Schmidt, Helmut: Dann wäre ich Hafendirektor geworden. Hamburg 2015

Schmidt, Helmut: Die Mächte der Zukunft. Gewinner und Verlierer in der Welt von morgen. München 2004

Schmidt, Helmut: Globalisierung. Politische, ökonomische und kulturelle Herausforderungen. München 2006

Scholle, Thilo / Schwarz, Jan / Ciftci, Ridvan: Zwischen Reformismus und Radikalismus. Jungsozialistische Programmatik in Dokumenten und Beschlüssen. Bonn 2014

Scholle, Thilo / Schwarz, Jan: »Wessen Welt ist die Welt?« Geschichte der Jusos. Bonn 2019

Scholz, Olaf: Hoffnungsland. Eine neue deutsche Wirklichkeit. Hamburg 2017

Schonauer, Karlheinz: Die ungeliebten Kinder der Mutter SPD. Die Geschichte der Jusos von der braven Parteijugend zur innerparteilichen Opposition. Bonn 1982

Schröder, Gerhard: Entscheidungen. Mein Leben in der Politik. Hamburg 2006

Schröm, Oliver / Hollenstein, Oliver: Die Akte Scholz. Der Kanzler, das Geld und die Macht. Berlin 2022

Spohr, Kristina: Helmut Schmidt. Der Weltkanzler. Darmstadt 2016

Thumann, Michael: Revanche. Wie Putin das bedrohlichste Regime der Welt geschaffen hat. München 2023

Wagenlehner, Günther (Hrsg.): Die Kampagne gegen den Nato-Doppelbeschluß. Koblenz 1985

Winkler, Heinrich August: Nationalstaat wider Willen. Interventionen zur deutschen und europäischen Politik. München 2022

Zänker, Christian: Die sowjetischen Einflußstrategien zur Verhinderung des Vollzugs des Nato-Doppelbeschlußes. Frankfurt/M. 1990

DER IMMERWÄHRENDE KRIEG – UND WIE ER ENDEN KÖNNTE

Der renommierte israelische Historiker Moshe Zimmermann zieht die Lehren aus der Geschichte seines Landes: Juden und Araber müssen Palästina, diesen kleinen Streifen Land am Mittelmeer, untereinander aufteilen und miteinander leben – oder sie werden miteinander sterben.

»Ein Großteil meines Denkens über Geschichte wurde durch die Vision von Moshe Zimmermann und durch sein persönliches Beispiel geprägt.« YUVAL NOAH HARARI

»Ausgehend von dem kataklystischen Ausbruch des 7. Oktober blickt der angesehene israelische Historiker zurück, um tastend eine Perspektive für die Zukunft Israels zu ergründen.«
DAN DINER

Moshe Zimmermann
Niemals Frieden?
Israel am Scheideweg

Hardcover mit Schutzumschlag
Auch als E-Book erhältlich
www.ullstein.de

Propyläen

»Der Osten hat keine Zukunft, solange er nur als Herkunft begriffen wird.«

Was bedeutet es, eine Ost-Identität auferlegt zu bekommen? Eine Identität, die für die wachsende gesellschaftliche Spaltung verantwortlich gemacht wird? Der Attribute wie Populismus, mangelndes Demokratieverständnis, Rassismus, Verschwörungsmythen und Armut zugeschrieben werden? Dirk Oschmann zeigt in seinem augenöffnenden Buch, dass der Westen sich über dreißig Jahre nach dem Mauerfall noch immer als Norm definiert und den Osten als Abweichung. Unsere Medien, Politik, Wirtschaft und Wissenschaft werden von westdeutschen Perspektiven dominiert. Pointiert durchleuchtet Oschmann, wie dieses Othering unserer Gesellschaft schadet, und initiiert damit eine überfällige Debatte.

»Wer über den Beitritt und die Folgen sprechen will, wird um dieses Buch nicht herumkommen.« *Ingo Schulze*

Dirk Oschmann
Der Osten: eine westdeutsche Erfindung

Hardcover mit Schutzumschlag
Auch als E-Book erhältlich
www.ullstein.de

ullstein